21世纪全国高等院校财经管理系列实用规划教材

员 工 招 聘

主　编　王　挺　寇建涛
副主编　翟玲君　荆卫国
参　编　郭翠霞　杨　强　黄静静

内容简介

员工招聘作为一门既研究人成其才,又研究人尽其才的新兴学科,在我国得到社会各界的广泛关注,并在社会生活中产生了深刻影响。为了适应这种社会需要,满足广大读者的学习要求,我们结合教学实践的体会,编著了本书,力求反映现代人力资源管理学科的重要发展成果和综合应用状况。本书从人力资源管理中员工招聘的角度出发,着眼于目前我国企业员工招聘的现状,结合先进的人力资源管理成果和顶级跨国公司选聘人才的成功实践,系统地阐述了科学的人才招聘管理理念和操作技巧。

本书共分 11 章,具体内容包括:员工招聘概述、员工招聘的前期工作、员工招聘计划、员工招聘渠道、初步筛选与笔试、面试、无领导小组讨论、心理测验与评价中心、员工录用、员工招聘评估、员工流动管理。

本书适合高等院校人力资源管理及其他相关管理类专业学生、企业人力资源管理人员、劳动人事部门工作者使用,也可供应聘者参阅。

图书在版编目(CIP)数据

员工招聘/王挺,寇建涛主编. —北京:北京大学出版社,2012.3
(21 世纪全国高等院校财经管理系列实用规划教材)
ISBN 978-7-301-20089-6

Ⅰ.①员… Ⅱ.①王…②寇… Ⅲ.①企业管理—招聘—高等学校—教材 Ⅳ.①F272.92

中国版本图书馆 CIP 数据核字(2012)第 009877 号

书 名:	员工招聘
著作责任者:	王 挺 寇建涛 主编
策划编辑:	王显超 李 虎
责任编辑:	王显超
标准书号:	ISBN 978-7-301-20089-6/C·0733
出 版 者:	北京大学出版社
地 址:	北京市海淀区成府路 205 号 100871
网 址:	http://www.pup.cn http://www.pup6.cn
电 话:	邮购部 62752015 发行部 62750672 编辑部 62750667 出版部 62754962
电子邮箱:	pup_6@163.com
印 刷 者:	河北滦县鑫华书刊印刷厂
发 行 者:	北京大学出版社
经 销 者:	新华书店
	787 毫米×1092 毫米 16 开本 14.75 印张 332 千字
	2012 年 3 月第 1 版 2019 年 1 月第 4 次印刷
定 价:	30.00 元

未经许可,不得以任何方式复制或抄袭本书之部分或全部内容。
版权所有,侵权必究   举报电话:010-62752024
电子邮箱:fd@pup.pku.edu.cn

丛 书 序

我国越来越多的高等院校设置了经济管理类学科专业，这是一个包括经济学、管理科学与工程、工商管理、公共管理、农业经济管理、图书档案学6个二级学科门类和22个专业的庞大学科体系。2006年教育部的数据表明在全国普通高校中经济类专业布点1518个，管理类专业布点4328个。其中除少量院校设置的经济管理专业偏重理论教学外，绝大部分属于应用型专业。经济管理类应用型专业主要着眼于培养社会主义国民经济发展所需要的德智体全面发展的高素质专门人才，要求既具有比较扎实的理论功底和良好的发展后劲，又具有较强的职业技能，并且又要求具有较好的创新精神和实践能力。

在当前开拓新型工业化道路，推进全面小康社会建设的新时期，进一步加强经济管理人才的培养，注重经济理论的系统化学习，特别是现代财经管理理论的学习，提高学生的专业理论素质和应用实践能力，培养出一大批高水平、高素质的经济管理人才，越来越成为提升我国经济竞争力、保证国民经济持续健康发展的重要前提。这就要求高等财经教育要更加注重依据国内外社会经济条件的变化，适时变革和调整教育目标和教学内容；要求经济管理学科专业更加注重应用、注重实践、注重规范、注重国际交流；要求经济管理学科专业与其他学科专业相互交融与协调发展；要求高等财经教育培养的人才具有更加丰富的社会知识和较强的人文素质及创新精神。要完成上述任务，各所高等院校需要进行深入的教学改革和创新。特别是要搞好有较高质量的教材的编写和创新工作。

出版社的领导和编辑通过对国内大学经济管理学科教材实际情况的调研，在与众多专家学者讨论的基础上，决定编写和出版一套面向经济管理学科专业的应用型系列教材，这是一项有利于促进高校教学改革发展的重要措施。

本系列教材是按照高等学校经济类和管理类学科本科专业规范、培养方案，以及课程教学大纲的要求，合理定位，由长期在教学第一线从事教学工作的教师编写，立足于21世纪经济管理类学科发展的需要，深入分析经济管理类专业本科学生现状及存在问题，探索经济管理类专业本科学生综合素质培养的途径，以科学性、先进性、系统性和实用性为目标，其编写的特色主要体现在以下几个方面：

（1）关注经济管理学科发展的大背景，拓宽理论基础和专业知识，着眼于增强教学内容与实际的联系和应用性，突出创造能力和创新意识。

（2）体系完整、严密。系列涵盖经济类、管理类相关专业以及与经管相关的部分法律类课程，并把握相关课程之间的关系，整个系列丛书形成一套完整、严密的知识结构体系。

（3）内容新颖。借鉴国外最新的教材，融会当前有关经济管理学科的最新理论和实践经验，用最新知识充实教材内容。

（4）合作交流的成果。本系列教材是由全国上百所高校教师共同编写而成，在相互进行学术交流、经验借鉴、取长补短、集思广益的基础上，形成编写大纲。最终融合了各地特点，具有较强的适应性。

（5）案例教学。教材具备大量案例研究分析内容，让学生在学习过程中理论联系实际，特别列举了我国经济管理工作中的大量实际案例，这可大大增强学生的实际操作能力。

(6)注重能力培养。力求做到不断强化自我学习能力、思维能力、创造性解决问题的能力以及不断自我更新知识的能力，促进学生向着富有鲜明个性的方向发展。

作为高要求，财经管理类教材应在基本理论上做到以马克思主义为指导，结合我国财经工作的新实践，充分汲取中华民族优秀文化和西方科学管理思想，形成具有中国特色的创新教材。这一目标不可能一蹴而就，需要作者通过长期艰苦的学术劳动和不断地进行教材内容的更新才能达成。我希望这一系列教材的编写，将是我国拥有较高质量的高校财经管理学科应用型教材建设工程的新尝试和新起点。

我要感谢参加本系列教材编写和审稿的各位老师所付出的大量卓有成效的辛勤劳动。由于编写时间紧、相互协调难度大等原因，本系列教材肯定还存在一些不足和错漏。我相信，在各位老师的关心和帮助下，本系列教材一定能不断地改进和完善，并在我国大学经济管理类学科专业的教学改革和课程体系建设中起到应有的促进作用。

刘诗白

2007年8月

刘诗白 刘诗白教授现任西南财经大学名誉校长、博士生导师，四川省社会科学联合会主席，《经济学家》杂志主编，全国高等财经院校资本论研究会会长，学术团体"新知研究院"院长。

前　言

人力资源是当今世界各国高度重视的重要资源，是各国经济社会发展的重要推动力，人力资源管理学科也成为在宏观和微观方面都具有战略意义的重要学科。中国是世界第一人口大国、人力资源大国。搞好人力资源管理意义重大，尤其是在知识经济发展的时代，更要向人力资源强国转变。

就我国人力资源管理发展的总体情况而言，20世纪90年代中期之前长期处于缓慢发展的阶段；随着21世纪前10年经济社会获得巨大发展，对人力资源管理的需求，有了非常迅速的发展，大量引进国外的先进知识成为我国人力资源管理发展的重要特征之一，人力资源问题在我国再次成为热点。

社会主义市场经济中的竞争实质就是人才的竞争，在竞争中人人面临着新的职业选择。为了达到人岗匹配，人们将不断地选择适合自己并能实现自我的职业。为此，人员招聘将成为企事业单位的一项常规性工作。企业是由一定数量的人组成的集体，企业成也在人，败也在人。在竞争日趋激烈的今天，优秀的人才无疑是企业最为宝贵的资源。作为负责选聘人才的人力资源工作者，更是承担着从不计其数的求职者中挑选所需人才的重任，可谓任重而道远。因此，不仅要求人力资源工作者需掌握有效的员工招聘技巧，更为重要的是企业要建立起科学的招聘与选拔体系，配合培训、考核等环节，为企业的健康持续发展提供有力的人才支撑。

在知识经济爆炸的今天，丰富的员工招聘经验是保证企业人力资源管理不断发展进步的重要条件之一，同时也是人力资源管理学科发展创新的动力源泉。本书从人力资源管理中员工招聘的角度出发，着眼于目前我国企业员工招聘的现状，结合先进的人力资源管理成果和顶级跨国公司选聘人才的成功实践，系统地阐述了科学的人才招聘管理理念和操作技巧，这不仅能对人力资源工作者解决员工招聘过程中的种种问题起到作用，而且从根本上帮助企业建立起科学完善的员工招聘管理体系。

本书的特点如下。

（1）科学性。选题合理，设计思路科学，全面、实用、构思新颖，适应市场经济发展对员工招聘的要求，对员工招聘教学的课程覆盖全面。

（2）规范性。突出内容的科学性和教材的规范性，在知识体系、知识点、理论观点上内容全面、充实，突出要点，达到了学科教材的规范性。

（3）可操作性。突出对人力资源管理工作的应用性，在内容的选择上注意涵盖员工招聘实际操作的内容，每章都设计讨论案例，有利于学生学以致用。

（4）实用性。立足教学相长的目的，本书除以正文为中心的教学内容外，还设计了"学习目标"、"导入案例"等栏目，并安排了"练习题"，提供了丰富的教与学工具，不仅为教师的教学和学生的学习提供了极大的方便，而且有利于提高教师的教学水平和学生的学习效果。

本书由王挺编写大纲,在与参加编写的同志共同讨论修订后分工撰写。全书由王挺、寇建涛担任主编,翟玲君、荆卫国担任副主编。全书共分 11 章,各章的编写分工为:第 1、2、4 章,王挺(河南理工大学);第 3、9 章,寇建涛(焦作供电公司);第 5、6 章,翟玲君(上海浦发银行郑州分行);第 10、11 章,荆卫国(中国通信建设第四工程局有限公司);第 7 章,杨强、黄静静(开封大学);第 8 章,郭翠霞(北京市华远集团)。全书最后由王挺总纂定稿,由王挺、寇建涛主审和核对。针对教学需要,建议学时数为 48 学时,教师也可根据自己的教学计划安排学时。

本书参考和引用了众多专家、学者的珍贵资料,在此谨向有关作者表示诚挚的感谢。

由于编者水平有限,书中难免会有不妥与疏漏之处,敬请广大读者和专家批评指正。

编 者

2012 年 1 月

目 录

第1章 员工招聘概述 … 1
1.1 员工招聘的基本概念 … 2
1.1.1 员工招聘 … 3
1.1.2 员工招聘的地位 … 3
1.1.3 员工招聘的目标 … 4
1.2 员工招聘的原则和流程 … 5
1.2.1 员工招聘的原则 … 5
1.2.2 员工招聘的流程 … 6
1.3 员工招聘与企业其他工作的关系 … 8
1.3.1 员工招聘与人力资源管理其他环节的工作 … 8
1.3.2 员工招聘与外部环境 … 10
1.3.3 员工招聘与组织战略 … 12
1.4 员工招聘的意义与发展方向 … 12
1.4.1 员工招聘的意义 … 12
1.4.2 员工招聘的发展方向 … 13
本章小结 … 15
练习题 … 15

第2章 员工招聘的前期工作 … 17
2.1 企业人力资源规划 … 18
2.1.1 人力资源规划概述 … 18
2.1.2 人力资源规划的意义 … 20
2.1.3 人力资源规划的内容 … 22
2.1.4 人力资源规划的制定 … 23
2.1.5 人力资源规划的制约因素 … 24
2.2 工作分析 … 28
2.2.1 工作分析概述 … 28
2.2.2 工作分析的流程与信息 … 31
2.2.3 工作分析的方法与工具 … 33
2.2.4 工作分析结果 … 37
2.3 人员测评与配置 … 39
2.3.1 人员测评的主要内容 … 39
2.3.2 人员测评的过程 … 40
2.3.3 人员配置 … 42
2.4 员工招聘的影响因素 … 43
2.4.1 影响员工招聘的内部因素 … 43
2.4.2 影响员工招聘的外部因素 … 46
2.4.3 影响员工招聘的应聘者因素 … 47
本章小结 … 48
练习题 … 49

第3章 员工招聘计划 … 51
3.1 招聘计划制定 … 52
3.1.1 招聘计划的概念与内涵 … 52
3.1.2 招聘计划的编写与管理 … 54
3.2 招聘策略 … 57
3.2.1 招聘策略的概念与内容 … 57
3.2.2 招聘策略的选择 … 60
3.3 招聘人员及招聘工具 … 62
3.3.1 招聘人员 … 62
3.3.2 招聘资料 … 64
3.3.3 招聘广告的设计及其他招聘工具 … 65
本章小结 … 67
练习题 … 67

第4章 员工招聘渠道 … 70
4.1 招聘渠道概述 … 71
4.1.1 招聘渠道的分类与选择 … 71
4.1.2 常见的招聘渠道 … 72
4.2 内部招聘 … 74
4.2.1 内部招聘的概念与途径 … 74
4.2.2 内部招聘的一般原则与适用性 … 76
4.2.3 内部招聘的优缺点 … 77
4.3 外部招聘 … 79

4.3.1　外部招聘的概念与原则 …… 79
　　4.3.2　外部招聘的方法 …………… 80
　　4.3.3　外部招聘的优缺点及
　　　　　适用性 …………………… 82
4.4　网络招聘 ………………………… 83
　　4.4.1　网络招聘的特性 …………… 83
　　4.4.2　网络招聘的实施 …………… 85
　　4.4.3　网络招聘的优缺点 ………… 89
本章小结 ……………………………… 90
练习题 ………………………………… 90

第5章　初步筛选与笔试 ………… 93

5.1　初步筛选 ………………………… 94
　　5.1.1　申请表筛选 ………………… 94
　　5.1.2　个人简历筛选 ……………… 95
　　5.1.3　跟踪应聘者信息 …………… 96
5.2　笔试 ……………………………… 97
　　5.2.1　笔试的概念及形式 ………… 97
　　5.2.2　笔试的类型 ………………… 97
　　5.2.3　笔试的设计原则与
　　　　　优缺点 …………………… 99
本章小结 ……………………………… 101
练习题 ………………………………… 101

第6章　面试 ………………………… 103

6.1　面试概述 ………………………… 104
　　6.1.1　面试的含义与特点 ………… 104
　　6.1.2　面试的类型 ………………… 106
　　6.1.3　影响面试决策的因素及其
　　　　　发展趋势 ………………… 108
6.2　面试前的准备 …………………… 111
　　6.2.1　准备面试的意义 …………… 111
　　6.2.2　准备面试的内容 …………… 112
6.3　面试准备程序 …………………… 116
　　6.3.1　面试的过程 ………………… 116
　　6.3.2　面试的技巧 ………………… 117
　　6.3.3　面试的总结 ………………… 120
本章小结 ……………………………… 121
练习题 ………………………………… 121

第7章　无领导小组讨论 ………… 125

7.1　无领导小组讨论的概念 ………… 126
　　7.1.1　无领导小组的概念 ………… 126
　　7.1.2　无领导小组的操作形式 …… 127
　　7.1.3　无领导小组讨论的应用 …… 127
7.2　无领导小组讨论的优点与缺点 … 129
　　7.2.1　无领导小组讨论的优点 …… 129
　　7.2.2　无领导小组讨论的缺点 …… 130
7.3　无领导小组讨论的题目 ………… 131
　　7.3.1　无领导小组讨论的题目
　　　　　要求 ……………………… 131
　　7.3.2　无领导小组讨论论题的
　　　　　形式 ……………………… 132
　　7.3.3　编制无领导小组讨论试题的
　　　　　步骤 ……………………… 133
7.4　无领导小组讨论的实施过程 …… 134
　　7.4.1　准备阶段 …………………… 134
　　7.4.2　具体实施阶段 ……………… 135
　　7.4.3　评价阶段 …………………… 135
本章小结 ……………………………… 137
练习题 ………………………………… 137

第8章　心理测验与评价中心 …… 139

8.1　心理测验 ………………………… 140
　　8.1.1　心理测验概述 ……………… 140
　　8.1.2　心理测验的编制程序 ……… 144
　　8.1.3　常用心理测验 ……………… 147
8.2　评价中心 ………………………… 157
　　8.2.1　评价中心的含义与
　　　　　内容 ……………………… 157
　　8.2.2　评价中心的特点 …………… 158
　　8.2.3　评价中心的实施流程 ……… 159
本章小结 ……………………………… 160
练习题 ………………………………… 160

第9章　员工录用 …………………… 161

9.1　员工录用决策 …………………… 162
　　9.1.1　员工录用概述 ……………… 162
　　9.1.2　员工录用的策略 …………… 164
9.2　员工录用的程序和签订劳动
　　合同 ……………………………… 166
　　9.2.1　员工录用的程序 …………… 166
　　9.2.2　签订劳动合同 ……………… 168

9.3 新员工培训 …………………… 170
  9.3.1 新员工培训的概述 ……… 170
  9.3.2 新员工培训的内容和
       意义 ………………………… 173
本章小结 …………………………… 175
练习题 ……………………………… 175

第10章 员工招聘评估 …………… 178

10.1 招聘评估概述 ………………… 178
  10.1.1 招聘评估的含义和
        作用 ……………………… 179
  10.1.2 招聘效果的影响因素 … 180
  10.1.3 招聘评估的内容及
        总结 ……………………… 181
10.2 招聘成本效益评估 …………… 183
  10.2.1 招聘的直接成本 ……… 183
  10.2.2 招聘的间接成本 ……… 184
  10.2.3 招聘的录用人员评估 … 185
10.3 招聘成本管理 ………………… 186
  10.3.1 影响招聘成本的因素 … 186
  10.3.2 招聘成本控制 ………… 186
本章小结 …………………………… 188
练习题 ……………………………… 188

第11章 员工流动管理 …………… 191

11.1 员工流动管理概述 …………… 192
  11.1.1 员工流动管理的含义及
        原则 ……………………… 192
  11.1.2 员工流动管理的实施条件
        及视角 …………………… 194
  11.1.3 员工流动管理的理论
        基础 ……………………… 197
11.2 员工流动形式 ………………… 200
  11.2.1 员工流入管理 ………… 200
  11.2.2 内部流动管理 ………… 200
  11.2.3 员工流出管理 ………… 204
11.3 员工流失 ……………………… 206
  11.3.1 员工流失概述 ………… 206
  11.3.2 员工流失的成本 ……… 208
11.4 员工流失的原因与对策 ……… 210
  11.4.1 员工流失的原因 ……… 210
  11.4.2 员工流失的对策 ……… 212
本章小结 …………………………… 217
练习题 ……………………………… 218

参考文献 …………………………… 220

第 1 章 员工招聘概述

学习目标

学习完本章后,你应该能够:
- 掌握员工招聘的基本概念;
- 了解人力资源管理与员工招聘的关系;
- 认识员工招聘的目标、原则和流程;
- 了解员工招聘的意义和发展方向。

 导入案例

扬子江药业:汇人才企业兴

扬子江药业集团有限公司(以下简称扬子江集团)能走向今天的辉煌主要因素有:一是质量;二是人才。产品高质量是扬子江集团所不断追求的,企业十余年的成长,靠的就是这项硬指标。实际上,扬子江集团对人才的选择亦是严把质量关,坚决选择企业最需要的人。

为了限制络绎不绝的"关系人",他们不得不制定了土政策:高中以下学历、经考试合格的人,进入公司之前一律先交五万元,五年后退还,按临时工待遇对待。即使这样,还是有许多人愿意进入扬子江集团。

扬子江集团的领导干部出差,一定要走访大专院校。每年,离高校毕业生离校还有好几个月,集团公司总裁就带人事科长到各个高校招聘人才了。

南京中医药大学毕业生尹爱平和尹凤碧两个人原籍都是江苏兴化,他们听说几名上届校友已在扬子江集团"落户"后,就对这里产生了好感。总裁等人听说这件事后,几经周折,最终使原本已在其他单位就业的这两个人来到扬子江集团。现在,尹爱平已被提升为生产技术办公室副主任兼工程师,而尹凤碧则担任胃苏冲剂生产车间的主任。

让人才学以致用是扬子江集团的用人原则。扬子江集团在选人时就非常注意专业对口。人事科先整理出一份工厂急需人才类型的统计表,然后再到人才市场上进行选择。这样就使许多愿意在本专业有所建树的大中专毕业生进入公司后能发挥自己所擅长的领域。当时扬子江药厂的厂长、扬子江集团现任总裁徐镜人,为了寻求人才,不知道寻找董建华教授(原全国人大常委、中国工程院院士,对脾胃病有很深的研究)多少次。在董建华教授多年的钻研中,胃苏冲剂和荜铃胃痛冲剂是极具有代表性的两项成果。董老早就心存夙愿:希望能够有一个拥有一大批现代化管理人才、有较强的技术力量和经济实力、有一定

的中药生产经验、有一套德才兼备的领导班子的大型制药企业运用现代工艺,在绝对保证药效的前提下,以方便的新剂型大批量地生产加工这两种药。徐镜人在一个机缘巧合的机会听到董建华这个名字之后两度挚诚而又恳切地拜访董老。今天,扬子江集团的生产线上正源源不断地生产着胃苏冲剂、荜铃胃痛冲剂,董老的夙愿得以实现,江苏扬子江集团也因贤才相助,加快了腾飞的步伐。

(资料来源:陈绍辉,杨希燕.人员招聘的准备、实施与评估.)

1.1 员工招聘的基本概念

人才的选拔和使用,是一个亘古不朽的话题。从历史的角度来说,得人才者得天下,失人才者失天下。《尚书》中说:"知人则哲,能官人。"《周书》中说:"安危在出令,存亡在所用。"《吕氏春秋》中说:"得贤人,国无不安,名无不荣;失贤人,国无不危,名无不辱。"唐太宗李世民说:"致案之本,唯在得人。"明太祖朱元璋说:"贤才,国之宝也。"可以看出,古人十分重视人才,讲究使用,在实践的基础上不断总结和概括用人方略,形成了一套具有中国特色的人才学理论。

历史上的人才学思想非常丰富,从用人制度(养士、九品中正制、察举制)到用人方法,从用人原则到用人艺术,从用人之道到用人之忌,从用人的成功经验到用人的失误,从对人才的"月旦"(品评)到人才学著述,无不凝聚着古今一贯的人生经验,无不闪耀着圣贤哲人的智慧之光,这是一笔丰富而宝贵的古代文化遗产。

如何用人,是一门学问,也是一门艺术,而用人的基础或前提则是识人、知人,或曰观人、察人。宋代陆九渊说:"事之至难,莫如知人;事之至大,亦莫如知人。诚能知人,则天下无余事矣。"人才难得,关键在于难知。如果能知人,则得人也就不难了。

我国最早的人才招聘,可以追溯到殷商。据《孟子》记载,商汤曾五次派人"以币聘"伊尹辅治国政。到了周代,人才招聘开始形成一种制度,规定每年三月都要"聘名士,礼贤者",广征各方人才,大名鼎鼎的姜太公便是其中的一位。战国时,燕昭王曾以重金招聘天下之人才,招来了乐毅、剧辛等人,结果攻破了齐国。秦国也曾广招六国人才,如卫人商鞅、吕不韦,楚人李斯,燕人蔡泽,韩人韩非等都为秦所用,号为"客卿",使秦最后统一了一个多民族的中国。汉高祖曾发布"招贤令",还规定如发现人才,当地郡守都要亲自勉励,驾车送至京城,而不执行者则免职。汉武帝招贤令一下,应聘者上千。

三国时曹操、唐朝李世民、明朝朱元璋和元朝忽必烈等都利用招聘制选拔了不少优秀人才。我国古代用人,大都讲究用人之长,容人之短。为此,一些朝代采取了相应的招聘政策:"不以前过为过"、"不非小疵"、"不论出身"、"不拘资格"、"贤能不待次而举"。其招聘方法大体有"筑招贤台"、"出招贤榜"(亦称求贤令)、"举荐"(有才不荐,朝廷治罪)、"实地察访,隐处求才"。历史事实证明,实行招聘制有利于及时发现和合理使用人才,有利于人才的流通,做到才尽其用。

能否招聘选拔出合适的员工,使得组织拥有富于竞争力的人力资源,是一个组织兴衰存亡的关键。现代组织都在想方设法并不惜代价地吸收和留住有价值的人力资源——优秀人才。原美国通用电气公司首席执行官杰克·韦尔奇就深谙此道,他曾经说过:"我们所能做的事就是以我们所挑选的人打赌。因此,我的全部工作就是挑准人。"

1.1.1 员工招聘

不能招聘与选拔好的员工是制约企业人力资源管理工作效率的"瓶颈"所在,能否按照企业的经营目标与业务要求在人力资源规划的指导下,根据工作描述,把优秀的、所需要的人才在合适的时候放在合适的岗位,是企业成败的关键之一。招聘旨在吸引一批候选人应聘空缺岗位,并运用科学的方法从中选择的过程。

所谓招聘,是指通过多种方法,把具有一定技巧、能力和其他特性的申请人吸引到企业或组织空缺岗位上的过程。它由两个相对独立的过程组成,一是招募;二是选拔聘用。招募是聘用的基础和前提,聘用是招募的目的。招募主要是以宣传来扩大影响,达到吸引人应聘的目的;而聘用则是使用各种选择方法和技术挑选合格员工的过程。就招聘者而言,其使命就在于"让最适合的人在最恰当的时间位于最合适的位置,为组织做出最大的贡献"。因此,所谓的有效招聘实际是指组织或招聘者在适宜的时间范围内采取适宜的方式实现人、职位、组织三者的最佳匹配,以达到因事任人、人尽其才、才尽其用的互赢共生目标。

提出应聘申请的既可以是内部人员也可以是外部人员。招聘的一个重要标志是要有招聘信息,如内部招聘时的招聘通告和外部招聘时的报纸广告等。这些招聘信息旨在寻找有资质的申请人,而不是一般的申请人。换句话说,招聘者仅仅想要那些具有一定资质的人提出申请。因此,可以认为,在多数情况下,那些申请人肯定对工作岗位有一定的兴趣并拥有所要求的资质,一旦申请者和组织的招聘人员之间达成如何开始下一步工作的口头或书面协议,这就意味着招聘过程的完成。

1.1.2 员工招聘的地位

企业的人员招聘,是指企业根据自身的需求状况,按照一定的条件和标准,采用适当的方法,选拔录用企业所需的各类人才。招聘是现代企业管理过程中一项重要的、具体的、经常性的工作,是人力资源管理活动的基础和关键环节之一,它直接关系到企业各级人员的质量和企业各项工作能否顺利开展。

可见,人员招聘对企业的意义主要体现在两个方面:一是招聘工作直接关系到企业最重要的资源——人力资源的总量和结构的形成;二是由于招聘作为人力资源管理活动的基础,它也从源头上影响到人力资源管理的结果。没有招聘而来的各类人才,企业的人力资源管理工作就成了"无米之炊",而其他的各项工作自然也无法顺利进行。同样,如果招聘不到最好或企业最需要的人才,接下来的人力资源管理工作各个环节的效率都会大打折扣,企业开展其他各项工作的难度也都会增加。

对新成立的企业而言,人员招聘无疑是企业成败的关键。如果不能招募到合适的员工,企业在物质、资金、时间上的投入就会造成浪费,完不成企业最初的人员配置,也就无法进入到正常的生产经营过程。对已经处于运转之中的企业而言,人力资源的使用和配置,也会由于企业内外部环境的不断变化而处于经常性的变化之中。因此,选拔和招聘工作对现代企业来说是一种经常性的工作。

企业的成长和发展、成功和稳定，需要最大限度地吸引各种人才组成得心应手的员工队伍从而有效地开展工作，这已经成为不争的事实。在市场经济发达的国家，无论是企业的最高决策者，还是企业的人事管理者，都把招聘看成是企业人力资源管理，乃至企业全面管理的最重要的工作之一。

选拔聘用企业所需的人才，也是现代企业管理活动中最烦琐、最困难的工作之一。尽管当今社会劳动力供求关系已经发生了很大的变化，从总量上看，劳动力供给在很长一段时间里都会大于劳动力需求，但要为企业寻找具备最合适的技能、具有为企业劳动的意愿、而且能够在企业相对稳定地工作的雇员并不是那么容易。

招聘工作出现失误，对企业会产生极其不利的影响。首先，对人力资源供求状况估计不当，可能导致某些关键人才的短缺，不能确保人力资源的及时足量供给；其次，对拟招的雇员人数把握不当，可能会导致企业人力、财力、物力投入的浪费，甚至会导致令人头疼的冗员现象；最后，对求职者的评价不当，还会导致录用不合适的人员和适用人才的流失。诸如此类的招聘失误，都会对企业人力资源的形成产生不利的影响，进而影响企业经营计划和战略目标的顺利实现。因此，现代企业的招聘工作，是建立在科学的方法和严格的程序基础上的一系列具体的活动安排，以保证每次招聘活动的成功。

1.1.3　员工招聘的目标

招聘活动是否成功，是以招聘工作的目标是否实现为判断标准的。招聘工作的目标，简单地说，就是成功地选拔和录用企业所需的人才，实现所招人员与待聘岗位的有效匹配。一次成功的招聘过程，通俗地说，就是企业找到了想要的雇员，个人找到了理想的单位，两者建立起雇佣关系。

值得强调的是，招聘活动应该是一个双向选择和相互匹配的过程。因为企业和个人在这一过程中都扮演着积极的角色，对企业的考虑和对个人的考虑都必须认真对待、准确理解和把握。这一观点是现代招聘区别于传统招聘的重要标志。在传统的招聘活动中，突出强调的是企业选择个人，组织永远是主动的，个人永远是被动的。

招聘过程中，强调企业对个人的选择是有重要意义的。试想招聘到生产线上的员工如果不懂基本的专业技术，企业的生产就不可能正常进行，又如与客户打交道的雇员如果缺乏基本的交际技能，企业就可能丧失许多商业机会。而强调个人对企业的选择也是有重要意义的。个人在企业中如果不能发挥所长或付出得不到应有的回报，即使能暂时留在企业中也不会充分发挥其能动性和创造性。如果一个人自认为在招聘过程中受到不公正对待，很难想象他（她）上班后能心情舒畅、尽职尽责。

因此，招聘工作的核心是实现所招聘人员与待聘岗位的有效匹配。这种匹配要求将个人特征与工作岗位的特征有机地结合起来，从而获得理想的人力资源管理结果。个人与工作岗位的匹配主要有两个方面的意思：一是岗位要求与个人素质要匹配，因为每个工作岗位都有其特定的要求，个人要想胜任某项工作必须具备一定的知识和技能；另一方面，工作的报酬与个人的动力要匹配，只有这样，雇员才可能有积极性充分发挥其主观能动性。如果待聘岗位给定的报酬标准与应聘者的期望有落差，个人素质与工作岗位的要求的匹配同样无法实现，这种"既要马儿跑得快，又要马儿不吃草"的行为当然行不通。如果招聘活动能实现这两个方面的匹配，就能够把合适的求职者吸引过来，新雇员自己也感到满意，工作中积极肯干，雇佣关系才能得以长期维持。

 案例链接

解读中兴通讯的人才招聘——选聘一流人才

什么是一流人才？中兴通讯股份有限公司（以下简称中兴通讯）的定位是"在某一个专业领域里的国内前5%"，这群人是一流人才。这在其每一次招聘中都得到了体现。中兴通讯目前有1万多名员工，但参加过面试的人员超过10万人，搜索的简历超过30万份。

在招聘中，中兴通讯都会重点考虑人才的背景，对其所受教育的要求一般锁定在重点本科院校。对此，中兴通讯的管理人员解释说，我们不否定非重点高校的学生，但是我们认为在重点高校的范围内，优秀的学生比率要更高，更有利于中兴通讯选聘到一流的人才。中兴通讯的大部分岗位都要求员工有好的技术背景，因此对高校和专业都有较为明确的要求，此外，对工作经验及健康状况也要求较高。中兴通讯的面试非常严格，分别对技术能力和素质考核两个方面进行考察，被面试者须通过6～7关，把关极其严格，实行一票否决制，而且中兴通讯的面试官都是受过专业培训的。中兴通讯的要求很简单：招聘到的人才既是优秀的人才，也是符合公司文化原则的人才。

（资料来源：http：//www.yingjiesheng.com/thread-688686-1-1.html.）

1.2 员工招聘的原则和流程

1.2.1 员工招聘的原则

成功的招聘有赖于科学的招聘原则和工作程序。招聘工作要想实现上述目标，必须遵循以下原则。

1. 经济效益原则

企业的人员招聘必须以企业的发展目标和生产经营计划为基础。企业各级人员的选拔聘用实质上就是为企业选拔符合企业空缺职位需要的人才的过程，因此企业招聘计划的拟定要以企业的实际需要为依据，以保证经济效益的提高为前提。它既不是盲目地扩大员工队伍，更不是为了解决员工子女就业，而是为了保证企业生产经营活动的正常进行，使企业的经济效益能够不断地提高。

2. 因岗配人原则

所谓因岗配人，就是人员招聘应以工作岗位的空缺和实际工作的需要为出发点，以岗位对人员的实际要求为标准，选拔录用各类人才。因为人员雇佣的目的是谋求个人与岗位之间的有效配合，因此只有从实际的岗位需要去选聘合适的人才，才能实现这一目标。否则必然会导致组织机构臃肿、人浮于事，工作效率低下，给企业造成不必要的损失。

3. 量才录用原则

所谓量才录用，简言之就是根据对应聘者的测评成绩，从中选择优秀者安排到合适的岗位。量才录用是招聘成功的关键之一。贯彻任人唯贤、量才录用的原则，尽量把每个人安排到适合的工作岗位上，使其聪明才智得到充分发挥，这一点对任何一个组织都是极其重要的。"量才"的依据是对应聘者的全面测评结论和录用标准。

4. 全面考核原则

所谓全面考核，即指对应聘者的德、智、体等各方面进行综合考察和测试。劳动者的"德"决定着劳动能力的使用方向，制约着劳动能力的发挥。"智"主要指一个人的知识、技艺和能力水平，对"智"的考核不仅指对知识技能的测试，还应包括对智力、人格等方面的测试。对"智"的考核是全面考核的重点。"体"是指劳动者的身体素质。劳动者的体质是智力得以发挥的生理基础，对"体"的考核是其他一切考核的前提。

1.2.2 员工招聘的流程

招聘是企业获取人力资本的重要手段，企业要生存并持续发展就必须招聘。因此，招聘的结果直接关系到企业能否保持员工素质和合理的结构，直接影响企业的外部形象，直接影响人力资源管理的费用控制，直接影响到企业的外部形象。如何有效地形成招聘流程，对企业来说是至关重要的。典型的员工招聘流程如图1.1所示。

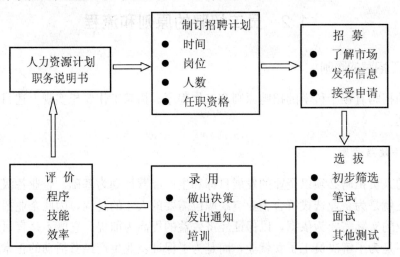

图1.1 典型的员工招聘流程

人员选拔和聘用工作是一个复杂、系统而又连续的程序化操作过程。从广义上讲，人员招聘包括招聘准备、招聘实施和招聘评估三个阶段；狭义的招聘即招聘的实施阶段，其间主要包括招募、筛选、录用三个步骤。

1. 准备阶段

首先，根据人力资源计划及其提供的信息，明确是否一定需要进行招聘活动，如果是，则必须明确需要招聘什么岗位，要招聘多少人，是通过内部招聘、外部招聘还是两者结合等。弄清楚这些问题有利于制定合理可行的招聘计划和招聘策略。其次，根据工作分析及其信息资料，弄清待招聘的工作岗位具有什么特征和要求，明确这些岗位对应聘者的知识、技能等方面的具体要求和所能给予的待遇条件。只有这样，招聘计划的制订和实施才能做到有的放矢。最后，在上述两方面的基础上，结合对外部环境的分析考虑，制定具体的、可行性高的招聘计划和招聘策略。同时，拟定招聘工作的组织者和执行者，并明确各自的分工。再做好其他必要的准备工作，招聘计划即可实施。

2. 实施阶段

招聘工作的实施是整个招聘活动的核心，也是最关键的一环，先后经历招募、筛选、录用三个步骤。

1）招募阶段

在这一阶段，企业和求职者都想借招募活动识别对方、吸引对方。企业的招募手段包括招聘广告、派出招聘人员到大专院校招聘、召开招聘信息发布会、向企业内部员工公开招募信息等，以识别求职者中的合格者，并把他们吸引过来。与此同时，求职者也想识别有合适工作机会的企业。他们采取的手段是阅读大量的招聘广告、与招聘机构联系、大量发送个人简历和求职信等。通过这些手段，求职者向潜在雇主发出信号，特别是在精心策划和准备的个人简历和求职信中，求职者介绍自己的知识、技能和专长，以便吸引招聘者的注意。

2）筛选阶段

通过招募活动初步识别和筛选出一定数量的合格求职者，即形成"求职者蓄水池"后，招聘工作就进入筛选阶段，工作重心转移到测试和评估方面。企业采取的手段有面试、笔试、模拟测试等，借以评判求职者的知识、技能水平及其动机因素，即求职者想从工作中获取什么、获取多少。企业结合这些评判，对照工作岗位的要求和报酬标准，衡量求职者同工作岗位的匹配程度。求职者也会依据自己从各种渠道收集到的信息，对有关组织进行评估。然后，求职者依据这些评估，结合个人素质和激励因素方面的自我鉴定，再来衡量感兴趣的工作岗位同自己的匹配程度。由此可见，招聘者和求职者两方面都在进行评估和筛选。

3）录用阶段

做完评估之后，招聘工作便进入了录用阶段。在这个阶段，招聘者和求职者都要做出自己的决策，以便达成个人和工作岗位的最终匹配。从企业方面说，不可能把所有的求职者都留下来，必须排除一大部分。经过一次一次的筛选、过关，一小部分人最终剩下来，对这部分人，还必须排出先后次序，最终决定向谁发出聘用通知、聘用的内容是什么。一旦有求职者接受了企业的聘用条件，雇佣关系就正式建立起来。

这里有必要指出，无论是外部求职者流入企业（即外部招聘）或是企业内部人员调配（即内部招聘），一般来说都要经过以上程序。明显不同的是，内部招聘不涉及外部劳动力市场，申请者是本企业现有的员工。企业依据自身的需要和员工的表现，对某些员工的工作予以调整，或升迁，或转换，或降职使用。另一方面，部分员工也会基于自身发展计划向企业提出变更工作岗位的请求。这样便有了企业内部的劳动力市场，称之为"内部劳动力市场"。一般来说，出于激励现有员工等方面的考虑，内部招聘往往要优先于外部招聘。

另外，由于从外部招聘而来的新雇员对企业的内部环境和工作的具体操作要求不是很了解，必须在上岗前对其进行多种形式的岗前培训，以使他们充分了解相关的情况，尽快较好地适应新的工作。

3. 评估阶段

招聘录用工作结束后，还应该有一个评估阶段。对招聘活动的评估主要包含两个方面：一是对照招聘计划，对实际招聘录用的结果（数量和质量两方面）进行评价总结；二是对招聘工作的效率进行评估，主要指时间效率和经济效率（招聘费用）。进行招聘评估，可以及时发现问题，分析原因，寻找解决的对策，有利于及时调整有关计划并为下次招聘提供经验教训。

1.3 员工招聘与企业其他工作的关系

人力资源管理系统包括人力资源的获取、整合、调控、奖酬、开发等功能。招聘是人力资源管理部门获取人才的主要途径，是人力资源管理的首个环节的工作，与企业其他工作的关系非常密切。下面从几个方面分析招聘的作用与地位。

1.3.1 员工招聘与人力资源管理其他环节的工作

员工招聘与人力资源管理工作的关系密切，是整个企业人力资源管理工作的基础。主要表现在以下方面。

1. 员工招聘与工作分析

工作分析是招聘与选拔工作的基础。工作分析在明确岗位工作性质、内容、职责、权限、难度与环境等基础上，提出了承担岗位工作人员的任职资格。任职资格主要包括教育、知识、技能、经验、健康等维度。根据任职资格，企业可以制定每个岗位招聘人员的条件，包括专业、学历、从事相关工作的年限、知识与技能要求等。这些任职资格条件为招聘工作提供了科学的依据。从另一方面讲，工作分析对招聘录用人员的素质、工作胜任情况、当地人力资源市场的供给情况等进行综合分析，以确定岗位任职资格是否合理。如果某岗位长期招聘不到合适的人员，说明任职资格条件可能过高；同样，如果某岗位应聘者过多并且录用人员胜任率低，则说明任职资格条件过低，这些情况的出现要求企业及时调整相关岗位的任职资格条件。因此，工作分析是招聘、选拔工作的基础，招聘与选拔又可以通过实践验证工作分析的适用性，并为工作分析结果的调整提供基础信息。

2. 员工招聘与绩效管理

从逻辑关系的角度讲，工作分析的结果——工作说明书规定了岗位职责与岗位工作标准，工作分析主要是针对岗位而言的。企业往往根据岗位职责与岗位工作标准制定岗位考核标准。通过招聘与选拔将录用员工安置到相应岗位上，企业采取定期的绩效考核了解其工作表现、职责履行情况与工作业绩。因此，绩效考核结果可以反映新招聘员工是否胜任岗位工作，以此来判断招聘与选拔工作的质量。此外，通过绩效考核的结果还可以发现新员工工作的差距，如果差距是在可接受范围之内，新员工的主管应通过绩效反馈面谈与其探讨改进工作绩效的方法，通过改进工作方式方法提高新员工的绩效水平与工作能力，从而帮助新员工胜任岗位工作。由此看来，绩效管理有助于提高招聘录用员工的工作胜任力。

3. 员工招聘与员工培训

经过招聘、选拔录用的员工，其素质将从几个方面影响培训工作。首先，新员工的素质直接影响培训费用的投入。如果招聘录用的员工都是训练有素的"经验型"员工，企业可以只对他们进行侧重于企业文化、规章制度等简单的岗前培训，这样可以为企业节省用于岗位技能培训方面的费用。其次，新员工的素质会影响到培训的效果。新员工的基础如何，直接影响培训投入的效果。如果他们的功底比较扎实，接受能力比较强，可以在较短时间内完成培训内容，培训效果较好。但是，如果他们的基础较差，企业则需要投入更多的人力与时间对新员工进行培训，培训效果较差。最后，新员工的素质将影响员工的合格率。新招聘录用员工的业务素质、品质、价值观是否与企业相吻合等因素都将影响新员工培训的合格率，该比率也反映了招聘与选拔工作的效果。

4. 员工招聘与职业管理

随着社会的进步、企业的发展与个人素质的提高，越来越多的员工重视个人的职业发展。为了迎合这种需求特点，越来越多的企业开始重视员工的职业生涯规划与管理，这也是"企业与员工共同发展"的现代人力资源管理理念的体现。新招聘与录用的员工，如果与岗位的匹配度高，能够胜任工作，则有利于发挥他们的特长，在岗位上有良好的表现与突出的业绩，从而他们会有更多的晋升与发展的机会，对其职业发展将十分有利。否则，如果新招聘录用的员工不能胜任岗位工作，或者所在的岗位不能充分发挥其特长，则晋升与发展的机会较少，甚至可能被降职或解聘，对其职业发展会产生不利的影响。

5. 员工招聘与薪酬管理

公平合理的薪酬制度应该建立在科学的岗位评价基础之上。岗位评价的维度包括岗位工作的难度、危险度、复杂度以及对任职者的能力要求等，由此确定每个岗位对企业的贡献度，通常用相对价值表示。岗位薪酬是针对岗位自身的价值而言的，因此，每个岗位的相对价值决定了岗位的薪酬水平。招聘录用的新员工能够胜任岗位的工作需要，他所获取的薪酬与其付出的劳动是匹配的。但是，如果录用的新员工的能力达不到岗位的需要，不能胜任岗位的工作，实际上就出现了高薪低能的情况，对企业来讲用较高的薪酬雇佣了能力较低的员工，对该岗位的其他员工来讲是不公平的。此外，这样不仅难以完成既定的岗位任务目标，还增加了人力成本。因此，招聘、选拔工作的质量将影响企业薪酬管理制度执行中的公平合理性。

6. 员工招聘与员工调控

绩效考核可以反映招聘录用员工的工作表现与业绩，将其与岗位绩效标准进行比较可以了解其岗位胜任力。据此，就可以对他们做出晋升、降职、调整岗位或解聘等调控决策。招聘、选拔工作的质量将决定新员工上岗后工作的变动情况。

7. 员工招聘与人力资源整合

人力资源整合主要是通过灌输企业文化、畅通的沟通渠道及有效的冲突处理等途径将招聘、录用的员工由"社会人"变成"企业人"，从而形成人力资源的整体效应。如果招聘录用员工个人的价值观与企业的价值观比较一致，抱着极大的热情加盟企业，并且喜欢新的工作，则比较容易融入新的企业环境，尽快实现角色的转变，这必将有利于实现企业人力资源的整合。

小提示

人力资源管理是指在经济学与人本思想指导下，通过招聘、甄选、培训、报酬等管理形式对组织内外相关人力资源进行有效运用，满足组织当前及未来发展的需要，保证组织目标实现与成员发展的最大化。就是预测组织人力资源需求并制定人力需求计划，招聘选择人员并进行有效组织，考核绩效支付报酬并进行有效激励，结合组织与个人需要进行有效开发以便实现最优组织绩效的全过程。

1.3.2 员工招聘与外部环境

企业进行招聘之前，需要对企业外部环境进行市场调查与分析，只有对环境进行深入了解，才能进行有效的招聘。

1. 招聘与市场

企业进行招聘之前，需要做几项重要的基础工作。首先，调查劳动力市场人力资源的情况和动向。可以从当地经济信息中了解该地产业结构和人才结构的调整与变化；从政府的人才政策中研究人才流动环境；从应聘者提供的信息中了解当地普遍职业心态和企业管理水平，以及人才来源的突破口。其次，进行人力资源规划和工作分析。对于劳动力市场情况进行动态跟踪和研究，从企业自身需要的市场出发筛选信息，做到心中有数，有备出击，主动策划各部门的人才需求，适时地补充人才，配合生产经营发展的需要。企业的人力资源规划是运用科学的方法对企业人力资源需求和供应进行分析和预测，判断未来的企业内部各岗位的人力资源是否达到综合平衡，即数量、结构、层次等多方面的平衡。工作分析，是分析企业中的这些职位的职责是什么，这些职位的工作内容有哪些以及什么样的人能够胜任这些职位。两者的结合会使得招聘工作的科学性、准确性大大地加强。

用人单位常用的招聘渠道有互联网、媒体广告、现场招聘会、校园招聘、人才中介机构、猎头公司、雇员推荐等。如何选择最适合企业的招聘渠道，往往是困扰企业的一个重要问题。有效地选择适合于企业的招聘渠道，成为招聘的一个关键环节。

知识链接

"猎头"一词实际上是由英文"head hunting"翻译而成，字面含义是猎取人头之意，即猎取人头脑中的智慧、知识等的行为。而现今猎头已有多方面的含义。

相传在原始时代美洲的一个食人部落，每逢战役，他们都会把敌人的头颅割下来，作为战利品带回部落，并将人脑吸干，悬挂于部落内，以此来显耀自身的实力，又可以用来威吓来犯的敌人。后人把当时这种带有几分原始野蛮色彩的行为称为"猎头"。

第二次世界大战（以下简称二战）后，美国作为主要战胜国，不仅大肆搜罗战败国的机器、武器等"硬件"，而且不遗余力、不辞辛苦地猎取战败国的先进技术等"软件"，尤其是那些掌握了先进技术的精英人才。那时，人们常把这样的过程称为"猎头"。而最早"猎头"公司的雏形，可追溯到二战期间的"阿尔索斯突击队"。

在二战中，当战争还没结束的时候，罗斯福总统就向国家科技局长讨教："战争结束以后，我们要做些什么？"当时的科技局长布什向他提交了一份报告《科学技术——无止境的边疆》。报告指出，科学技术有着巨大而无穷的潜力，重视科技人才，发展这方面的潜力，是需要采取一些特殊手段才能达到的。这种特殊手段就是要组建一支特殊部队，到战败国那里把科技精英弄到手，使他们流向美国。

就这样，"阿尔索斯突击队"带着任务，秘密地来到德国，经过努力将德国许多著名的科技专家一一地俘虏过来，其中包括最著名的原子能专家哈恩和火箭专家冯·希劳恩。

被美国俘虏的这批专家到达美国后，有相当一部分人，包括希劳恩都加入了美国国籍，在美国担任职务，并对美国空间科学技术发挥了极其重要的作用。美国正是由于起用了希劳恩这个德国火箭专家，才使他们的三名宇航员成功地将火箭送到了月球上。因此可以说"阿尔索斯突击队"是美国政府最早的一家"猎头"公司。

二战以后，随着战后世界经济的全面复苏，知识、信息及科学技术的迅猛发展，美国工商企业对人才的需求显得越来越迫切。有的企业为把一个人才挖过来，甚至不惜连整个企业都买下来。例如，美国通用电气公司为把一位名叫斯特劳斯的电气工程师挖过来，当用高薪不奏效时，就把这个小企业连同他本人一起买了下来。

菲利浦公司也曾在以高薪聘用一位工程师失败后将该工程师所在的企业买了下来。由此可见许多大的工商企业为了得到自己所需要的或所看中的人才，可以不惜代价。于是专为这些大企业物色各类管理人才和技术人才的中介机构，即"猎头"公司便应运而生，并迅速在美国发展起来。

（资料来源：http://www.rc114.com/html/ebook/cdrc/2011/0426/6637.html.）

2. 环境的变化

早在两千多年前，我国汉朝的官员曾试图通过对文职人员编制完备、详细的职位说明书来建立一套科学的程序。结果表明，这些官员的努力并没有奏效，几乎没有一个新招聘到的文职人员的工作能够达到期望的水平。现在，负责高层职位招聘的管理人员也遇到了同样的难题。他们进行面试、背景调查，有时甚至使用个性心理测试，希望能够由此获取合适的员工，使招聘工作有较好的效果，但真正获取合格的人选仍然是非常难的。

招聘工作本身就不容易，伴随着当今经济形势的迅速变化和技术的快速更新，使得这种困难会进一步增加。企业外部就业市场的发展与成熟，使越来越多的人有了更多的选择机会，既可以去企业工作也可以自己创业，人才的流动越来越频繁；同时，业务的全球化增加了企业对优秀人才的需求，加剧了对优秀人才的竞争。在传统的、职能性的组织中，每个人都知道首席执行官和高层管理人员的职责,大部分的组织文化也比较具有可比性。但是,随着新的组织形式出现(如合资企业和战略联盟、团队方式、自由代理人以及网络化协作),使寻找合适职位的人选的工作变得越来越复杂。这些新的企业和岗位到底需要具备哪些能力的员工呢?其实,这是难以给出固定答案的。如果招聘同一行业的两个企业首席执行官,可能两个非常类似的岗位会需要两个具有完全不同技能和个人风格的人选。这就是说,在经济、技术迅速变化的形势下,在岗位不同、文化背景不同的情况下,要搞好招聘工作更需要研究组织外部的环境和就业市场。

1.3.3 员工招聘与组织战略

不同的企业的组织设计和组织结构是不同的,不同的企业的人力资源管理也是不同的。根据生产服务方法一般可以将企业战略分为防御型战略、探索型战略和分析型战略。

在三种不同战略类型的企业中,应采用不同的招聘方法。防御型企业,倾向于内部调配,对于低层次的职位,采用招聘新员工的方法,对于高层次的职位,则采用从内部提拔的方法。探索型企业,倾向于在所有层次的职位上都雇佣有经验的员工。分析型企业既采用内部提拔也注意外聘有经验的员工,对高层次的职位更多采用外聘方法。

实行不同发展战略的企业应该在招聘主管和经理人员时,招聘不同类型的人,这样才能使员工能够比较好地配合企业的发展战略,减少发生摩擦的可能性。市场经营比较狭窄同时也稳定的企业往往采用防御型战略,招聘时应该注意那些有财政金融和生产制造背景的人,这样有利于稳定市场份额。一个实行探索型战略的企业,在招聘时应该特别注意那些有工程研究和市场开发背景的人,以利于企业开发新产品和新市场。以分析型战略见长的企业,由于面对的是复杂的市场,应该在招聘中注意发掘那些具有应用研究才能、市场开发才能和创新才能的人。

1.4 员工招聘的意义与发展方向

企业人力资源管理所包括的各个环节,从招聘、培训、考评、工资福利、劳动关系、奖惩、激励、流动、保护到行为管理,在一定程度上都是以招聘和录用工作为基础的。

1.4.1 员工招聘的意义

招聘工作是整个企业人力资源管理工作的基础。一方面,招聘工作直接关系到企业人力资源的形成;另一方面,招聘和录用是人力资源管理中其他工作的基础。如果招聘和录用不到最好的人员,接下来的人力资源管理工作各个环节的效率都会大打折扣。因此,员工招聘的意义在于以下几点。

1. 组织补充人力资源的基本途径

组织的人力资源状况处于变化之中。组织内人力资源向社会的流动、组织内部的人事变动(如升迁、降职、退休、解雇、死亡、辞职等)等多种因素,导致了组织人员的变动。同时,组织有自己的发展目标与规划,组织的成长过程也是人力资源拥有量的扩张过程。

上述情况意味着组织的人力资源也是处于稀缺状态的,需要经常补充员工。因此,通过市场获取所需人力资源成为组织的一项经常性任务,人员招聘也就成了组织补充人员的基本途径。

2. 有助于创造组织的竞争优势

现代的市场竞争归根到底是人才的竞争。一个组织拥有什么样的员工,就在一定意义上决定了它在激烈的市场竞争中处于何种地位——是立于不败之地,还是最终面临被淘汰的命运。但是,对人才的获取是通过人员招聘这一环节实现的。因此,招聘工作能否有效地完成,对提高组织的竞争力、绩效及实现发展目标,均有至关重要的影响。从这个角度说,人员招聘是组织创造竞争优势的基础环节。对于获取某些实现组织发展目标急需的紧缺人才来说,人员招聘更有着特殊的意义。

3. 有助于组织形象的传播

德斯勒在其著作中介绍,"研究结果显示,公司招募过程质量的高低会明显地影响应聘者对企业的看法"。许多经验表明,人员招聘既是吸引、招募人才的过程,又是向外界宣传组织形象、扩大组织影响力和知名度的窗口。应聘者可以通过招聘过程了解该企业的组织结构、经营理念、管理特色、企业文化等。尽管人员招聘不是以组织形象传播为目的的,但招聘过程客观上具有这样的功能,这是组织不可忽视的一个方面。

4. 有助于组织文化的建设

有效的招聘既使企业得到了人员,同时也为人员的保持打下了基础,有助于减少因人员流动过于频繁而带来的损失,并增进组织内的良好气氛,如能增强组织的凝聚力、提高士气、增强员工对组织的忠诚度等。同时,有效的招聘工作对实现人力资源管理的其他职能也有帮助。

总之,招聘和录用工作的意义就是保证企业人力资源得到充足的供应,使人力资源得到高效率的配置,从而提高人力资源的效率和产出,同时增强企业员工的满足感。

 案例链接

手忙脚乱的面试

一天早上,技术部的小王正专注于自己的工作,人事部的电话匆匆将他叫到小会客室,参与技术人员招聘面试工作。由于事先小王对此事一无所知,所以在面试过程中,他总是在不断翻阅应聘人员的资料,低头阅读简历,然后提出相应的问题,之后又忙于下一名应聘者的问询。就这样一上午过去了,6名应聘者的面试结束了,小王的任务也完成了。在一场有效的面试中,小王应该怎样做?如何避免这样的事例发生?如何看待招聘在组织人力资源管理中的作用,以及在整个组织中的地位和作用?

(资料来源:姚裕群,刘家珉. 就业市场与招聘. 长沙:湖南师范大学出版社,2007.)

1.4.2 员工招聘的发展方向

随着中国市场经济改革的深入,中国社会经济生活的各个方面也发生了深刻的变化。

新技术的进步，新市场的出现，大大影响了人力资源管理的各项实践。面对未来员工招聘工作的发展趋势，企业必须面对以下主要挑战。

1. 招聘媒介进一步多元化和网络化

随着经济的发展和社会的进步，招聘媒介也经历了较大的发展和飞跃。20世纪90年代中期以前，企业招聘的主要手段是内部推荐、当街张贴海报。90年代中期以后，逐渐发展到在报纸、杂志上刊登招聘广告，在电台、电视台做招聘宣传，举办大型的人才招聘会。进入21世纪以后，互联网技术开始发展和普及，招聘网络化已成为一种越来越普遍的招聘模式。网络招聘、猎头服务、人事代理、招聘外包等方式的全天性、即时性，大大提高了招聘工作的速度和效率，使招聘企业可以在短时间内寻获到所需的人才。

尤其是招聘渠道的多元化，更加要求企业对当地的劳务市场有更加深入和透彻的认识与了解，熟悉各种招聘渠道的特性，从而制定更有效的招聘策略，使招聘资源投放更加准确和有效。

2. 中小城市对中高端人才吸引力的进一步弱化

曾几何时，"孔雀东南飞"成为一种时尚，大多数中高端的人才，宁愿到上海、北京、广州、深圳等中心城市就业，因为那里机会较一般内地城市更多。相比之下，二、三线的中小城市对中高端人才的吸引力进一步弱化。有一些企业远离中心城市，很多应聘者甚至连该企业发出的面试邀请都不会接受。所以，对于远离中心城市的企业来说，在招聘工作中如何吸引中高端人才及做好本地化工作是必须面对的挑战。

位于中小城市的企业必须从求职者的角度出发，在"吸引人才、留住人才"的各个环节上能真正为求职者着想。企业应在制度设计上，考虑如何方便求职者到企业面试，降低其面试的时间成本和金钱成本。例如，可考虑采用为求职者报销面试来回车船费用、住宿费用，或安排专车接送求职者等手段来吸引求职者到本企业面试。

3. 异地招聘

随着企业业务的不断发展，越来越多的企业走出原来的根据地城市，到其他城市拓展业务。如何在一个陌生的城市中迅速招聘到恰当的人才以配合企业业务发展的需要，也成为这些企业要面对的核心问题。

4. 全球化招聘

随着企业的业务发展走出国门，企业亦会对跨国人才产生相应的需求。企业要在全球化竞争中取得优势，就必须要有具有全球化的视野和经验的人。这要求企业必须要有拓展全球的眼光，掌握全球化的招聘手段和方式，方能进行全球化人才的招聘。

5. 新的职位不断涌现

随着市场的进一步发展，新经济的繁荣也带来了新的职位。据统计，现在劳动力市场每年涌现的新的职位有40～50个。对于新职位的涌现，亦要求企业关注新经济的发展动态,了解和熟知新职位的个性特点,明晰其职责和要求,才能进行有效的招聘。

6. 人员流动进一步加剧

随着信息时代的到来,人们获取信息的成本越来越低,更加容易了解劳动力市场的情况;另一方面,随着交通条件的改善,人们的出行成本越来越低,迁移到其他地方或城市工作和生活的成本亦大大降低,这些,都大大降低了人们转换工作的成本,亦促成了劳动力市场中的高流动率;影响到企业,则是企业的人才流失率升高。企业在制定相应的招聘计划时,必须要充分考虑到未来人员的流失情况。

7. 校园招聘成为招聘工作的重点

随着中国经济转型的完成和大量国有企业人员分流的结束,劳动力市场进一步规范和成熟,在劳动力市场中寻找熟手劳工的难度进一步加大。这要求企业要更加注重内部的人才培养,将招聘工作的力度更多倾注于校园招聘,通过有效的校园招聘和完善的培训计划,以确保有足够的人才支撑企业未来的业务发展。

本 章 小 结

招聘与选拔好的员工是提高企业人力资源管理工作效率的关键所在,如何按照企业的经营目标与业务要求在人力资源规划的指导下,根据工作描述,把优秀的人才、所需要的人力在合适的时候放在合适的岗位,是企业成败的关键之一。招聘是旨在吸引一批候选人应聘空缺岗位,并运用科学的方法从有效的人选中选择新成员的过程。

招聘工作是整个企业人力资源管理工作的基础。一方面,招聘工作直接关系到企业人力资源的形成;另一方面,招聘和录用是人力资源管理中其他工作的基础。企业人力资源管理所包括的各个环节,从招聘、培训、考评、工资福利、劳动关系、奖惩、激励、流动、保护到行为管理,在一定程度上都是以招聘和录用工作为基础的。成功的招聘有赖于科学的招聘原则和工作程序。

员工招聘随着时代的发展其内容和形式也在不断的发展变化,因此,人力资源工作者要及时更新观念,关注员工招聘的发展趋势。

练 习 题

一、思考题

1. 什么是员工招聘?
2. 如何理解人力资源管理与员工招聘之间的关系?
3. 员工招聘的原则有哪些?
4. 员工招聘的目标是什么?
5. 简述员工招聘的流程。

6. 简述员工招聘对于企业发展的意义。
7. 简述员工招聘在未来的发展趋势。

二、课堂讨论题

（1）某企业组织了一次大型的员工招聘活动，但是现场非常混乱，并且最终的招聘结果不尽如人意，许多部门反映招聘的员工不能胜任工作岗位的要求；还有一部分员工不能安心工作，企业损失很大。人力资源部的经理说："我们也是按照要求进行员工招聘的，不能胜任工作要求，我们也没有办法。"你如何评价此次员工招聘？

（2）谈谈你对目前我国员工招聘现状及其未来发展方向的认识。

三、课外实践题

深入一家企业进行实地调查，与该企业相关负责人进行座谈，了解企业在员工招聘方面的成功与不足。

四、案例分析

【导入案例分析】

案例表明：现代人力资本理论的研究表明，人的知识和技能是资本的一种形态，这一资本形态是现代社会经济增长的主要动力和决定性因素。人力资源就是指这一资本形态的承载者，它是生产活动中最活跃的因素，也是一切资源中最重要的资源。正是由于该资源特殊的重要性，它被经济学家和管理学家们称为"第一资源"，并与物质资源和信息资源相对应，共同构成现代企业的三大资源。

【案例】

辉联公司是一家中外合资的大型通信设备供应商。最近，该公司连续签订了四个大型项目，公司人员吃紧，很多职位需要尽快补充。该公司在员工招聘方面下了很大力气，不但在知名招聘网站发布招聘启事，在当地发行量最大的报纸连续刊登巨幅广告，大型人才招聘会上也经常出现该公司人力资源部职员的身影。

辉联公司的招聘内容和要求为："招聘项目经理，要求28岁以上，硕士以上学历，3年以上工作经验，曾经从事过项目管理；文秘，要求28岁以下，本科以上学历，英语六级，1年以上工作经验，品貌皆优；此外，还招聘大量技术人员、市场人员……这些岗位都要求大型企业工作经验，有独立思考、工作的能力和良好的创新意识、团队合作意识……"

每天，公司人力资源部会收到大量通过传真、邮件、电子邮件等途径递交的应聘简历，也陆续有应聘者被邀请到公司参加面试。

辉联公司的招聘程序很严格，先测评，然后是两次面试、笔试、实际操作，还有中高层管理人员的测评中心等。忙碌了近两个月后，辉联公司的招聘投入了广告费13.71万元，收到简历1654份，各个职位参加面试人员356人，录用32人，离要求的60人仍然存在着大量缺口。

【思考题】

1. 辉联公司在招聘过程中存在哪些招聘风险？
2. 谈谈如何解决这些问题。

第 2 章　员工招聘的前期工作

学习目标

学习完本章后，你应该能够：
- 了解企业人力资源规划的概念与目的；
- 认识工作分析和岗位分析；
- 掌握人员测评，并进行合理的人员配置；
- 掌握影响员工招聘的因素。

 导入案例

招兵买马之误

NLC化学有限公司是一家跨国企业，主要研制、生产、销售医药和农药产品。耐顿公司是NLC化学有限公司在中国的子公司，主要生产、销售医疗药品。随着生产业务的扩大，为了对生产部门的人力资源进行更为有效的管理开发，2000年初始，公司总经理把生产部门的经理于欣和人力资源部门的经理李建华叫到办公室，商量在生产部门设立一个处理人事事务的职位，工作主要是生产部与人力资源部的协调工作。最后，总经理说希望通过外部招聘的方式寻找人才。

在走出总经理的办公室后，人力资源部经理李建华开始一系列工作。在招聘渠道的选择上，李建华设计了两套方案：一是在本行业专业媒体中做专业人员招聘广告，费用为3500元，好处是对口的人才比例会高些，招聘成本低；不利条件是企业宣传力度小。另一套方案为在大众媒体上进行招聘，费用为8500元，好处是企业影响力度很大；不利条件是非专业人才的比例很高，前期筛选工作量大，招聘成本高。总经理看过招聘计划后，认为公司在大陆地区处于初期发展阶段，不应放过任何一个宣传企业的机会，于是选择了第二套方案。

耐顿公司招聘广告刊登的内容如下："您的就业机会在NLC化学有限公司下属的耐顿公司！现有一个职位——生产部人力资源主管，该职位负责生产部和人力资源部两个部门的协调性工作，抓住机会！充满信心！请把简历寄到耐顿公司人力资源部。"

在一周内的时间里，人力资源部收到了800多份简历。李建华和人力资源部的人员在800份简历中筛选出70份有效简历，经再次筛选后，留下5人。李建华来到生产部门经理于欣的办公室，将5人的简历交给于欣，并让于欣直接约见面试。部门经理于欣经过筛选后认为可从两人中做选择——李楚和王智勇。他们将所了解的两人资料对比如下：

员工招聘

李楚，男，企业管理学士学位，32岁，8年一般人事管理及生产经验，在此之前的两份工作均有良好的表现，可录用。

王智勇，男，企业管理学士学位，32岁，7年人事管理和生产经验，以前曾在两个单位工作过，第一位主管评价很好，没有第二位主管的评价资料，可录用。

从以上的资料可以看出，李楚和王智勇的基本资料相当。但值得注意的是，王智勇在招聘过程中，没有上一个公司主管的评价。公司通知二人，一周后等待通知。在此期间，李楚在静待佳音，而王智勇则打过几次电话给人力资源部经理李建华，第一次表示感谢，第二次表示非常想得到这份工作。

生产部门经理于欣在反复考虑后，来到人力资源部经理室与李建华商谈何人可录用。李建华说："两位候选人看来似乎都不错，你认为哪一位更合适呢？"于欣说："两位候选人的资格审查都合格了，唯一存在的问题是王智勇的第二家公司主管给的资料太少，但是虽然如此，我也看不出他有何不好的背景，你的意见呢？"

李建华说："很好，于经理，显然你我对王智勇的面谈表现都有很好的印象，人嘛，有点圆滑，但我想我会很容易与他共事，相信在以后的工作中不会出现大的问题。"

于欣："既然他将与你共事，当然由你做出最后的决定。"于是，最后决定录用王智勇。

王智勇来到公司工作了6个月，在工作期间，经观察发现王智勇的工作不如期望的好，指定的工作他经常不能按时完成，有时甚至表现出不能胜任其工作的行为，所以引起了管理层的抱怨，显然他对此职位不适合，必须加以处理。

然而，王智勇也很委屈：来公司工作了一段时间，招聘时所描述的公司环境和各方面情况与实际情况并不一样。原来谈好的薪酬待遇在进入公司后又有所减少。工作的性质和面试时所描述的也有所不同，也没有正规的工作说明书作为岗位工作的基础依据。

那么，这到底是谁的问题呢？

（资料来源：http://wku.baidu.com/view/8a76f196dd8d0d233d46a9a.html.）

2.1 企业人力资源规划

人力资源规划是各项人力资源管理活动的起点和依据，人力资源管理部门对企业发展提供的战略性支持主要体现在人力资源规划方面。可以说人力资源规划是人力资源管理活动的统筹阶段，为下一步人力资源管理活动制定目标、原则和方法。

2.1.1 人力资源规划概述

人力资源规划又称人力资源计划，是人力资源管理的重要部分和重要领域。自20世纪70年代起，人力资源规划已成为人力资源管理的重要职能，并且与企业的人事政策融为一体。人力资源规划是指为实施企业的发展战略，完成企业的生产经营目标，根据企业内外环境和条件的变化，运用科学的方法对企业人力资源需求和供给进行预测，并制定相应的政策和措施，从而使得企业人力资源需求和供给达到平衡的过程。长期的人力资源规划往往是5~10年，也叫做战略人力资源规划；中期人力资源规划，往往是2~5年；短期人力资源规划是指两年以下为了实现目前的发展和既定的目标（包括年度目标）的人力资源规划。

人力资源规划具有前瞻性、战略性和目标性，实质上就是组织为了实现目标而制定的人力资源政策。成功的人力资源规划有助于预见未来的变化，减少不确定性对企业的冲击。例如，企业中可能出现的临时性的员工短缺，或者空缺岗位无法从企业内部找到合适的人选时，如果事先进行人力资源规划就可以防止这类问题的出现。

人力资源规划是组织根据其发展战略的要求，对实现组织目标所需要的人力资源进行预测，对组织现有的人力资源进行分析与统筹，对可能的人力资源进出途径进行系统安排的过程。人力资源规划是一项持续不断的工作，它的主要目的有以下几点。

第一，适应组织的发展。人力资源规划主要是针对组织现在及未来发展的需要，通过制定人员补充计划、人员使用计划、人员接替及提升计划、教育培训计划、评价及激励计划、劳动关系计划、退休及解聘计划，来实现人员的适时、适量、适岗补给，从而确保组织战略目标的达成。

第二，更有效地分配和使用人力资源。合理的人力资源规划不仅能对现有的人力资源结构做出正确的分析，而且还能找出影响人力资源有效运用的症结所在，使人力资源发挥出其应有的最大效能，从而真正实现"人尽其才"、"才尽其用"，并减少不必要的人力浪费，降低用人成本。

第三，提高员工的满意度和促进员工的发展。合理的人力资源规划能将员工个人的发展与组织的发展有效地结合在一起，让员工深切地感受到自己是组织的一分子，自己的成长成熟对组织是至关重要的，从而更加奋发努力工作，并不断提高自己的各项素质。这样，组织的缺勤率、离职率及事故发生率就可以得到有效降低，而工作质量可以得到有效的提升。

人力资源规划需要解决的两大核心问题是人力资源的需求和供给。人力资源需求预测是根据能力水平、岗位要求以及组织发展战略的要求确定所需员工的数量和类型的过程。人力资源供给预测则是确定组织内部和劳动力市场中能够满足组织空缺岗位要求的人员数量和可获得性的过程。两相比较，如果供需平衡，说明组织目前正处于相对平衡状态，可以暂时不采取行动；如果供大于求，组织就可以考虑采取缩减用人指标、减少工作时间、提前退休、裁员等方式进行调整；如果供小于求，则要考虑是采取内部晋升，还是外部招聘，或是两者兼而有之的方法予以填补。总之，供求平衡是编制组织人力资源规划的一项重要内容。这种平衡不仅指供求总量上的平衡，更重要的是实现素质、类别等供求结构上的平衡。为做到供求平衡，组织必须对员工潜力进行分析，从数量上消除人浮于事的人力浪费现象，从质量上提高员工的素质，充分发挥现有员工的潜力。

小贴士

2011年新春伊始，东部沿海各地媒体相继大肆报道"用工荒"。据新华社分析，今年的"用工荒"比往年来得早、来得猛，而且蔓延到传统的劳务输出大省安徽、河南等地。"两会"（第十一届全国人民代表大会四次会议和中国人民政治协商会议十一届四次会议）上，来自浙江的周晓光等多位代表均提交了关于应对"用工荒"的议案。一时间"用工荒"俨然成为开年最热的搜索关键词之一。

突如其来的"用工荒"，让用工企业一时措手不及，想尽一切办法，提高待遇、降低标准、增加福利，盲目招人。然而，实际效果却不尽如人意。盲目招人不仅增加招聘成本，使得企业人员素质、能力参差不齐，还提高了培训成本，降低了整体工作效率，得不偿失。因此，招聘员工一定要做好人力资源规划，提高招聘效率。

（资料来源：http://wenku.baidu.com/view/e86e2f2db4daa58da0114a4a.html）

2.1.2 人力资源规划的意义

企业人力资源管理工作常常陷入"计划赶不上变化"的困境，导致以下局面：岗位职责界定不清，人员冗余；人员没有合理配置，人才浪费；没有形成人才梯队，后备人才不足；人员素质不高，缺少发展动力等。

有些人认为这些问题主要是由于一些具体的人力资源管理工作如招聘、培训、员工队伍建设、薪酬和绩效管理等工作没有做好，但其根本原因在于人力资源规划缺乏可行性，制定过程缺乏对企业业务和人才结构的深入了解和科学预测。人力资源规划是各项人力资源管理活动的目标，没有目标的管理活动等于没有管理。因此，如果解决了人力资源规划的难题，那么其他问题的解决将步入正轨。因此，进行人力资源规划可以说是企业必须要做的一项重要工作。

1. 确保组织在生存发展过程中对人力资源的需求

组织的生存和发展与人力资源的结构密切相关。在静态的组织条件下，人力资源规划并非必要。因为静态的组织意味着人力资源的数量、质量和结构均不发生变化。但是，任何组织和企业都处在一定的外部环境之中，对于一个动态的组织来说，人力资源的需求和供给不可能自动地平衡，因此就要分析供求的差异，并采取适当的手段调整差异，也就需要事先制定人力资源规划。

2. 提供组织管理的重要依据

在大型和复杂结构的组织中，人力资源规划的作用特别明显，如什么时候需要补充人员、补充哪些层次的人员、如何提高员工的工作积极性、如何组织多种需求的培训等。这些管理工作如果没有人力资源规划的指导，就会不可避免地出现"头痛医头、脚病医脚"的混乱状况。因此，人力资源规划是组织管理的重要依据，它会为组织的录用、晋升、培训、人员调整等活动提供准确的信息依据。

3. 控制人工成本的关键

人力资源规划对预测中、长期的人工成本有重要的作用。人工成本中最大的支出是工资，而工资总额在很大程度上取决于组织中的人员分布状况。人员分布状况指的是组织中的人员在不同职务、不同级别上的数量状况。当一个组织年轻的时候，处于低职务的人多，人工成本相对便宜。随着时间的推移，人员的职务等级水平上升，工资的成本也就相应增加。在没有人力资源规划的情况下，未来的人工成本是未知数，难免会发生成本上升、效益下降的趋势。因此，在预测未来企业发展的条件下，人力资源规划可以有计划地逐步调整人员的分布状况，把人工成本控制在合理的支付范围内。

4. 提供各项人事决策制定所必要的信息

人事政策对管理的影响是非常大的，而且持续的时间长，调整起来也比较困难。为了避免人事决策的失误，准确的信息是至关重要的。例如，一个企业在未来某一段时间内缺乏某类有经验的员工,而这种经验的积累又不可能在短时间内实现,那么如何处理这一问题呢?如果从外部招聘,有可能找不到合适的人员,而且也不可能在短时间内适应工作。如果企业自己培养,就需要提前进行培训。显然,在没有确切信息的情况下,决策是难以客观得出的,而且有时候可能根本考虑不到这些方面的问题。

5. 促进员工的成长,提高员工满意度

人力资源规划在制定的同时也考虑了员工本身的需要,员工的特长,员工的兴趣、能力以及家庭因素,所以人力资源规划也包含了员工职业发展的内容。通过人力资源规划可以把员工的发展和人事政策、组织的发展更好地结合在一起,有助于员工个人目标的实现,提高员工的满意度。

 案例链接

苏澳公司的人力资源规划

近年来苏澳公司常为人员空缺感到困惑,特别是经理层次人员的空缺常使得公司陷入被动的局面。苏澳公司最近进行了公司人力资源规划。公司首先由四名人事部的管理人员负责收集和分析目前公司对生产部、市场与销售部、财务部、人事部四个职能部门的管理人员和专业人员的需求情况以及劳动力市场的供给情况,并估计在预测年度,各职能部门内部可能出现的关键职位空缺数量。

上述结果用来作为公司人力资源规划的基础,同时也作为直线管理人员制定行动方案的基础。但是在这四个职能部门内部制定和实施行动方案的过程(如决定技术培训方案、实行工作轮换等)是比较复杂的,因为这一过程会涉及不同的部门,需要各部门的通力合作。例如,生产部经理为制定将本部门A员工的工作轮换到市场与销售部的方案,则需要市场与销售部提供合适的职位,人事部做好相应的人事服务(如财务结算、资金调拨等)。职能部门制定和实施行动方案过程的复杂性为人事部门进行人力资源规划也增添了难度,这是因为,有些因素(如职能部门间的合作的可能性与程度)是不可预测的,它们将直接影响预测结果的准确性。

苏澳公司的四名人事管理人员克服种种困难,对经理层的管理人员的职位空缺做出了较准确的预测,制定了详细的人力资源规划,使得该层次的人员空缺减少了50%,跨地区的人员调动也大大减少。另外,从内部选拔工作任职者人选的时间也减少了50%,并且保证了人选的质量,合格人员的漏选率大大降低,使人员配备过程得到了改进。人力资源规划还使得公司的招聘、培训、员工职业生涯规划与发展等各项业务得到改进,节约了人力成本。

苏澳公司取得上述进步,不仅仅是得利于人力资源规划的制定,还得利于公司对人力资源规划的实施与评价。在每个季度,高层管理人员会同人事咨询专家共同对上述四名人事管理人员的工作进行检查评价。这一过程按照标准方式进行,即这四名人事管理人员均要在以下14个方面做出书面报告:各职能部门现有人员;人员状况;主要职位空缺及候选人;其他职位空缺及候选人;多余人员的数量;自然减员;人员调入;人员调出;内部变动率;招聘人数;劳动力其他来源;工作中的问题与难点;组织问题及其他方面(如预算情况、职业生涯考察、方针政策的贯彻执行等)。同时,他们必须指出上述14个方面的现状与预测(规划)的差距,并讨论可能的纠正措施。通过检查,一般能够对下季度在各职能部门应采取的措施达成一致意见。

在检查结束后,这四名人事管理人员则对他们分管的职能部门进行检查。在此过程中,直线经理重新检查重点工作,并根据需要与人事管理人员共同制定行动方案。当直线经理与人事管理人员发生意见分歧时,往往可通过协商解决。行动方案上报上级主管审批。

(资料来源:http://home.51.com/hanyuan9958/diary/item/10045518/html.)

2.1.3 人力资源规划的内容

人力资源规划包括下列内容。

1. 预测未来的组织结构

一个组织经常随着外部环境的变化而变化,如全球市场的变化、跨国经营的需要、生产技术的突破、生产设备的更新、生产程序的变更、新产品的问世等。这些变化都将影响整个组织结构,即组织结构必须去适应企业经营策略的变化。而经营策略的变化又是因为环境变化而产生的。组织结构的变化必然牵涉到人力资源的配置,因此对未来组织结构的预测评估应列为第一步。

2. 制定人力供求平衡计划

人力资源可分为三个层次:高层,包括高层机构的行政主管人员、工程师、专业技术人员;中层,包括一般技术人员、监工人员、助理人员等;基层,包括领班、普通工人等。在这三种人员中,高层人员的需求相对较少,但培养最为困难;中层及基层的人力需求较多。因此,该计划应考虑以下三点。

(1) 因业务发展、转变或技术装备更新所需增加的人员数量及其层次。

(2) 因员工变动所需补充的人员数量及其层次,这种变化包括退休、辞职、伤残、调职、解雇等。

(3) 因内部成员升迁而发生的人力资源结构变化。

3. 制定人力资源招聘补充计划

人力资源招聘补充计划包括以下内容。

(1) 内部提升或向外征聘以何者为先?

(2) 外聘选用采用何种方式?

(3) 外聘所选用的人力来源如何?有无困难?如何解决?

(4) 如果是内部提升或调动,其方向与层次如何?

4. 制定人员培训计划

人员培训计划的目的是为了培养人才,它包括两方面内容:对内筛选现有员工,加强员工进行产品专业知识及工作技能的培训;对外应积极猎取社会上少量的且未来需要的人才,以避免企业中这种人才的缺乏。至于人员的培训内容,可包括以下几方面。

(1) 第二专长培训:以利于企业弹性运用人力。

(2) 提高素质培训:以帮助员工树立正确的观念及提高办事能力,使之能担当更重要的工作任务。

（3）在职培训：适应社会进步要求，以增进现有工作效率。

（4）高层主管培训：进行管理能力、管理技术、分析方法、逻辑观念及决策判断能力方面的培训。

5. 制定人力资源使用计划

人力资源规划不仅要满足未来人力资源的需要，而且应该对现有人力资源进行充分的运用。人力资源运用关键在于"人"与"事"的圆满配合，使"事得其人"、"人尽其才"。人力资源计划使用包括下面几项。

（1）职位功能及职位重组。

（2）工作指派及调整。

（3）升职及选调。

（4）职务丰富化。

（5）人力资源检查及调节。

2.1.4 人力资源规划的制定

1. 制定人力资源规划的程序

企业人力资源规划包括两个层次：总体规划和各项业务计划。人力资源总体规划是指在有关计划期内人力资源管理的总目标、总政策、实施步骤和总预算的安排；人力资源业务计划则包括人员补充计划、分配计划、提升计划、教育培训计划、工资计划、保险福利计划、劳动关系计划、退休计划等。这些业务计划是总体规划的展开和具体化，每一项业务计划由目标、任务、政策、步骤及预算等部分构成，这些业务计划的结果应能保证人力资源总体规划目标的实现。

人力资源规划作为人力资源管理的一项基础性活动，其核心部分包括人力资源需求预测、人力资源供给预测及供需综合平衡三项工作。人力资源规划的制定步骤如下：

（1）调查、收集和整理涉及企业战略决策和经营环境的各种信息。影响企业战略决策的信息有产品结构、消费者结构；企业产品的市场占有率、生产和销售状况、技术装备的先进程度等企业自身的因素；企业外部的经营环境，社会、政治、经济、法律环境等。这些外部因素是企业制订规划的"硬约束"，企业任何人力资源规划的政策和措施均不得与之相抵触。例如《中华人民共和国劳动法》规定："禁止用人单位招用未满16周岁的未成年人。"企业拟定未来人员招聘规划时，应遵守这一规则，否则，将被追究责任，规划亦无效。

（2）根据企业或部门实际情况确定其人力资源规划期限。了解企业现有人力资源状况，为预测工作准备精确而翔实的资料。例如，根据企业目标，确定补充现有岗位空缺所需人员的数量、资格、条件以及时间等。

（3）在分析人力资源需求和供给的影响因素的基础上，采用定性和定量相结合、以定量为主的各种科学预测方法对企业未来人力资源供求进行预测。这是一项技术性较强的工作，其准确程度直接决定了人力资源规划的效果和成败，它是整个人力资源规划制定过程中最困难，同时也是最重要的工作。

（4）制定人力资源供求协调平衡的总计划和各项业务计划，并分别提出各种具体的调整供大于求或求大于供的政策措施。人力资源供求达到协调平衡是人力资源规划活动的落脚点和归宿，人力资源供需预测则是为这一活动服务的。

（5）人力资源规划并非是一成不变的，它是一个动态的开放系统。对其过程及结果须进行监督、评估，并重视信息的反馈，不断调整规划，使其更切合实际，更好地促进企业目标的实现。

2. 企业人员计划的制订（狭义的人力资源规划）

狭义的人力资源规划，是指企业从战略规划和发展目标出发，根据其内外部环境的变化，预测企业未来发展对人力资源的需求，以及为满足这种需求所提供的人力资源的活动过程。简单地说，狭义人力资源规划即指进行人力资源供需预测，并使之平衡的过程，实质上它是企业各类人员需求的补充规划。

编制企业人员计划的主要任务就是要确定计划期内的员工人数。一般来说，计划期内的各部门原有员工人数虽然有变化，但是其主要部分仍然留在原岗位上，所以计划的关键就是正确确定计划期内员工的补充需要量。其平衡公式为

计划期内人员补充需求量＝计划期内人员总需求量－报告期期末员工总人数
＋计划期内自然减员总人数

企业各部门对员工的补充需求量主要包括两部分：一是由于企业各部门实际发展的需要而必须增加的人员；二是原有的员工中，因年老退休、退职、离休、辞职等原因发生了"自然减员"需要补充的那一部分人员。

核算计划期内企业各部门人员的需要量，应根据各部门的特点，按照各类人员的工作性质，分别采用不同的方法。例如，企业的生产性部门是根据生产任务总量和劳动生产率、计划劳动定额以及有关定员标准来确定人员的需要量；而企业的各职能部门的行政、服务人员的计划，应根据组织机构的设置、职责范围、业务分工、工作总量和工作定额标准来制定。

计划期内人员的需要量核算出来以后，要与原有的人员总数进行比较，其不足部分加上自然减员人数，即为计划期内的人员补充需要量。

2.1.5 人力资源规划的制约因素

人力资源规划的制定受到多种因素的制约，主要有组织外部因素、组织内部因素及人力资源自身因素等，具体包括以下内容。

1. 组织外部的影响因素

（1）宏观的经济形势。处于经济萧条时期，人力资源的成本低，但是能够提供的就业机会少。处于通货膨胀阶段，劳动力成本高，企业可能会因为成本原因而减少用人数量。

（2）劳动力市场的供求关系。例如，某类人才供不应求，从企业外部扩充人力资源难

度加大，成本增加。

(3) 工作价值观念。例如，人们崇尚职业的新奇性和变换性，那么员工的离职率和流动频率就会增加。

(4) 政府的法规。例如，政府有关人员招聘、工作时间、最低工资的强制性规定，户籍制度，退休制度，社会保障制度的规定会影响企业的人力资源规划。我国允许农民工流入城市短期工作的宽松户籍政策，解决了企业的招工问题，节省了用人成本。又如国家要延长退休年龄，很多企业都反对，因为这样企业就要为员工缴纳更多的养老保险。

2. 组织内部的影响因素

(1) 企业的一般特征——企业的行业特性，是制造业、服务业、旅游业还是高新技术产业，决定了人力资源的数量和质量要求。

(2) 企业的发展目标——企业规模扩大，产品结构调整和升级，采用新的生产工艺都会导致人力资源层次、结构和数量上的调整。

(3) 企业文化——假如企业的凝聚力很大，员工的进取心强，员工的流动率低，企业就可以通过对现有员工的培训和调配晋升来满足对于人力资源的要求，那么人力资源计划的中心就是培训、晋升和职业生涯发展规划。而如果企业的凝聚力弱，员工的流动率很高，企业就会把工作的重心放在外部的招聘上。

3. 人力资源系统自身的影响因素

在人力资源系统内部，人力资源规划和其他人力资源管理环节之间是互动的。例如，工资水平高、晋升机会多、福利待遇优厚、器重人才的企业对人才市场的求职者有比较大的吸引力，企业现有员工也不愿意离去。这种企业从外部招聘人员时选择余地比较大，内部人员供给也比较充实。

案例链接

实战案例——人力资源规划

信达公司是香港速递行业的领袖，也是全球性速递公司 LDG 在香港的子公司。在香港本部，公司共有全时雇员 880 人，非全时雇员 100 人。在所有雇员中，经理级人员有 60 人，主管级人员有 100 人，一线员工 300 人。公司的所有者是一个华人，管理层中的大部分人也都是华人。公司的人力资源运作包括人事及培训两部分人事部分有职员 11 人，培训部分有职员 6 人。

目前，信达公司在官方文件递送市场上也居于领导地位。在过去的三年中，公司的利润及市场份额都保持了稳健的增长。

一、人力资源管理的做法

公司的董事长赖先生把信达公司的人力资源哲学阐述为："影响人的思想，将人力资源责任交给一线"。公司的人力资源行动纲领的焦点是对员工的承诺，它承诺公司要为员工创造良好的工作环境并提供培训机会。这种承诺最终将有助于形成公司在航空快运业的全球领导地位。

信达公司的企业文化非常强调团队精神，公司的人力资源计划过程就是一个团队协作的过程。这个过程涉及各个部门，高级主管和经理们也参加进来了。公司既强调全面化，也强调专业化，每个经理既要是他所在领域的专家,又要了解其他部门在做什么。因此,经理们就能够从公司整体来考虑问题而不能只看到自己的部门。公司另一特色的文化是公司管理层的分权化和本地化,管理层对下属只给予指导而不发布指令,各国的子公司可以自行制定战略计划,这使得公司能对本地市场做出非常迅速的反应。这种做法与公司的全球化行动纲领是一致的:"在一个集中化管理的网络中的专业组织,既要跟整个组织协同工作,又要保持本地化的首创精神和及时做出适合当地特点的决策。"

公司通过定向课程行动纲领传达给员工。行动纲领被印到能装进衣袋的卡片上,在上岗培训时发给员工。因为"满足顾客需求"在公司纲领中的重要性,公司就着重于培训顾客需求驱动导向。信达公司开发了自己的顾客满意评价方法,这些方法成为所有员工共同学习和遵守的标准。

为激励员工的自我发展,所有员工参加的所有外部培训课程公司都提供50%资助,即使培训内容可能与工作无关。而且,公司对员工参加培训不做任何限制。

二、最成功的实践——人力资源计划

信达公司最成功的实践之一是人力资源计划(MP)。这一计划是人力资源部门五年前开发的,它得到了总经理的全力支持。人力资源部门开发该计划的主要原因,是因为人力成本是公司仅次于航运成本的第二大成本项目,MP能控制支出并最大限度地促进收入增长。

信达公司的MP是一个非常综合的、互动的过程,从高级经理到主管层都参与其中,总共包括3个阶段:

(1) 第一个阶段:企业计划(business plan)。首先,市场部根据历史因素、总部战略、市场调查情况等提出公司的战略,并提交给由不同职能经理组成的高级管理小组,人力资源主管也是这个小组中的一员。然后,职能经理们开始共同讨论企业战略对各部门职能的影响。

这种头脑风暴式的讨论结束后,紧接着就是一个持续两天的管理层会议,会议将讨论企业战略中10个左右关键性的方面,这些方面是公司总部提出来的,它们都非常简短,各地子公司在制定自己的战略计划时都要以此为指南。与会的经理们要熟悉其中的每一个方面并再次讨论这些问题对本部门动作的影响。

两天会议的一个特别之处是会议没有领导,大家轮流主持。某一方面对哪个部门影响最大,在讨论这个方面时,该部门的经理就自动来主持讨论。例如,如果主题是业务的增长——如何实现计划的收入、目标是提高GTP和出口,这个主题跟市场营销关系最大,那么,市场经理就会成为会议的主持者。另一个讨论主题是通过销售战略来实现业务增长这时,做主持者的就是销售经理。在两天会议的整个过程中,总经理都只是作为一个参与者来提出建议。

人力资源部是两天会议的组织者。在会议开始前,总经理会跟人力资源部对会议的风格、议程进行充分讨论并给予全力支持。为提高会议的有效性,培训经理在会议开始的暑假对会议的主持者和参加者都要提出几条准则。主持人的准则包括"开放"、"引起讨论";参加者的准则包括"即使你可能不是专家,也要敢于发表意见。"

这些会议的主持者并没有受过什么培训,但它们在公司会议中已经受了大量的训练,从而在演讲技巧、组织讨论等方面都具备了相当的经验和能力。

(2) 第二阶段:一系列的专门小组会议。专门小组会议的核心成员包括总经理、人力资源主管、人事经理、培训与发展经理、财务与行政主管以及首席会计经理。各部门经理要向专门小组汇报他们部门的:人力计划(包括人数、未来一年的人员结构);培训计划;资本支出;IT设备计划。讨论资本支出和IT设备计划的原因是它们直接或间接地影响到人力资源和培训资源的安排。如果有的领域跟其他部门有关系,这些部门的经理也要在座。

在制定各部门的人力计划时,部门经理要遵守以下格式。

①本部门的特殊问题:包括即将制定的战略计划对本部门有何影响。例如,如果公司战略准备涉足重物运输,航空服务部就要列出以下问题:提高公司在重物运输业务上的信誉;为员工提供手工搬运重

物方面的培训；帮助员工取得重型卡车的执照。

②优先级。

③预定完成时间。

④责任(包括其他相关部门)。

在会上，人力资源经理、其他核心成员和业务经理们一起讨论他们的计划并做出必要的修改。讨论的最终结果将制作成文件并由人力资源部存档，而共同讨论所通过的计划将成为各部门制定行动计划的基础。

(3) 第三个阶段：行动计划。行动计划包括以下内容。

①各单位、部门的人数。

②加班时间。

③预计人员流动。

④激励计划。

⑤培训计划：将参加人力资源部组织的内部培训的人数；将参加部门培训的人数；将参加公司外部培训项目的人数。

每个职能经理都要保留一份本部门的行动计划，总经理则掌握各部门的行动计划。职能经理对行动计划的执行负有责任，绩效评估就以行动计划为基础，每季度和年底都要对行动计划的执行情况进行审核。

三、整个过程大概持续半年(6—12月)

这一人力资源计划过程的优点之一是所有部门的共同参与，从高级主管到最高管理层都参与其中。为了提出一个完整的、彻底的计划，部门经理需要主管和助理经理为他们提供信息。另一个优点是经理们不只顾自己的资源和目标，所有部门都顾及共同目标，因而使其思考方式更富于战略性。他们可以更好地管理自己的资源，更好地处理公司需要与员工发展的关系，有的经理甚至与他们的助理以及别的主管共同制定人力计划。对于人力资源部，由于它较早介入战略计划阶段，人力资源计划与企业计划保持了一致性；而且，人力资源部也通过这一过程理解了一线经理面临的困难并了解了他们是如何工作的。

经过五年的运行，合作关系已经在经理们中间建立起来。然而，在开始的时候，来自一线经理的阻力却是非常大的。一些经理想建立自己的势力范围，不愿意人力资源部控制他们的人数。为了保证各部门提供的信息的准确性，人力资源部要所复核对。对那些不能很好地理解资源投资概念的经理，人力资源部就选做得最好的部门作为样本把他们的人力资源计划发给这些部门作参考。别的克服阻力的方法还包括在进行工作分析时吸收别的部门的经理来讨论如何进行绩效测定。

四、保证计划的成功

要保证计划的成功，以下因素需特别注意：

(1) 人力资源部门要有强烈的商业意识，要了解企业是如何运作的。为提高人力资源部的商业意识，人力资源主管要经常阅读市场报告和各部门的报告。为熟悉一线部门的动作，人力资源部每年一次组织所有支撑部门的经理考察一线。另外，人力资源部还组织了一门内部培训课程来帮助员工熟悉不同部门的职能和动作。

(2) 高级管理层的支持是关键。信达公司的人力资源经理在接受采访时说，她很幸运有一位开明的总经理，总经理熟悉人力资源的职能，并全力支持一线经理也要承担人力资源管理责任的思想。为了争取各部门经理的扶持，人力资源部把他们吸收为各种人力资源活动委员会的委员；他们还通过信息通报、照片、证书等形式对经理们的工作给予承认。人力资源部对职能经理们对人力资源管理活动所做的贡献给予充分的肯定。结果，经理们也鼓励他们的下属参与人力资源管理。他们把这看成员工发展的一个机会。

(3) 公司文化鼓励全面化而非专业化，每个人都要了解其他人在做什么。

(资料来源：http://www.pxto.com.cn/)

2.2 工作分析

2.2.1 工作分析概述

1. 工作分析的基本术语

进行工作分析,首先要明确工作的定义,明确工作的定义需要明确工作的具体形式,即职务、职位(岗位)、任务和要素;其次,不同的工作有不同的职责和职权,明确工作的职责和职权;最后,进行工作分析还要明确工作所属的具体职业、职系、职组、职级和职位等。因此,学习工作分析之前,首先要了解工作分析的几个基本术语。

(1) 工作要素,简称要素,是指工作活动中不能再继续分解的最小动作单位。例如,打开电脑、打字、装订、操作机床等都是一个工作要素。

(2) 任务是指工作活动中为达到某一目的而进行的工作要素的组合。例如,工人组装机器、打字员打印一份文件、教师讲课、经理召开一次会议等都是一项任务。

(3) 职责是指员工在工作岗位上需要完成的一项或多项相互联系的任务集合。例如,教师的职责之一就是上课,这一职责由备课、讲课、答疑、批改作业、命题、批卷、评定成绩等工作任务集合而成。

(4) 职位,又称岗位,是指根据组织目标为员工规定的一项或几项相互联系的职责集合。职位是任务与职责的集合,是人与事有机结合的基本单元。例如,企业为了完成会计核算和财务管理目标,需要设置出纳、会计、管理会计等职位。其中出纳负责现金和银行账户的核算等职责,会计负责企业经济活动的核算和会计报表等职责,管理会计负责企业财务管理等职责。职位与员工个人是一一对应的,即有多少职位就有多少人,二者数量相等。

(5) 工作,又称职务,是指同一组织中一组主要职责、工作性质、完成工作所需条件等方面都相似或相同的职位集合,是职位的统称。例如,出纳职务可以有现金出纳和银行出纳两个职位,会计也可以分为材料会计、成本会计、销售会计、固定资产会计等多个职位。

(6) 职业是指不同时间、不同组织中,工作要求相似或职责平行(相近、相当)的职位集合,如会计、工程师等。虽然每个单位的会计与工程师具体工作的内容与数量不尽相同,但他们彼此所担负的职责及其对他们的任职要求却是相似的。

(7) 职系,又称职种,是指职责繁简难易、轻重大小及所需资格条件并不相同,但工作性质相似的所有职位集合。例如,人事行政、社会行政、财税行政、保险行政等属于不同的职系。每个职系便是一个职位升迁的系统。

(8) 职组,又称职群,是指若干工作性质相近的所有职系的集合。我国现有 27 个职组、43 个职系,而美国有 23 个职组、524 个职系。

(9) 职级是指同一职系中职责的繁简难易、轻重大小及任职条件十分相似的所有职位集合。例如,不同大型企业中的财务经理属于同一职级。职级的划分在于进行同一性质工作程度差异的区分,形成职级系列。

(10) 职等是指不同职系之间，职责的繁简难易、轻重大小及所需任职资格条件要求充分相似的所有职位的集合。例如，大学的讲师与研究所的助理研究员以及企业中的工程师均属于同一职等。职等的划分在于寻求不同性质工作之间程度差异的比较。

(11) 职权是指依法赋予的完成特定职责所需要的权力，职责与职权紧密相关。特定的职责要赋予特定的职权，甚至特定的职责等同于特定的职权。

2. 工作分析的基本含义

工作分析又称职务分析，是指采用科学的调查方法，全面了解、获取、分析并综合与工作有关的详细信息，对组织中某个特定工作的纵横方向及各个层面如设置目的、任务或职责、权力和隶属关系、工作条件和环境、任职资格等相关信息进行收集与分析，并对该职务的工作做出明确的规定，且确定完成该工作所需的行为、条件、人员的描述和研究过程。工作分析的结果是形成工作描述、工作规范和职位说明书。

工作分析涉及两个方面的内容：一是工作本身，即工作岗位的描述与研究过程，全面了解工作岗位的目的、任务、职责、权利、隶属关系及工作条件等信息；二是人员特征即任职资格的研究，研究能够胜任该项工作并完成目标的任职者必须具备的条件和资格，如工作经验、学历、能力、身体条件及心理素质等特征。

简而言之，工作分析就是根据工作的事实，分析其执行时所需要的知识技能和经验及其所负责的范围和程度，进而确定工作所需的资格条件。一般来讲，工作分析就是确定工作内容(what)，指派负责人(who)，指定工作岗位(where)和工作时间(when)，分析工作方法及程度(how)，说明为什么要这样做(why)。

What：在雇员要完成的工作任务当位中，哪些是属于体力劳动的范畴，哪些又属于智力劳动的范畴。

Who：谁从事此项工作，责任人是谁，对人员的学历及文化程度、专业知识与技能、经验以及职业化素质等资格要求。

Where：工作的地点、环境等。

When：工作任务被要求完成的时间。

How：如何从事或者要求如何从事此项工作，即工作程序、规范以及为从事该工作所需要的权利。

Why：为什么做，即工作对从事该岗位工作者的意义所在。

工作分析的内容取决于工作分析的目的与用途。有的组织的工作分析是为了对现有的工作内容与要求更加明确或合理化，以便制定切合实际的奖励制度，调动员工的积极性；而有的是对新工作的工作规范作出规定；还有的是为了改善工作环境，提高安全性。

3. 工作分析的时间

工作分析是人力资源管理的一项常规性工作，无论人力资源部经理还是业务经理，都应该认识到工作分析不是一劳永逸的。要根据工作目标、工作流程、企业战略和市场环境的变化对工作做出相应的动态调整，使工作的职责与职权达到一致。一般在下列情况下，组织最需要进行工作分析。

（1）建立一个新的组织。新的组织由于目标的分解，组织的设计与人员招聘需要进行工作分析。

（2）由于战略的调整、业务的发展，使工作内容、工作性质变化，需要进行工作分析。

（3）企业由于技术创新、劳动生产率提高，需要重新进行定岗、定员。

（4）建立制度的需要，如人力资源的招聘与选择、绩效考核、晋升、培训等制度的建立需要进行工作分析。

4. 工作分析的目的

工作分析的目的是为了了解工作的性质、内容和方法，以及确定从事该项工作需要具备的条件和任职资格。工作分析可以为解决以下问题提供答案：员工需要完成什么样的工作；此项工作将在什么时候完成；此项工作将在什么地方完成；如何完成此项工作；为什么要完成此项工作；完成此项工作需要具备哪些条件等。

5. 工作分析的作用

工作分析是预测人力资源需求、制定人力资源规划的基础，能够为企业带来更高的效率，并为企业的战略提供有效的指导。仅仅知道企业需要几百名工人在新的生产线上生产产品是不够的，还应该知道每项工作需要不同的知识、技能和能力，每项工作具有不同的工作要求。实际上，通过工作分析得出的职位说明书是科学人力资源管理体系的平台。

（1）招聘与选拔。招聘与选拔的工作是试图识别和雇用最适合组织相应工作的求职者。工作分析所提供的信息包括工作的任务和性质以及任职资格与条件，这些信息实际上决定了需要招聘和选拔什么样的人来从事什么工作，工作分析为招聘与选拔合适的员工奠定了基础。

（2）培训与开发。职位说明书中指出某项工作需要特定的知识、技能和经验，而现有的员工尚不具备所要求的条件，那么就必须要有相应的培训。企业可以使用工作分析的信息评估以及开发和评价培训的方案，工作分析以及作为工作分析结果的职位说明书为培训与员工绩效改进提供了可行的方向和道路。

（3）绩效评价。绩效评价的过程就是将员工的实际工作业绩同要求其达到的工作业绩标准进行对比的过程。工作分析提供的关于工作内容和绩效标准的信息是企业各项工作完成的标准，也是对员工绩效进行评价的依据。

（4）工作评价和报酬。亚当斯的公平理论指出，员工的公平感来自于横向比较的相对公平。这一理论在工作评价和报酬确定中体现为报酬依据工作的相对价值而定。工作分析所得的信息可以用来确定工作的相对价值，进而确定对该项工作支付的报酬。一般来说，工作的职责越重，要求的知识、技能和能力越多，工作的相对价值越大，进而报酬就会越高。

此外，工作分析还在其他很多方向起到重要的作用，如工作分析可以挖掘一些被忽略了的工作职责，确保所有必须完成的工作任务都确定无疑地被分配到各个特定的岗位上去。当企业要解雇现有员工时，可以以工作分析的结果之一的职位说明书为依据，说明该员工在哪些岗位上不能胜任其工作。工作分析还可以方便授权、检查各职位之间的工作内容等。因此，工作分析影响着人力资源管理各个方面的活动。

2.2.2 工作分析的流程与信息

1. 工作分析的流程

工作分析是一项技术性很强的工作，遵守科学、合理的操作流程，才能取得较好的效果。工作分析流程通常包括四个阶段，即准备阶段、分析阶段、报告描述阶段和实施反馈阶段。

1) 准备阶段

准备阶段是工作分析的第一阶段，主要任务是组成工作小组，了解情况，明确工作目标、范围和方法。这一阶段是进行后续工作的基础。

(1) 组建工作分析小组。工作分析是一项复杂的、具体的工作，工作量大，工作时间长，人员素质水平要求较高。因此，工作分析小组作为工作分析的组织保证，应该由实际承担工作的员工、直接上级主管以及工作分析专家组成，负责收集工作分析信息。一般组织内部的人员对企业的业务较为熟悉，但经验少，对信息的归类、整理以及工作的描述不太擅长；外部工作分析专家可能在工作分析时具有丰富的经验，对组织内的问题分析会更加客观可信，但外聘专家对具体的工作缺乏了解，需要花费大量的时间来了解工作任务。所以工作分析小组的组成一般根据组织的具体情况而定，可以综合企业内外部两类人员组成联合工作小组，首先由外部工作分析专家对内部人力资源人员进行工作分析培训，然后再一同开展工作分析工作，以提高工作效率。

(2) 明确工作分析目标。组建工作分析小组后，就要明确工作分析目标。有了明确的目标，才能正确地确定工作分析范围，选择合适的工作分析方法，并弄清应当收集什么资料，到哪儿去收集。一个新成立的组织或一个刚刚重组的组织在实施工作分析时，首要的目标是将组织的职能分解到各个职位，明确各个岗位的职责以及该岗位的上下隶属关系和左右联系。如果工作分析的目标是为了招聘员工、确定工作绩效或者是确定薪酬体系，则相应的工作分析的侧重点也有所不同。

(3) 确定工作分析范围。当组织规模比较庞大、需要分析的工作很多但又比较相似的时候，不可能对全部职位进行逐个工作分析。因此，要根据工作分析目标选择有代表性的样本进行分析、明确工作分析的具体范围。

(4) 选择工作分析方法。工作分析方法有很多种，采用不同的方法获得的工作分析信息可能是不同的。有些技术如对在工作岗位上的员工进行访谈，让他们说出自己所从事的工作的任务以及他们自己所承担的职责，对编写职位说明书和为空缺岗位甄选员工是极为有用的。而另外一些分析技术如问卷调查法则不能提供上面所述的描述性信息，但可以将运用问卷调查法得出的结果与工作进行对比，以确定各种工作的相对价值，进而确定此种工作的报酬。

2) 分析阶段

分析阶段是整个工作分析流程的核心部分，这一部分的工作量最大，主要是建立良好的工作关系以取得认同和合作，设计信息收集方法与实施内容，进行实际的收集和分析综合工作信息工作。这一阶段主要包括以下三项具体步骤。

（1）建立良好的工作关系。工作分析涉及组织的许多方面，需要深入到具体的每个工作岗位。为了保证工作分析的顺利进行和工作分析结果的可用，需要高级管理人员的支持与业务部门的配合。因此，进行实际的工作分析时首先要取得管理者和任职者的理解和支持，这就需要与涉及的人员进行良好的沟通，建立良好的合作关系，获得他们的认同和合作。具体来讲可以从以下几个方面着手。首先，上报初次设想方案。工作分析作为企业管理的一项正式的和重要的工作，必须得到企业最高领导层的批准。企业人力资源管理部门在拟订初步的工作设想方案后，要上报企业的高层领导审批，经批准后才能正式开展工作。其次，工作分析小组进行宣传解释。工作分析计划获得批准后，工作分析小组要向有关部门及相关人员进行宣传，通过向他们介绍工作分析的明确职责和工作内容以及任职人员的资格等，工作分析对管理工作的规范、公平公正以及减轻管理工作的负担的重要作用，工作分析的目的，提高有关部门及有关人员的工作兴趣并消除他们内心的顾虑、压力。最后，工作分析小组进行必要的培训。通过培训，让有关人员了解工作分析中使用的方法，需要他们在哪些方面配合，需要他们提供哪些方面的信息，以便于工作分析工作的实施。

（2）设计信息收集方法与实施内容。根据工作分析的目的要求，确定采用哪一种或几种相结合的信息收集方法，并设计出具体的工作分析实施内容。

（3）实际收集和分析综合工作信息。收集工作分析的信息主要包括收集有关工作活动、工作对员工行为的要求、工作条件、工作环境、员工个人的要求等方面的信息，以进行实际的工作分析。分析的工作不同，所采取的方法也不同，通常可以结合多种方法来进行分析。例如，编制各种调查问卷和调查提纲，到工作现场进行现场观察，对主管人员、承招工作的员工进行广泛的问卷调查，并与主管人员、"典型"员工进行面谈等。

工作分析提供了与工作的性质和功能及任职资格有关的信息，而这些信息只有与从事这些工作的员工及他们的直接主管人员进行核对才有可能不出现偏差。因此，通过各种方法收集工作信息之后要进行全面分析和总结，并与相关人员进行核对。具体包括仔细审核、整理获得的各种信息，创造性地分析、发现有关工作和员工的关键信息，归纳、总结工作分析必需的材料和要素。

3）报告描述阶段

报告描述阶段是工作分析的输出阶段，一般包括以下几个步骤。

（1）编写职位说明书。工作分析的输出结果是将获得的工作信息予以整理，编写每个岗位的职位说明书。职位说明书包括工作描述和工作规范两部分内容，两者最大的不同在于工作描述是以"工作"为主角，而工作规范是以担任某工作的"员工"为主角；职位说明书是某个职位工作描述与工作规范的合成。

（2）审查、修订、确认结果性文件，发布执行。任职人员及其上级应对分析工作有清楚的了解。职位说明书初稿编制完成后，要发给有关人员，由他们审查提出修改意见，分析人员依据他们的意见对职位说明书进行修订。这样，就确保了职位说明书的准确性和可操作性。经过审查和修订后的职位说明书是企业管理制度的一个组成部分，应及时公开地发布执行。

（3）整理和归档。将相关工作底稿进行整理，并根据企业的管理规定将其中重要的底稿归档。同时，也要将发布执行的职位说明书归档。

4）实施反馈阶段

实施反馈阶段是工作分析的运用阶段，一般包括以下几个步骤。

（1）将工作分析结果运用于指导工作和培训。经过工作分析输出的职位说明书综合了科学的工作流程和方法、集合了主管人员和任职员工的工作经验、集合了工作分析专家的智慧，因此，工作规范和职位说明书是任职员工进行工作的标准性文件。为了使工作分析的结果起到更大的指导作用，可以对有关人员进行必要的培训，让他们了解职位说明书，并根据职位说明书要求的标准不断改善自己的工作。

（2）工作分析结果的评价。工作分析是实现某种管理目标的手段，而不是目的本身。对工作分析活动及其成果的评价，取决于分析结果使用者的意见。在每个工作分析程序开始前，应制定详细计划，以便进行阶段性的考察并分析结果，看其是否有积极的成果，是否有助于达到预期的目的，工作信息是否按计划获取，误差是否能够及时纠正。在对结果的评价中，应该明确阐明工作分析所带来的效益情况以及制定和实施工作分析活动中所有花费的投入产出对比情况。

2. 工作分析的信息类型

为了成功地完成工作分析，需要收集相当多的信息，这些信息通常包括以下几类。

（1）工作活动。包括工作活动和过程，如整理活动记录、列出活动清单、采用的程序和个人责任。

（2）工作中人的行为。包括人的行动，如感知、沟通；针对某一特定工种的基本动作；对身体的工作要求，如体力耗费。

（3）所采用的机器、工具、设备和辅助工具。

（4）与工作相关的有形和无形的内容。包括所涉及或应用的知识，如会计知识；加工的原材料；制造的产品和提供的服务。

（5）工作业绩。包括错误分析、工作标准、工作计量和完成工作时间。

（6）工作环境。包括工作日程表、工作物理环境、组织和社会的环境、物质和非物质奖励。

（7）工作对个人的要求。包括个人特性，如个性、兴趣爱好、生理特征和人格品行等；所需要的学历和培训程度；工作经验。

2.2.3 工作分析的方法与工具

工作分析可以采用许多方法和工具，在实践中，可以根据企业工作分析的目的选择一种或几种综合分析使用。西方发达国家经过工作分析专家与企业的共同努力，已经形成许多较为成熟的方法。我国在工作分析方面尚处于起步阶段，许多企业往往只限于工作规范的规定，还做不到工作分析。现将西方国家较为成熟的并在我国已经开始应用的几种主要工作分析方法作简单的介绍。

1. 观察分析法

观察分析法是一种传统的工作分析方法，指分析人员到工作现场，从侧面观察员工的工作活动，并用文字或图表形式记录下工作过程、行为、内容、特点、工具、环境等，然后进行分析与归纳总结。这种方法主要用来收集强调人工技能的工作信息，如门卫和流水线的作业工人所从事的工作。

1) 观察分析法的两种方式

第一种方式是工作分析人员在员工的工作期间观察并记录员工的工作活动，然后和员工进行面谈，请员工进行补充。工作分析人员也可以一边观察员工的工作，一边和员工交谈。

第二种方式是通过问卷获得基本信息，再通过访谈和直接观察确认和补充已了解的情况。这也是一种比较好的方式，因为它结合了观察分析法与问卷法、访谈法的优点。

2) 观察分析法的使用原则

（1）被观察的员工的工作应相对稳定，即在一定的时间内，工作内容、程序、对工作人员的要求不会发生明显的变化。

（2）适用于大量标准化的、周期较短的工作，不适用于包含较多难以测量的脑力劳动的工作以及偶然发生的重要工作。

（3）不能只观察一名任职者的工作，应尽量多观察几名任职者，然后综合工作信息，同时注意要选择有代表性的样本。

（4）观察人员尽可能不干扰被观察员工的工作。

（5）观察前要有详细的观察提纲，这样观察才能及时准确。

3) 观察分析法的优、缺点

观察分析法的优点在于通过直接观察员工的工作，分析人员能够比较全面和深入地了解工作要求，适用于那些工作内容主要是由身体活动来完成的工作。采用这种方法收集到的多是第一手资料，排除了主观因素的影响，比较客观和正确。

但观察分析法也有其自身的缺点：首先，它不适用于工作周期较长和以脑力劳动为主的工作；其次，它不适宜观察紧急性的工作；再次，采用观察分析法，工作量非常大，要耗费大量的人力和财力，时间也过长；最后，有关任职资格要求方面的信息，通过观察法难以获得。此外，有些员工对于观察分析法难以接受，因为他们会感到自己正受到监视甚至威胁，所以，会从内心对工作分析人员产生反感，同时也可能导致动作变形。

2. 访谈分析法

对许多工作，分析人员不可能实际去做（如飞行员的工作）或者不可能去观察（如设计师的工作），在这种情况下，需要请员工讲述自己的工作目标、工作内容、工作的性质与范围及所负的责任等。

访谈分析法又称面谈法，是一种应用最为广泛的工作分析方法，指工作分析者就某一个职务或职位面对面地询问任职者、主管、专家等对工作的意见和看法。此种方法对任职者的工作态度与工作动机等深层次内容有详细的了解。

和采用观察分析法一样，访谈时也是使用标准格式来收集资料，这样才能使所有的问题和回答限制在与工作有关的范围内。更重要的是，使用标准格式便于比较调查过程中不同的人反映的情况。

在收集工作分析信息时，可以使用以下三种访谈法：个人访谈法、群体访谈法和主管人员访谈法。个人访谈法适用于各个员工的工作有明显差别，工作分析时间又比较充分的情况；群体访谈法适用于多名员工从事同样工作的情况；主管人员访谈法是指与一个或多个主管面谈，因为他们对工作非常了解，有助于减少工作分析的时间。

1）访谈准则

为使访谈法获得成功，工作分析人员应注意以下细节问题。

（1）访谈全过程应与主管人员密切配合，从而找到最了解工作内容、最能客观描述职责的员工，并在与员工个人或群体访谈后由主管人员甄别访谈内容的准确性。

（2）必须尽快与被访者建立融洽的关系，包括知道对方名字，尽量避免使用专业术语，用通俗语言交谈，简单介绍访谈目的，解释挑选他们做访谈对象的原因等。

（3）在访谈过程中，应该只是被动接受信息，在与员工有不同看法时，不要与之争论；若员工对主管人员进行抱怨，不要介入；注意适当转移话题，引导被访谈者谈工作分析需要的相关信息，不要流露出对工资待遇问题有任何兴趣，以免员工夸大自己的职责；不要对工作方法和组织的改进提出任何批评和建议，以免招致员工对组织产生反感情绪。

（4）当完成工作任务的方式不是很有规律时，应要求任职者按照任务的重要性大小和性质频率的高低将它们一一列举出来，以防止遗漏那些虽然是偶然发生但却十分重要的任务。

（5）应事先准备一份完整的问题提纲，并留出空白供员工填写。按照问题的重要性进行排序，让对方有充分的时间作答，还可请对方对访谈提纲进行补充。

（6）访谈结束后，要对所得资料进行检查和核对。将收集到的资料请任职者和他的直接上级主管仔细阅读，并可作适当的修改和补充。

2）访谈分析法的优、缺点

访谈分析法适用面广，通过与工作承担者面谈，分析人员可以得到从任何其他来源都无法获得的资料，特别是平常不易观察到的情况，了解到员工的工作态度和工作动机等深层次的内容。此外，访谈还为组织向员工解释工作分析的必要性和功能提供了一个良好的机会；访谈也可以使被访者有机会释放因受挫折而带来的不满。最后，访谈法还是一种相对比较简单却十分迅速有效的信息收集方法。

访谈法也存在许多缺点，最主要的问题是收集上来的信息有可能是被扭曲的，被访者可能出于各种原因和目的强化或弱化某些职责。为此，分析人员可以使用集体访谈法或先与员工面谈，然后再与员工的直接上级主管面谈，获取其他信息，以检验从员工那里获得信息的准确性。

3. 问卷调查法

问卷调查法是工作分析中最常用的一种方法，也是获取工作信息的一种较好的方法，就是让员工通过填写问卷来描述其工作中所包括的任务和职责。问卷调查法适用于脑力工作者、管理工作者或工作不确定因素较大的员工,如软件开发人员、行政经理等。问卷调查法比观察分析法更便于统计和分析。

调查问卷主要有几种类型:有通用的、适合于各种职务的问卷,也有专门为特定工作职务设计的问卷。有职务定向的问卷和人员定向的问卷,前者比较强调工作本身的条件和结果,后者则集中于了解职工的工作行为。有结构化问卷,也有开放式问卷。结构化问卷由分析人员事先准备好的项目组成,代表了分析人员希望了解的工作信息。问卷回答者只需在问卷项目后填空、选择或对各个项目进行分数评定,回答结构化问卷简单、明确、不占用任职者太多时间,但回答方式比较呆板,不允许回答者有发挥的余地。如果问卷中有的项目表达模糊或不符合实际,回答者也只能勉强作答或空着不答。开放式问卷让回答者用一段话表达自己的意见,这就为他们提供了发表不同看法的机会。最好的问卷介于两者之间,既有结构化问题,也有开放式问题。

1) 问卷调查法的运用程序

采用问卷调查法,首先,由有关人员设计出一套工作分析问卷;其次,由工作承担者填写问卷,也可以由工作分析人员对工作承担者进行访谈同时填写;最后,再将问卷加以归纳分析,并做好详细记录,据此写出职位说明书。形成职位说明书的初稿后要再征求任职者的意见,进行补充和修改。

2) 问卷调查法的优、缺点

问卷调查法有许多优点。首先,它能够从许多员工那里迅速得到进行工作分析所需的资料,节省时间和人力,费用低,速度快;其次,问卷可以由任职者在工作之余填写,不会影响工作时间;再次,它可以使分析的样本量很大,可适用于需要对很多工作进行分析的情况;最后,分析资料可以数量化,由计算机进行处理。

但问卷法也有一些缺点:第一,设计理想的调查问卷要费很多时间、人力和物力,费用比较高。问卷使用前,需要进行测试,以了解员工理解问卷中问题的情况;为了避免误解,还需要工作分析人员亲自解释和说明;第二,问卷缺乏面对面交流的合作气氛,缺乏对被调查者回答问题的鼓励或支持等肯定性反馈,因此,被调查者有可能不积极配合与认真填写,从而影响调查的质量。

4. 工作日志法

工作日志法又称工作写实法,是为了了解员工实际工作的内容、责任、权利、人际关系及工作负荷,而要求员工坚持记工作日记,然后经过归纳提炼,取得所需工作信息的一种工作分析方法。

采用工作日志法可以长期对工作进行忠实全面的记录,提供一个非常完整的工作背景,获得信息的可靠性很高,适用于获取有关工作职责、工作内容、工作关系、劳动强度等方面的信息,所需费用也较低。但这种方法使用范围较小,不适合工作循环周期长、工作状态不稳定的职位;同时,任职者每天以程序化的日志记录其所有的活动对他们来说会缺乏长久的动力,这难免会存在敷衍的情况。此外,采用这种方法时,也要求事后对记录和分析结果进行必要的检查,这使得获取信息工作量大,归纳工作烦琐。

5. 关键事件法

关键事件法又称关键技术法,是指确定关键的工作任务以获得工作上的成功,即研究"关键事件"的详细记录,对岗位的特征和要求进行分析的方法。关键事件是使工作成功或失败的行为特征或事件(如成功受奖与失败受处罚、赢利与亏损、技术革新突破与工作失误)。

关键事件法的优点在于应用广泛,易于识别挑选标准及确定绩效评估标准;缺点在于需要花大量的时间和精力收集"关键事件"并加以概括和分类。另外,还容易产生以点带面的负面效应。

2.2.4 工作分析结果

工作分析的直接结果就是产生工作描述和工作规范,最后综合工作描述和工作规范形成职位说明书。

1. 工作描述

工作描述又称职务描述、工作说明,是指用书面形式对组织中各类职位的工作性质、工作任务、工作职责与工作环境等所做的统一要求。工作描述指出任职者应该做些什么、如何去做和在什么条件下履行其职责。主要是为了让员工了解工作概要,建立工作程序与工作标准,阐明工作任务、职责与职权,有助于员工的聘用、考核和培训。

工作描述的基本内容包括工作识别、工作概述、工作关系、工作职责、绩效标准、工作条件和工作环境等。

(1) 工作识别,又称工作标识、工作认定,包括工作名称(即一组在重要职责上相同的职位总称)、工作身份(又称工作地位,包括所属工作部门、直接上级、工作等级、工资水平、所辖人数、定员人数、工作地点和工作时间等)。

(2) 工作编号,又称岗位编号、工作代码。一般按工作评估与分析的结果对工作进行编码,目的在于迅速查找所有的工作。

(3) 工作概述,又称职务概要,指用简练的语言文字阐述工作的总体性质、中心任务和要达到的工作目标。

(4) 工作关系,又称工作联系,指任职者与组织内外其他人之间的关系,包括该工作受谁监督、监督谁,可晋升的职位、可转换的职位以及可迁移到此的职位,与哪些部门的职位发生联系等。

(5) 工作职责,又称工作任务,是工作描述的主体。要逐条指明工作的主要职责、工作任务、工作权限(即工作人员行为的界限)等。

(6) 工作条件与工作环境。工作环境涉及两项内容,一是任职者主要应用的设备名称;二是任职者运用信息资料的形式。工作环境更多指工作所处的自然环境,包括工作场所、工作环境的危险性、职业病、工作的均衡性、工作环境的舒适程度等。

2. 工作规范

工作规范又称岗位规范或任职资格,是指任职者要胜任该项工作必须具备的资格与条件。工作规范说明一项工作对任职者在教育程度、工作经验、知识、技能、体能和个性等特征方面的最低要求，而不是最理想的任职者的形象。一般情况下，工作规范依据管理人员的经验判断而编写，当然也可以使用比较精确的统计分析法来做。

工作规范和工作描述都是工作分析的直接结果，存在十分密切的联系，但又有一定的区别：从编制直接目的看，工作描述是在描述工作本身，是以"工作"为中心对某一工作岗位进行全面、系统、深入的说明，其用途是为职位评价、岗位分类和企业人力资源管理提供依据。而工作规范则是在工作描述的基础上，描述工作所需的人员资历，主要是为招聘、培训、考核、选拔提供依据。从涉及内容范围来看，工作描述的内容十分广泛，包括对岗位各有关事项的性质、特征、程序和方法的说明，而工作规范的内容较为简单，主要涉及对岗位人员任职资格条件的要求。

在建立工作规范时要综合考虑以下三个方面因素：①资格要求；②职业传统；③被认为是胜任某一工作应该达到的标准和具备的特征，这在很大程度上取决于组织管理人员的主观判断。

工作规范主要是岗位任职人员的资格条件，不同岗位的工作规范内容有所不同。一般性人员任职条件包括身体素质、心理、知识经验和职业道德等方面内容。管理岗位工作规范一般包括知识要求、能力要求、经历要求和职业道德要求。员工岗位工作规范主要有应知、应会和工作实例等内容。

3. 职位说明书

职位说明书又称工作说明书，是对工作分析结果（如工作描述、工作规范等）加以整合并形成的具有企业法规效果的正式文本。

职位说明书一般包括工作描述和工作规范两大方面的内容，岗位不同、编写格式不同，编制出来的职位说明书内容也呈现出不同的模式。一般来说，职位说明书的内容包括以下三项：

（1）职位概况，包括职务的名称、编号、所属部门、职位等级、编写日期等。

（2）职务说明，包括职务概述，工作职责及工作要求，职务目标，机器、设备及工具，工作条件与环境等。

（3）任职资格条件。

职位说明书可以用表格形式表示，也可以用叙述形式表示。编制职位说明书时要选用专业化的词汇来表示，要使用规范文字，要注意文字、语言的正确使用，一个企业的职位说明书最好使用统一的格式，注意整体的协调，做到美观大方。

 案例链接

HI 信息服务公司的工作分析

赵珍大学刚毕业就顺利进入了 HI 信息服务公司（以下简称 HI）。赵珍学的是国际企业管理专业，因此公司将她安排在人力资源部工作。在应聘和面谈过程中，她了解到这是一家中外合资企业，主要的经营业务是为企业和个人提供软件和硬件。公司自 1994 年创办以来，发展迅速，通过灵活的经营手段、高质量的产品、优良的售后服务,在信息激烈的竞争中保持了领先地位。HI管理层深知,作为一个知识密集型的企业,公司的发展将主要依赖于它所拥有的人力资源,企业间的竞争实质是对于高质量人力资源的竞争。因此,HI非常注重通过提高员工的工作满意度来留住他们。至今为止,它的人员流动率接近于行业的平均水平。赵珍为自己能进入这样一个充满活力的公司而暗自高兴。

(资料来源:http://www3.gdufs.edu.cn/hr/jcnr/ShowArticle.asp?ArticleID=45.)

2.3 人员测评与配置

现在经常听一些企业的人事经理抱怨:"现在招人真难,应聘者这么多,一不留神就挑花了眼。"同时,求职者也感叹:"找工作真难,简历寄了一大堆,还是找不到合适的工作。"

现在很多企业在招聘时,一般是看学历、看简历,凭招聘者的经验、印象和直觉,这些做法并不能很好地了解求职者。现代企业更注重新人的能力和发展潜力,注重其团队合作精神。人员测评是建立在教育测量学、心理学、行为科学、管理学、计算机技术等理论基础上,根据职位需求及企业组织特性,对人员的知识水平、能力、个性特征等方面进行综合的测量和评价的一种科学的方法体系。在一定程度上,人员测评可以解决企业对新人的要求。

2.3.1 人员测评的主要内容

随着社会及科技的发展,工作本身对人的素质和心理适应性的要求越来越高,那种单凭个人经验的选拔方法无法对人的心理素质进行科学准确的评价。人员测评的运用可以使招聘决策更为科学、准确,并可大大提高甄选的效率。

招聘的一个关键技术问题,是如何预测员工未来工作的绩效。人员测评恰恰可以预测应聘者在将来的工作绩效及能力,通过对个体的人格测评,我们可以预测个体格来工作的方式和风格,以及其融合于团队的可能性,通常对个体的预测与选拔过程是分不开的。其主要内容包括:

1. 能力测评

能力是一种个性心理特征。它是影响活动效果的基本因素。能力的高低会影响一个人掌握活动的快慢、难易和巩固程度。旨在针对个人工作的潜力进行测评。

能力是指顺利完成某种行为活动的心理特征。观察力、注意力、记忆力、想象力、语言能力、思维能力等,都是属于一般能力范畴。高级管理人员的计划能力、组织能力、协调能力、沟通能力等则属于管理能力范畴。能力测验是最早被用于人力资源测评的。能力测验对于人员的招聘和选拔具有很好的预测效度,能力测评工具主要有"韦克斯勒智力量表"、"操作能力测验"、"托兰斯创造性思维测验"等。

2. 知识技能测评

知识是以概念及其关系的方式存储和积累下来的经验系统,不同的岗位要求相应的知识。许多组织都对各类岗位制订一定的知识标准，并进行相应的测试。技能是以操作、动作活动的方式凝聚的经验系统，也是岗位要求的具体的操作活动。通过现场的操作可以进行技能测试。

3. 个性测评

有些工作更适合具有某种类型性格的人来承担；有些人更适合与具有某种个性特征的人共同工作。合理的人事安排可以带来更高的工作效率。对人员的情绪、气质、人格的测验应用到人员招聘与选拔的工作中，有利于提高选聘工作的有效性。

4. 职业适应性测评

职业适应性测评主要从个体的需求、动机、兴趣等方面考察人与岗位工作之间的匹配关系。由于这类测评主要了解个体的生活目的、追求或愿望，反映个体对工作的期望，因此对于选拔人员、激励设计等方面很有参考价值。

5. 综合素质测评

在现实工作中，有些岗位所要求的工作能力上的素质并不是某种单纯性的素质，而是多种素质的综合。例如，高级管理者常常需要具有计划、组织、预测、决策、沟通等综合管理能力，还需要对多方面管理业务的整合能力，包括对人、财、物、信息等多方面的控制和把握等。

2.3.2 人员测评的过程

1. 准备阶段

（1）明确测评对象。根据不同的测评目的确定具体的测评内容是人员测评的第一步。人员招聘过程中，这一阶段最为关键，错误的测评内容将导致招聘决策的失败。测评内容应根据所选择职位的任职素质要求，通常以工作分析和任职资格要求为依据，针对不同职位、不同企业特征及特殊需要来确定。

（2）设定选拔标准。以选拔为目的的人员测评，另有一个重要的程序是确定选拔的标准，即确定什么样的应试者可以被企业录用，这种标准的确定可以分两步进行。首先，在确定测量内容的同时确定大致标准，如选用外向者、职业兴趣为经营取向者等；其次，制定精细的标准，它可以是一个绝对的标准（如一个分数线），通常这种情况是企业采取了"淘汰"的策略，即达不到这一基本标准的人决不录用。它也可以是在测评的结果出来后，根据组织所需人数或筛选比例确定具体、细致的标准，如某项技能分数达到85％以上者录用等。这种情况通常是企业采取了"择优"策略，即从应聘者里选拔相对较好的人选。

（3）设计测评方案。测评方案的内容主要有被测评对象的选定、素质测评的要素指标和标准体系的确定、测评人员的选择、测评方法的选择及测评工具的选定等。

(4)选择测评人员。测评人员的质量和数量对整个测评工作起着举足轻重的作用。合理的人员搭配和人数的确定,能使测评的标准指标体系发挥预定的效用,达到最佳效益。

(5)培训测评人员。在选定的测评人员中,人员的知识和素质参差不齐,而且各种素质测评的方法都具有相关的技巧和主观性。所以,就必须对测评人员加以培训,使之了解并掌握各种方法和相关知识,尽量避免个人感情因素对测评工作的干扰。

2. 实施阶段

测评的实施阶段是测评小组对被测评对象进行测评以获取个体素质数据的过程。它是整个测评过程的核心。

(1)宣传动员。在测评实施阶段,首先要进行测评动员。由人力资源管理部门负责向员工宣传测评的功能及用途,认识人员测评对人才招聘及以后企业发展的重要性,提高测评人员对测评重要性的认识。

(2)选择测评环境。通常,要求测评的现场环境空气通畅、新鲜,照明充足,温度、湿度适宜,干净整洁,安静、没有外界干扰,每个被测者的桌椅应尽可能舒适,并有足够的空间,测评最好单独进行,以免应试者相互影响、干扰。如果安排的测评内容众多,不同内容之间应安排适度的休息。总之,要尽量排除无关因素的干扰,使测评者在一个比较舒适的环境中接受测评,以保证被测者的正常发挥。

(3)测评的操作。测评的工具及方法应根据测评的目的、内容的变化而变化。例如,对应聘营销人员的口头表达、情绪控制等方面进行测试,就不宜采用一般的纸笔测验,而最好采用情境模拟测验,如无领导小组讨论测验等。如果应聘者的动机对工作绩效高低有决定性影响,但考虑到一般自陈量表(即基于自我评价的问卷)的动机测验题目表面效度过高,或应聘者容易表现出较高的社会赞许性,故可能不适合于在招聘考核中采用时,但可以采用隐蔽性比较高的个性测验来对应聘者的动机进行评定。

测评工具及方法的确定也是非常重要的一步,不恰当的测评工具及方法会使测评者不能满足测评目的,甚至会导致收到虚假信息,误导决策的制定。

3. 数据处理阶段

经过测评的具体操作得到被测评人的素质测评数据后,对此数据进行分析、评价,提出测评结果。

对测评结果的分析通常包括对测评结果的计分、统计和解释。对于心理测试来说,它的计分和统计方法往往是预先确定的,使用者只要按照测试说明进行操作即可,能够进行计算机操作的测评就更为简单,测试完成之后统计结果也立即完成并可直接打印出报告。

4. 测评结果分析阶段

测评结果的呈出有两种形式:数字描述和文字描述。数字描述就是利用测评结果的分值对应聘者的素质情况进行描述的方法。这种描述方式是利用数字可比性特点,对多个人员进行对比。文字描述是在数字描述的基础上，对照各标准体系的内容形式评价应聘者的素质。

  5. 测评结果的应用

  对测评结果的分析是为招聘决策提供依据。在进行决策的过程中要注意，测评结果只是决策信息的一部分，在参考测评结果的同时，也要考虑到其他因素。另外，在进行人才招聘时，测评结果往往只给出参考性建议，实际的决策需要有关部门通盘考虑后做出。

  运用人员测评，是出于人才招聘科学化的目的，反过来，对待人员测评，也需要抱以科学的态度。既要科学，追求客观性，推动人员测评在实际工作中的运用，又要合理地看待人员测评的可靠性和有效性，不宜过分夸大它的精度和适用范围。因为人员测评的这种针对人的度量是有精度上的限制和误差的。拒不采用有效的客观人员测评手段乃至造成对被测评者和组织的损害，也是不科学和不道德的。

  最后，在测评结束后，还需要对测评结果进行跟踪反馈，为测评取得经验性资料，为测评的进一步校正以达到更高的精确度提供依据。

2.3.3 人员配置

  人员配置是组织根据目标和任务需要正确选择、合理使用、科学考评和培训人员，安排合适的人员完成组织结构中规定的各项任务，从而保证整个组织目标和各项任务完成的职能活动。

  1. 人员配置的任务

  （1）物色合适的人选。组织各部门是在任务分工基础上设置的，因而不同的部门有不同的任务和不同的工作性质，必然要求具有不同的知识结构和水平、不同的能力结构和水平的人与之相匹配。人员配备的首要任务就是根据岗位工作需要，经过严格的考查和科学的论证，找出或培训为其所需的各类人员。

  （2）促进组织结构功能的有效发挥。要使职务安排和设计的目标得以实现，并让组织结构真正成为凝聚各方面力量的有力手段，必须把具备不同素质、能力和特长的人员分别安排在适当的岗位上。只有使人员配备尽量适应各类职务的性质要求，使各职务应承担的职责得到充分履行，组织设计的要求才能实现，组织结构的功能才能发挥出来。

  （3）充分开发组织的人力资源。现代市场经济条件下，组织之间竞争的成败取决于人力资源的开发程度。在管理过程中，通过适当选拔、配备和使用、培训人员，可以充分挖掘每个成员的内在潜力，实现人员与工作任务的协调匹配，做到人尽其才，才尽其用，从而使人力资源得到高度开发。

  2. 人员配置的原则

  （1）经济效益原则。组织人员配备计划的拟订要以组织需要为依据，以保证经济效益的提高为前提；它既不是盲目地扩大员工队伍，更不是单纯为了解决员工就业，而是为了保证组织效益的提高。

（2）任人唯贤原则。在人事选聘方面，大公无私、实事求是地发现人才，爱护人才，本着求贤若渴的精神，重视和使用确有真才实学的人。这是组织不断发展壮大、走向成功的关键。

（3）因事择人原则。因事择人就是员工的选聘应以职位的空缺和实际工作的需要为出发点，以职位对人员的实际要求为标准，选拔、录用各类人员。

（4）量才适用原则。量才适用就是根据每个人的能力大小而安排合适的岗位。人的差异是客观存在的，一个人只有处在最能发挥其才能的岗位上，才能干得最好。

（5）程序化、规范化原则。员工的选拔必须遵循一定的标准和程序。科学合理地确定组织员工的选拔标准和聘任程序是组织聘任优秀人才的重要保证。只有严格按照规定的程序和标准办事，才能选聘到真正愿为组织的发展作出贡献的人才。

3. 人员配置的方法

（1）以员工为标准进行配置。按员工岗位测试的每项得分，选择最高分得主任用。缺点是可能同时多人在该岗位上得分较高，结果仅择一人，有失公平；另外忽略性格等因素，可能使优秀人才被拒门外。

（2）以岗位为标准进行配置。从岗位需求出发，为每个岗位选择最合适的人。此方法组织效率高，但只有在岗位空缺的前提下才可行。

（3）以双向选择为标准进行配置。就是在岗位和应聘者之间进行必要的调整，以满足各个岗位人员配置的要求。此方法，综合平衡了岗位和员工两个方面的因素，现实可行，能从总体上满足岗位人员配置的要求，效率高。但对岗位而言，可能出现得分最高的员工不能被安排在本岗位上；对员工而言，可能出现不能被安排到其得分最高的岗位上的情况。

2.4 员工招聘的影响因素

2.4.1 影响员工招聘的内部因素

尽管宏观经济形势、劳动力市场的供求关系等外部因素影响着组织的招聘工作，但是许多内部因素对组织招聘起着决定作用，如企业所提供职位的性质与特点、企业的发展战略与规划、企业文化与形象、企业的用人政策以及企业的招聘成本等。

1. 招聘职位的性质

企业人力资源招聘的主要目的：一是为企业未来发展储备人才；二是填补职位空缺。后者较为常见，空缺职位的性质由两方面决定：一是人力资源规划决定的空缺职位的数量和种类，二是工作分析决定的空缺职位的工作职责、岗位工作人员的任职资格要求等。因此，空缺职位的性质就成为整个招聘过程的关键，它决定了企业需要招聘多少人员，招聘什么样的人以及到哪个相关劳动力市场上进行招聘。同时，它可以让应聘者了解该职位的基本概况和任职资格条件，便于进行求职决策。

由此可见，职位性质信息的准确、全面、及时，是招聘工作最重要、最为基础的要求，它一方面决定了企业录用人员的数量与素质，另一方面影响着职位对应聘者的吸引力。

2. 企业的发展战略

显然，人力资源管理职能的相对重要性是随着企业所处的发展阶段而变化的。由于产品或服务范围的扩大需要增设新的岗位和更多的人员。所以，处于增长和发展阶段的企业比成熟或下降阶段的企业需要招聘更多的员工。除了改变招聘规模和重点以外，处于发展阶段还在迅速扩大的企业可能在招聘信息中强调雇员有发展和晋升的机会，而一个成熟的企业可能强调其工作岗位的安全性和所提供的高工资和福利。

不同发展战略下招聘配置的活动重点，如表2-1所示。

表2-1 不同发展战略下招聘配置的活动重点

企业的着眼点		成长战略		稳定战略	收缩战略
		内部成长战略	外部成长战略		
		不断增强自身力量	兼并/收购公司	做好目前的事情	紧缩
人力资源管理活动	招聘配置	雇用和晋升	人员重新配置	内部调配	留住核心员工
	培训开发	多样化的培训	冲突的解决	提高现有技能	态度和士气的提高
	薪酬管理	目标激励	管理实践的统一	内部公平	与公司业绩相联系
	绩效管理	结果导向	管理实践的统一	强调工作的质量	行为导向

在内部成长战略下，企业发展的重点是增强自身的实力，要借助内部的资源来实现企业经营规模或经营领域的扩大，为此企业就需要从外部招聘大量的人员，随着大量新员工的进入，原有的老员工要晋升到合适的位置上去。在人员大量变动的情况下，为了使员工更快地适应新的岗位，提供相应的培训就显得非常必要。外部成长战略则不同，它实现企业壮大的途径是兼并或收购其他企业，由于不同的企业具有不同的制度和文化，因此人力资源管理的各项活动都是以消除差别、整合力量为目标的。在稳定战略下，由于企业的规模要保持不变、企业的运行要维持稳定，因此员工队伍也要保持相应的稳定，人力资源管理活动重点是人员的内部调配。至于收缩战略，由于企业的规模要缩小，可能需要裁减人员，因此人员必然会产生流动，但是为了企业今后的发展，必须稳定住核心的员工队伍。

3. 企业文化与形象

企业文化是企业全体员工在长期的生产经营活动中培育形成并共同遵循的最高目标、价值标准、基本信念及行为规范的总和。每个企业都有自己的企业文化。企业文化影响着招聘人员的态度、行为方式和招聘方式的选用；企业文化也影响着录用新员工所应具备的价值观与行为方式，因为企业总是根据应聘者价值观念和行为方式是否与自己的企业文化相吻合来决定是否聘用。如松下公司对应聘者考察时很注意其忠诚性,华为公司注重应聘者的团队合作精神。星级酒店企业文化特别注重员工的仪表和行为规范标准,而贸易公司企业文化一般对仪表和行为规范要求不高,却对人的行为灵活性要求较高,因此,在招聘过程中不同公司对应聘者行为就有不同的评判。

企业文化影响着企业招聘人员的渠道。当企业的开放程度比较高时,它不会排斥外部的人员,因此在招聘录用时,就可以从内部、外部两个渠道来进行;反之,开放程度低时,由于企业员工不欢迎外部的人员,填补职位空缺尤其是高级职位空缺就要更多地从企业内部来晋升选拔。

企业的社会声誉和企业在求职者心中的形象决定着求职者的择业倾向,决定了企业对求职者是否具有一定的吸引力。因为,每个人都希望自己成为优秀组织中的一员。业绩突出的或名牌的大公司在公众中有良好的声望,容易吸引大量的求职者,因此,企业录用到优秀员工的概率就比较高,从而有利于公司进一步的甄选录用工作。

4. 企业的招聘政策

企业的招聘政策影响着招聘人员选择的招聘方法。例如,对于要求较高业务水平和技能的工作,企业可以利用不同的来源和招聘方法,这取决于企业高层管理者是喜欢从内部还是从外部招聘。目前,大多数企业倾向于从内部招聘上述人员,这种内部招聘政策可以向员工提供发展和晋升机会,有利于调动员工现有的积极性。其缺点是可能将不具备资格的员工提拔到领导或重要岗位。

另外,企业内的用人是否合理,是否有良好的上下级关系,升迁路径的设置如何,进修机会等,对有相当文化层次的人员来说,在一定程度上比工资待遇更重要。

企业内部的工资制度是员工劳动报酬是否公正的主要体现,企业的福利措施是企业是否关心员工的反映,它们将从物质方面影响着招聘活动。

5. 成本和时间

由于招聘目标包括成本和效益两个方面,同时各种招聘方法奏效的时间也不一致,所以,成本和时间上的限制明显的影响招聘效果。招聘资金充足的企业在招聘方法上可以有更多的选择,它们可以花大量费用做广告,所选择的传播媒体可以是在全国范围内发行的报纸、杂志和电视等。此外,也可以去大学或其他地区招聘。在各种招聘方法中,对西方企业来说,最昂贵的方法是利用高级招聘机构。在中国,并没有专门的招聘机构,各级政府的人才交流中心只起信息沟通的作用。广告费一般比较贵,其费用水平取决于所用媒体的类型、地点和时间的长短。

时间上的制约也影响着招聘方法的选择。如果某一企业正面临着扩大产品或服务所带来的突发性需求,那么它几乎没有时间去大学等单位招聘,因为学生毕业时间有一定的季节性,而且完成招聘需要较长的过程。因此,企业或组织必须尽快的想法满足对员工的新需求。一般来说,许多招聘方法所涉及的时间随着劳动力市场条件的变化而变化。当劳动力市场短缺时,一方面应聘人的数目减少,另一方面他们愿意花更多的时间去比较和选择,所以一般要花较长的时间才能完成。

一般来说，通过人员需求的预测可以使招聘费用降低和效率提高，尤其是在劳动力市场短缺时，对某类劳动力需求的事先了解可以使企业减少招聘费用和有效的获取所需的合格员工。

2.4.2 影响员工招聘的外部因素

1. 国家的政策、法规

国家的政策法规从客观上界定了企业招聘对象选择和限制的条件。例如，西方国家的人权法规定在招聘信息中不能优先招聘哪类性别、种族、年龄、宗教信仰的人员，除非优先招聘这些人员是因为工作岗位的真实需要。又如，在西方一些国家中，如果企业或其他组织在政府管辖的范围内招聘 100 个以上的雇员，那么，雇主的招聘计划和目标尤其要受到法律的约束。也就是说，雇主必须设计其招聘计划和方法以在特定的人口组内吸引有资格的应聘人，他们应包括妇女、本地人、外裔和残疾人等。

2. 劳动力市场

（1）市场的地理位置。劳动力市场状况对招聘具有重要影响，其中一个因素是劳动力市场的地理位置。根据某一特定类型的劳动力供给和需求，劳动力市场的地理区域可以是局部性的、区域性的、国家性的和国际性的。通常，那些不需要具备很高技能的人员可以在局部劳动力市场招聘。而区域性劳动力市场可以用来招聘那些具有更高技能的人员，如水污染处理专家和计算机程序员等。专业管理人员应在国家性的劳动力市场上招聘，因为他们必须熟悉企业的环境和文化。最后，对某类特殊人员如宇航员、物理学家和化学家等，除了在国内招聘外，还可在国际市场招聘。

某些西方国家是根据工人愿意工作的路程长短来确定局部劳动力市场的边界。例如，如果人们愿意到 48 千米以外的地方工作，那么 48 千米以外的地区就不属于这一局部市场。另外，在局部和区域市场与国家或国际市场招聘之间的差异在于后者要引起人员的迁移。因此，企业的地理位置往往是很多人考虑是否变更工作的重要因素。

（2）市场的供求关系。我们把劳动力供给小于需求的市场称为短缺市场，而把劳动力供给充足的市场称为过剩市场。一般来说，当失业率比较高时，在企业外部招聘人员比较容易。相反，某类人员的短缺可能引起其产品价格的上升并迫使企业扩大招聘范围，从而使招聘工作变得错综复杂。

总之，劳动力市场状况影响招聘计划、范围、来源、方法和所必需的费用。为了有效地工作，招聘人员必须密切关注劳动力市场条件的变化。

3. 行业的发展性

如果企业所属的行业具有巨大的发展潜力，就能吸引大量的人才涌入这个行业，从而使企业招聘人才的余地较大，如近几年来的会计、计算机专业。相反，当企业所属行业远景欠佳时，企业就难以有充裕的人才可供选择，如现在的纺织业。

知识链接

中国经济从2009年第一季度触底以来，一直保持加速增长势头，2010年全年国内生产总值（Gross Domestic Product，GDP）的增长率达到10.3%，成为自2008年金融危机以来的新高。与此相对应，2010年全国企业人均薪酬增长率达到12.34%，创10年来新高，预计2011年的薪酬增长率将达到12.66%。

从地域上看，全国非一线城市的人均薪酬增长率高于一线城市，达到12.9%，这一趋势已经保持多年，持续领先的人均薪酬增长率拉近了二、三线城市与一线城市薪酬的差距，成为非一线城市争夺人才的有力保障。

从行业角度看，过去的一年，汽车行业人均薪酬增长率最高，达到14.31%，居各行业排名之首，其次是能源化工行业，涨幅达到13.27%。

薪酬调研显示，2011年，超过半数的企业计划扩大校园招聘规模。为加强对人才的吸引，各企业纷纷调高毕业生起薪，2011年本科毕业生预计平均起薪（年度税前总收入，包括工资、加班费、奖金、补助，下同）约为39 869元，预计增长12.32%，其中金融行业本科毕业生平均起薪最高，约为48 500元，房地产、IT行业紧随其后。

（资料来源：http://www.eeo.com.cn/2011/0310/195699.shtml.）

2.4.3 影响员工招聘的应聘者因素

招聘是要从众多应聘者中选出适合企业岗位并且能为企业创造效益的人才，那么应聘者自身的素质高低是决定其是否能被录用的一个重要因素。应聘者的素质主要从以下几个方面进行衡量。

1. 仪表风度

这主要是来自于对应聘者的外貌、体态、衣着、举止以及精神状态的观察所获取的信息。心理学家的研究表明，一个人外在的举止风度往往反映了其内在的心理品质。一个仪表端庄、衣着整洁、举止文明的人，一般做事有规律，注意自我约束，责任心较强。

2. 专业知识

对专业知识的考查可以通过笔试进行，但面试可以更好地了解应聘者所具有专业知识的广度和深度，以及其所具备的知识是否与所应聘的职位相匹配。笔试和面试相结合能更好地测试应聘者的专业知识。

3. 工作经验

通过了解应聘者过去的工作经历可以考查其工作的责任心、主动性、忠诚感、进取心，以及在紧急情况下的应变能力，从而可以推断其所具备的素质和条件与现在所应聘职位匹配度的高低。

4. 人际交往与沟通技巧

企业需要了解应聘者是如何建立和维持自己与他人以及团体的关系的。人际交往与沟通的技巧是在企业中工作所必需的,包括沟通、合作、协调、指导、监督等能力,以及对组织的归属感和服从等。

5. 价值观和对待工作的态度

应聘者的价值观和对待工作的态度也是很重要的。价值观反映了一个人对社会、工作和生活的认知。而态度决定了一个人对待事物的重视程度和努力程度。因此,正确的价值观和端正的态度应该成为考查应聘者的重要因素。

6. 应变能力

应变能力是在有压力的情况下,应聘者思考和解决问题是否合理而灵巧,如转移角度、随机应变、触类旁通等。应变能力强的应聘者,在有压力和受到较强刺激的情况下,不仅思维反应敏捷,情绪稳定,而且考虑问题周全。即使在受到有意挑战甚至有意羞辱的场合,依然能够保持冷静。

此外,应聘者的动机与偏好、个人兴趣与爱好、职业锚、分析判断能力、决策能力、情绪稳定性与自我控制力、体力、应聘者给招聘者留下的印象等因素在招聘过程中也是至关重要的。

企业的招聘除了受到外部因素的影响以外,内部影响因素主要包括企业用人规范、招聘者水平和应聘者素质。所以企业要提高招聘效率,改善招聘效果,完善用人制度,就需要从这几个方面努力。希望企业在对各种影响招聘的因素进行分析后,能够适时对本企业的策略进行调整,从而招到合适的人才。

本 章 小 结

人力资源规划是指根据组织的战略目标,科学预测组织在未来环境变化中人力资源的供给与需求状况,制定必要的人力资源获取、利用、保持和开发政策和措施,以确保组织在需要的时间和需要的岗位上获得各种所需的人才(包括数量和质量两个方面),并使组织和个人获得长远利益。

工作分析和岗位分析是企业人力资源管理过程中一个重要的基本工具,它给出了一项工作的职责、与其他工作的关系、所需的知识和技能,以及完成这项工作所需的工作条件。工作分析以及由工作分析获得的有关信息是一个企业开展招聘工作的基本前提。实际上,来自工作分析的信息资料对人力资源管理活动的每一个方面都有重要的影响。

人员测评是指测评者采用科学的方法,收集被测评者在工作领域中的表现信息,根据人员测评标准,对员工工作做出价值判断的过程,具有甄选和评定、诊断和反馈、预测、配置人才资源,推动人才开发等功能。

员工招聘的影响因素分为内部影响因素和外部影响因素两种,同时应聘者自身对员工招聘也有一定的影响作用。

练 习 题

一、思考题

　　1. 什么是企业人力资源规划？
　　2. 企业进行人力资源规划的目的是什么？
　　3. 如何进行工作分析和岗位分析？
　　4. 什么是人员测评？如何进行人员测评？
　　5. 简述员工招聘的影响因素。

二、课堂讨论题

　　1. 阿莫科公司雇佣了新的钢铁工人，最初要把他们安置到一个临时分配性的普通劳动备用库中，直到永久性的岗位有了空缺。临时分配与永久性的分配有很大的不同。因为新雇佣的钢铁工人可以被安置到普通劳务备用库的任何一个地方，所以每位求职者在被雇佣时必须符合从事所有工作的资格要求。这种情况为阿莫科公司提出了一个难题，因为它不知道普通劳动备用库中每项工作所需要的具体资格要求，因而无法测定求职者是否完全符合完成其最初临时工作的资格要求。如果一名不合格的工人被安排到一个岗位上，那么阿莫科公司就可能面临着生产率下降以及事故风险提高的可能性。如果发生一次人身伤害事故，那么阿莫科公司将不得不面临可能的诉讼、医疗支付、工人的补偿要求以及代替受伤工人的人员支出，所有这些都将导致成本上升。

　　谈谈如何解决成本过高的问题。
　　2. 谈谈你对工作分析在员工招聘中地位和作用的认识。

三、课外实践题

　　深入一家企业做实地调查，分析该企业是如何进行岗位分析的，并了解该企业进行人员测评的方法。

四、案例分析

【导入案例分析】

　　案例表明：此次招聘工作在招聘流程结束后没有对整个招聘工作进行科学的评估，它看似完成了招聘，但实际上却是一个失败的结果。耐顿公司总裁也许没有想过，录用王智勇失败的主要原因是企业人力资源管理和流程控制不足及招聘中出现的种种失误或错误。由于招聘工作不是分离于其他人力资源管理活动而独立存在的，所以它的失败同时反映出企业其他人力资源管理工作的不足。

　　企业需要意识到：在招聘、筛选、录用的整体流程中，每一"点"的失误可能会给今后企业人力资源管理工作带来"面"的损失。

【案例】

　　一名机床操作员不慎把大量的机油洒在机床周围的地面上，车间主任让操作员把弄洒的机油清扫干净，操作员拒绝执行，理由是任职说明书中没有包括清扫的条款。车间主任顾不上查看任职说明书，就找来一名服务工来做清扫工作,但服务工同样拒绝,他的理由是他的任职说明书中也没有包含这一类工作,清扫工作应该是勤杂工的职责之一。车间主任威胁说要把他解雇,因为服务工是分配到车间来做杂务的临时工。服务工勉强同意,但是干完后立即向公司投诉。

有关人员受理投诉后,审阅了三类员工的任职说明书。机床操作员的任职说明书规定操作员有责任保持机床的清洁,使之处于可操作状态,但并未提及清扫地面。服务工的任职说明书规定服务工有责任以各种方式协助操作员,如领取原材料和工具、随叫随到、即时服务,但也没有明确写明包括清扫工作。勤杂工的任职说明书中确实包含了各种形式的清扫,但是他的工作时间是从工人下班后才正式开始。

【思考题】
1. 对于服务工的投诉,你认为应该如何处理?
2. 如何防止类似意见纠纷的再次发生?
3. 怎样理解任职说明书的作用?

第 3 章　员工招聘计划

学习目标

学习完本章后，你应该能够：
- 掌握员工招聘计划的概念和内涵；
- 掌握招聘计划的编写；
- 了解招聘策略的内容；
- 掌握不同的招聘策略。

 导入案例

丰田汽车公司的全面招聘体系

丰田汽车公司(以下简称丰田公司)著名的"看板生产系统"和"全面质量管理"体系名扬天下。但是其行之有效的"全面招聘体系"鲜为人知。正如许多日本公司一样，丰田公司花费大量的人力、物力寻求企业需要的人才，用精挑细选来形容一点也不过分。丰田公司全面招聘体系的目的就是招聘最优秀的有责任感的员工。丰田公司全面招聘体系大体上可以分成六大阶段，前五个阶段招聘大约要持续5~6天。

第一阶段丰田公司通常委托专业的职业招聘机构，进行初步的甄选。招聘机构一般先让应聘人员观看丰田公司的录像资料，对丰田公司的工作环境和工作内容及招聘要求有所了解，随后填写工作申请表。一个小时的录像观看可以使应聘人员对丰田公司的具体工作情况有概括了解，同时也是应聘人员自我评估和选择的过程，许多应聘人员知难而退。专业招聘机构根据应聘人员的工作申请表做初步筛选。

第二阶段是评估员工的技术知识和工作潜能。通常会要求员工进行基本能力和职业态度心理测试，评估员工解决问题的能力、学习能力和潜能以及职业兴趣爱好。如果是技术岗位工作的应聘人员，还需要进行六个小时的现场实际操作测试，通过第二阶段评估的应聘者的资料将转入丰田公司。

第三阶段丰田公司接手有关的招聘工作。本阶段主要是评价员工的人际关系能力和决策能力。应聘人员在公司的评估中心参加长达四小时的小组讨论，讨论的过程由丰田公司的招聘专家即时观察评估；比较典型的小组讨论是应聘人员组成一个小组，讨论未来几年汽车的主要发展方向，以此来考察应聘者的洞察力、灵活性和创造力。同样在第三阶段应聘者需要参加五个小时的实际汽车生产线的模拟操作。在模拟过程中，应聘人员需要组成项目小组，负担起计划和管理的职能。例如，应聘人员要计划如何生产一种零配件以及进行人员分工、材料采购、资金运用、计划管理、生产过程等一系列生产因素的有效运作。

第四阶段应聘人员需要参加一个小时的集体面试。应聘人员向丰田公司的招聘专家谈论自己的成功经验及兴趣喜好，使招聘专家更全面地了解应聘人员，更好地为其做出工作岗位安排和职业生涯计划，也可以进一步了解其小组互动能力。

能通过以上四个阶段甄选的员工，基本上就被丰田公司录用了。但是应聘者还需要参加第五阶段的测评——时长25小时的全面身体检查，了解员工的身体状况和特别情况，如是否酗酒、有无药物滥用等问题。

最后在第六阶段，新员工需接受六个月的工作表现和发展潜能评估。新员工接受严密的关注和培训以及监控、观察等。

（资料来源：http://content.chinahrd.com/jobs_interview/interview_famous/Article(27367)ArticleInfo.vienw.）

人员招聘是企业人力资源开发与管理的重要一环。此项工作大致分为三个阶段：一是筹划与准备阶段；二是选拔与录用阶段；三是工作安置阶段。要做好人员招聘工作关键就在于这三个阶段相关工作的开展，其具体事宜进展如何、准备工作是否到位，都会对随后进行招聘工作的成败产生重大影响。而在这整个过程中，最首要的一步就是制定完善的招聘规划，将各个阶段的工作流程、工作内容以及应该注意的问题一一列出，从而保障招聘工作的顺利进行。

3.1 招聘计划制定

招聘计划是指在人力资源规划的指导下，建立在工作分析基础之上的一项工作计划。这是一项核心的任务，通过制订计划可以避免工作的盲目性。在对组织的内外部环境进行分析后制定招聘计划，为组织人力资源管理提供了一个基本框架，也为人员招聘录用工作提供了客观的依据、科学的规范和实用方法，减少了人员招聘录用过程中的盲目性和随意性，并可避免错误选才带来的损失。

3.1.1 招聘计划的概念与内涵

招聘计划是人力资源部门根据用人部门的增员申请，结合企业的人力资源规划和职务说明书，明确一定时期内需招聘的职位、人员数量、资质要求等因素，并制定具体的招聘活动执行方案。

1. 招聘计划的主要内容

招聘计划一般包括以下内容。
（1）人员需求清单，包括招聘的职务名称、人数、任职资格要求等内容。
（2）招聘信息发布的时间和渠道。
（3）招聘小组人选，包括小组人员姓名、职务、各自的职责。
（4）应聘者的考核方案，包括考核的场所、大体时间、题目设计者姓名等。
（5）招聘的截止日期。
（6）新员工的上岗时间。
（7）费用招聘预算，包括资料费、广告费、人才交流会费用等。

（8）招聘工作时间表，尽可能详细，以便与他人配合。

（9）招聘广告样稿。

2. 招聘计划的意义

通过定期或不定期招聘录用组织所需要的各类人才，可以为组织人力资源系统充实新生力量，实现企业内部人力资源的合理配置，为企业扩大生产规模和调整生产结构提供人力资源的可靠保证，同时弥补人力资源的不足，避免人员招聘中的盲目性和随意性。

3. 招聘计划的选择

1）招聘来源的选择

（1）内部招聘。其优势在于有利于员工的职业发展，能够促进组织中现有人员的工作积极性；利用已有人事资料简化招聘录用程序，节约资源；内部员工对企业熟悉，对新职务的适应期短；可以控制人力成本，减少培训时间和费用。注意保证筛选的公开、公正。对不被选用的员工，管理者要详细说明原因，并提出期望，展示将来的机会。

（2）外部选聘。以下情况适合选用外部选聘：补充初级岗位、获取现有员工不具备的技术、获得能够提供新思想且具有不同背景的员工。其主要来源于职业学校、学院与大学、竞争对手或其他公司、失业者/下岗人员、退伍/转业军人、退休人员、个体劳动者。

2）招聘方法的选择

（1）人才交流中心。在全国的各大中城市，一般都有人才交流服务机构。这些机构常年为企事业用人单位服务。他们一般建有人才资料库，用人单位可以很方便地在资料库中查询条件基本相符的人员资料。通过人才交流中心选择人员，有针对性强、费用低廉等优点，但对于选择如计算机、通信等热门人才或高级人才效果不太理想。

（2）招聘洽谈会。人才交流中心或其他人才机构每年都要举办多场人才招聘洽谈会。在洽谈会中，用人企业和应聘者可以直接进行接洽和交流，节省了企业和应聘者的时间。随着人才交流市场的日益完善，洽谈会呈现出向专业方向发展的趋势。例如，有中高级人才洽谈会、应届生双向选择会、信息技术人才交流会等。洽谈会由于应聘者集中，企业的选择余地较大。但招聘高级人才还是较为困难。

通过参加招聘洽谈会，企业招聘人员不仅可以了解当地人力资源素质和走向，还可以了解同行业其他企业的人事政策和人力需求情况。

（3）传统媒体。在传统媒体刊登招聘广告可以减少招聘的工作量，广告刊登后，只需在公司等待应聘者上门即可。在报纸、电视中刊登招聘广告费用较大，但容易体现出公司形象。现在很多广播电台有人才交流节目，播出招聘广告的费用会少很多，但效果也比报纸、电视广告差一些。

（4）校园招聘。对于应届生和暑期临时工的招聘可以在校园直接进行。方式主要有招聘张贴、招聘讲座和学校推荐三种。

（5）网上招聘。通过网络进行招聘是近两年新兴的一种招聘方式。它具有费用低、覆盖面广、时间周期长、联系快捷方便等优点。但由于目前我国很多企业没有上网条件，并且很多应聘者也无法上网。所以网上招聘目前仅限于有上网条件的大型企业、外资独资企业、高新技术企业和计算机、通信领域人才、中高级人才等。

（6）员工推荐。员工推荐对招聘专业人才比较有效。员工推荐的优点是招聘成本小、应聘人员素质高、可靠性高。据了解，美国微软公司40％的员工都是通过员工推荐方式获得的。为了鼓励员工积极推荐，企业可以设立一些奖金，用来奖励那些为公司推荐优秀人才的员工。

（7）人才猎取。对于高级人才和尖端人才，用传统的渠道往往很难获取，但这类人才对公司的作用却是非常重大的。通过人才猎取的方式可能会更加有效。人才猎取需要付出较高的招聘成本，一般委托"猎头"公司的专业人员来进行，费用原则上是被"猎取"人才年薪的10％～30％。目前在北京、上海和沿海地区"猎头"公司较为普遍。

3.1.2 招聘计划的编写与管理

1. 招聘计划的编写步骤

招聘计划的编写一般包括以下步骤：

（1）获取人员需求信息。人员需求一般发生在以下几种情况：第一，人力资源计划中明确规定的人员需求信息；第二，企业在职人员离职产生的空缺；第三，部门经理递交的招聘申请，并经相关领导批准。

（2）选择招聘信息的发布时间和发布渠道。

（3）初步确定招聘小组。

（4）初步确定选择考核方案。

（5）明确招聘预算。

（6）编写招聘工作时间表。

（7）草拟招聘广告样稿。

2. 招聘计划的管理

从人力规划、方案、程序、内容的四个环节上，正是招聘计划的逐步递进和方法的应用，从而获得从规划、策略到实施的过程检验，其资源条件、客观环境与程序的评估，是相对企业当期用人的必备条件(工作分析中所对应的要求、经验、学识、能力、潜质)和择优条件(同等条件下谁更适合的人选)，在相关环节指引说明操作性。

招聘计划实施时，应从规划与方案(地点→时间→渠道→方法→宣导→流程)入手，通过内容的具体化和选择性确认；然后在程序化支持和操作上，达成预期与实际的目标。

从规划上说，以决策层→职能层→专责部门的自上而下传导，体现为招聘计划策动的实施方案，包括从地点、时间、渠道、方法、宣导、流程等的要项文本。

从内容上说，它是在实施方案的框架下，与要项文本相对应的、更为细化的管理项目和具体操作指引，如招聘人数、招聘标准、相对条件、费用预算和人员配备等。

从程序上说，不但检验计划与方案，而且是把内容连接到落实的行动上，如招聘确认、发布信息、面试沟通、录用决策和检查评估等。

从规划到计划、从方案到内容及程序的管理，都明确职能和层次权责运用。应注意以下三点。

（1）在实施和执行方面：应围绕如何快速有效地获得人力资源上的合理使用，并以从人力成本预算到实际可控的程度为目的。

（2）在上下沟通方面：不但体现为在权责范围内的呈报，更应当包括对招聘工作的想法和可行的建议。在部门之间的支持上，更注重如何让新入职人员考查期的平稳过渡。

（3）在层次权责运用方面：决策层主要是制定政策、审核计划和起始薪酬及相应超出原制度执行范围的审批；职能层是提供本部门空缺和参加面试，以及筛选与配合整个招聘过程各项工作；专责部门（一般为人力资源部或人事行政部），负责具体的招聘方案实施和进行招聘筛选及录用的过程管理。

3. 制定招聘计划需要注意以下几个问题

（1）对不同的组织或处于不同发展阶段的同一组织，在编制人员招聘计划时，应区别对待，突出重点，有的放矢。

（2）人员招聘计划不仅要规划未来，还要反映目前现有员工的情况，如员工的调入、调出、升迁等。

（3）从招聘方式看，应明确区分、分类规划安排，包括定期招聘、临时招聘、个别招聘等。

（4）处于多边的市场环境中，人员招聘计划应不断地根据实际情况的变化进行调整，绝不能一劳永逸，要配备应变计划。

（5）编制和实施人员招聘计划时，还必须考虑社会公众价值观念的取向、政府的劳动就业政策和有关的劳动法规。例如，录用员工时，不能有性别歧视。

 案例链接

朗讯公司有文化的招聘

朗讯在中国共有员工3 600人，1 000人在朗讯的独资公司，剩下2 600人在8个合资企业。1997年，朗讯决定在北京和上海设立贝尔实验室，目前两实验室的人数分别达到300人。1999在深圳成立光通信研发中心，有研究人员150人。朗讯在中国的业务每年超过50%速度增加。

朗讯是这样一个公司：她的历史很长，她的面孔很新，她喜欢各种不同类型的人；她可以摆脱AT&T的阴影，她摆不脱通信进入信息时代的宿命；她的文化要学习别人，她的通信技术让别人学习；她有一个贝尔实验室，实验室支撑了她的命运；她是真正的渴望人才，她对待人才的方式是：抢！

1. 闪电招聘

朗讯招聘人才的速度用一个"抢"字毫不为过。1998年，朗讯中国公司需要大量的研究人才，军令如山倒，人力资源部接到这个命令，迅速组织了一个招聘"快速反应部队"，25个人分成5个小组，飞机，同时进入5个地区，散布到16所院校。5人小组由三个科学家、一个人力资源部负责人、一名秘书组成。招聘小组到达学校的第一天就马上做招聘会，贴广告，组织学生来看来谈。一天内他们花1.5个小时做招聘会，然后筛选收集来的简历，到晚上就公布面试名单。第二天招聘小组全天进行紧张面试。晚上9点，5个小组通过电话会议，彼此通报各地区的生源情况，确定各地区的专业情况和名额，当晚10点钟就将录用的名单贴出去。第三天跟录用学生签合同。一周时间内，他们用25个人招了100个人。

"1998年因业务发展需要招100个应届毕业生，时间比较紧，我们在招聘上做了一些创新。"朗讯人力资源部经理孙贺影说，他们做招聘是在和竞争对手抢，更确定地说是在人才市场中抢。1999年，朗讯共招聘了419人。1999年10月朗讯招了200人，这些人将在2000年上班。一般情况是，当别的公司意识到要开始到大学搞演讲宣传招人时，他们的人就已经招完了。

"闪电行动"需要充分的前期准备工作，朗讯公司很早就开始集中目标甄选学校，去年去过的学校今年朗讯就没有去再人。朗讯还要提前解决进京进沪的指标问题。招聘前做好招聘袋，里面有面试日程表、面试问卷、朗讯公司的资料等。朗讯对自己的资料要求是：一但学生看完朗讯公司的资料，就不需要问任何问题，非常清楚。朗讯的招聘过程非常程序化，所以一开动招聘机器就能抢占先机。

2. 用猎头公司的原因

朗讯很少用猎头公司。如果用，一般是招中高级管理人才。朗讯用猎头公司招的人不到2%。朗讯的观点是：①倾向于自己培养人才；②猎头公司费用太高；③服务跟不上。中国的猎头公司比前几年有很大进步，但跟国际相比还有一定距离。

3. 有文化的招聘程序

朗讯需要什么样的人才？在中国朗讯有两个差别明显的地方，一个是贝尔实验室的研究开发人员，一个是市场销售和行政人员。

贝尔实验室喜欢从应届毕业生里挑选人才，他们挑选应届毕业生的方式针对性很强。朗讯认为搞研究开发要有很新的知识，而且搞通信技术的开发"坦率地说需要高学历"。1999年朗讯贝尔实验室招聘的200人，98%是硕士研究生和博士生，这些高学历人才的集散地当然是学校，他们的目标就是应届毕业生。学校是人才最新最集中的地方，除了全面扎实的知识结构和较新的知识，朗讯还看重大学生的可塑性，他们比较容易学新东西。

朗讯的招聘没有笔试，除非是做行政人员。

朗讯的招聘程序分值化，目标非常明确。考察的重点有两个方面：一种是专用技能，例如主考官可能会关心应聘者的专业和工作背景及经验，你对所申请的工作具备的技能。就这些方面主考官会问一些问题，而每个问题会有三个等级的打分。另一项非常重要的考察值是朗讯的文化尺度行为：GROWS，看应聘者是否能够适应朗讯的文化，朗讯在招聘时就考虑了文化优先权。GROWS简单地讲就是5个方面，G代表全球增长观念，R代表注重结果，O代表关注客户和竞争对手，W代表开放和多元化的工作场所，S代表速度。就在5个不同方面，主考官同样会问不同的问题，比如你在以前工作中遇到困难是怎么处理的，你有没有在有竞争的情况下成功地签单等等。还有你如何提高自己的工作速度，如何当团队领导。每一个人面试时会有两个面试官，他们会在每一项回答里面评注和打分。应试者可能被标记为优势明显，可能标记为需要一定培训，可能标记为不足，最后面试官会通过这些问话的打分，将技能经验打分与GROWS打分填到招聘矩阵中，来确定你是否符合朗讯的要求。

朗讯将它的这种测试称之为行为和技能测试。在招应届毕业生时，情况会有所不同。朗讯会让应届毕业生用英文做45分钟的演讲，这是非常艰难的关卡。演讲会暴露很多问题。如果应聘技术职位，朗讯会让应聘者专门针对他做过的课题，进行技术方面的演讲。朗讯的招聘一般有科学家参加，这是他们对贝尔实验室技术专家的特别称谓。这种面试会有两个科学家和一个研究人员旁听，考察应聘者技术领域的知识。行为测试主要是对他们过去经历进行行为学分析，来判断一个人的综合素质，例如思考能力、分析能力、沟通能力，以及意识和情绪特点。主考官有一些标准的问话，半个小时的面谈，注重考察他怎么处理以前发生的问题。什么样的回答打2分，什么样的回答打3分，最后行为和技能面试的总分成为是否录用的依据，通过矩阵非常清楚地显示出来。

朗讯有时也会遇到一些非常优秀的人才，但是暂时还没有适合他们的位置，人力资源部会有一个自己的"红名单"，记录这些隔离在朗讯玻璃门外的优秀人才，他们会与"红名单"上的人建立联系，这是他们的一种习惯。建立自己的"人才小金库"，往往能在少量人才变动时及时补上。

4. 阐释朗讯红环

Lucent 的含义是"光亮的透明的"。它意味着清晰的思路、智慧和力量,这是朗讯在继续为客户服务的同时努力营造的企业特色。朗讯的圆环是手绘的,周围很粗糙,很像中国国画中的焦墨枯笔所作。一个有魄力的醒目的圆圈,朗讯人称之为"创新之环",它表明着行动和完整,也可以理解为它手绘的技术反映着人类的创造力。朗讯是一家科技公司,贝尔实验室是创造发明的摇篮,为朗讯提供技术支持,并带动公司的技术革新。这个"创新之环"将时刻提醒朗讯恪守诺言,不断地缩短从发明到市场革新的周期。

5. 如何在朗讯成功

朗讯人力资源总监李剑波说:"招聘对人进行了面试选择,这个过程总的来说是成功的。但是能够通过几次面试,将一个人判断得很准确恐怕不太现实。一个人在企业中的成功包括很多方面,比如一个人对环境变化的适应能力,一个人对新知识的掌握能力,一个人在工作压力下的变化,我们面试时尽可能考虑这些,但是也不一定能捕捉得到。等新员工上岗,我们会分析员工,考评程序会跟上。招聘进来的员工只能说有一个好的开始,后面有很多东西,将员工放在一个合适的位置上,发掘员工的潜力,是员工自己的事,也是管理上面的事。和许多外企一样,朗讯人力资源部只是执行各业务部门提出的人才需求计划,然后发出招聘信息,由部门经理挑选简历,确定面试,然后由人力部执行。在朗讯,人力资源管理落实在各个部门,人力资源部在一定程度上提出人才市场的信息。"

6. 朗讯对员工的素质要求

朗讯需要员工有良好的沟通能力,自然离不开英语能力,这一点和公司的全球化增长文化互为推动。在企业里面,跟别人合作的精神,理解别人表达的准确含义,这是合作的前提。朗讯看重员工为人处事的能力,一个人的能力和行为分不开。行为包括两个方面的含义:一个是有无职业意识,有意识看问题和发现问题就不一样;另一个是做一件事的执行能力。

7. 人人平等

朗讯并不区分应聘者是否从这里辞职的,是否身体有残疾,他们始终将注意力集中在员工的技能和行为上,如果达到录用要求,他们都会平等地进入朗讯。朗讯就招聘了两名身体有缺陷的大学生。在朗讯的《职业道德标准》中有一条规定是这么写的:"在朗讯科技公司不存在因种族、肤色、宗教、国籍、性别、年龄、生理缺陷、性偏好或性倾向以及婚姻状况而产生的歧视。这意味着朗讯有关人权和工作机会均等的法律,而且包括招聘、录用、报酬、晋升或解雇等雇佣各个环节都不存在非法歧视。这也表明朗讯科技公司不允许工作环境因任何威胁性或攻击性行为而恶化。"

(资料来源:http://www.xbrc.gov.cn)

3.2 招聘策略

3.2.1 招聘策略的概念与内容

招聘策略(Recruitment Strategy)是招聘计划的具体体现,是为实现招聘计划而采取的具体策略。它包括招聘数量、对人员的要求、吸引人才的手段、招聘渠道、甄选模式和招聘时间等。一个成功的招聘策略将帮助企业快速找到适合的人才,推动企业持续发展。

招聘策略是招聘计划的具体表现,是为了实施招聘计划而采取的具体策略。在招聘中,组织一般结合自身的实际情况和招聘环境,制定招聘策略,包括地点策略、时间策略、渠道策略和组织宣传策略。

1. 招聘地点策略

(1) 根据招聘岗位的性质确定招聘范围。选择在哪个地方进行招聘，一般要考虑潜在应聘者寻找工作的行为、企业的位置、劳动力市场状况等因素。客观上，为了节省开支，企业通常倾向于在工厂所在地招聘市场的办事员和工人，在跨地区的市场上招聘专业技术人员，而在全国范围内，在一些重要城市如北京、上海、广州、深圳等招聘高级管理人才和专家教授。技术水平要求不高的劳动力，可以向农村招聘。范围越大，优秀的人才就越多，但是费用和开支就越高，所以对能够给组织带来重大贡献的人才要从更广阔的范围进行选择。

(2) 就近选择，减少招聘成本的原则。例如，上海的一家企业，可以在上海和北京的高校中招聘，但是除非北京高校的人才十分的优秀，否则没有必要千里迢迢花费高额的费用到北京招聘。

2. 招聘时间策略

一次有效的招聘花费的时间是很长的，很多组织由于正常运行和招聘截止日期的时间压力不得不降低自己的招聘标准，匆忙了事。所以有效的招聘策略不仅要明确招聘地点，还要确定恰当的招聘时间。

要注意以下几个问题。

(1) 尽量在人才供应高峰期招聘人才。人才供应是有周期规律的，如每年9～10月是人才供应的低谷，每年1～2月和6～7月是人才供应的高峰。为了节约招聘成本，扩大自己的选择面，应该尽量避开人才供应的低谷，在人才供应的高峰期进行招聘，在农村招聘体力型劳动工人最好也是在农闲时节。

(2) 计划好招聘时间，制作招聘时间表，给予各项工作充足的时间，还要考虑申请人可能花费的时间，由此确定招聘时间安排。招聘时间一般要比有关职位空缺可能出现的时间早一些。

可以用一个例子来说明招聘时间的选择。某企业欲招聘30名推销员。根据预测，招聘中每个阶段的时间占用分别为征集个人简历需要10天，邮寄面谈邀请信需要4天，做面谈准备安排需7天，企业决定聘用与否需4天，接到聘用通知的候选人在10天内做出接受与否的决定，受聘者21天后到企业参加工作，前后需耗费56天的时间。那么招聘广告必须在活动前两个月登出，即如果招聘30名推销员的活动是某年的6月1日，则招聘广告必须在4月1日左右登出。

3. 招聘渠道策略

招聘渠道有很多种，采用哪一种途径或方式招聘人员，应根据供求双方不同情况而定。例如，是采用简单的方式，还是繁复的方式；是采用主动的方式，还是等人上门；是大张旗鼓，还是悄悄地进行等。

无论如何，做好招聘工作，都需要与学校、职业介绍机构、有关团体、培训机构等保持密切联系。一般来说，企业可在大学毕业生中招聘专业技术人员和中层管理人员；借助职业介绍所招聘办事员和生产工人；通过广告招聘销售和宣传人员、专家等。为了节省开支和时间，还可采用员工引荐的方式。

4. 聘用策略

采用外部招聘，还是企业内部招聘，取决于企业的聘用策略。聘用策略主要有传统的甄选模式、人力资源管理模式和"非我族类"模式。①传统的甄选模式，即"以人就事"，以工作为主，以机构的需要为先。②人力资源模式，即"以事就人"，"以人为主"，旨在人尽其才。③"非我族类"模式，即筛除与招聘人员的理想、经验、教育和背景不同的人。

5. 组织宣传策略

招聘的目的一方面是为了尽可能地吸引应聘者，另一方面还要利用招聘的机会进行企业形象的宣传，招聘人员可以说代表着组织的形象，招聘人选的选择有相应的技巧。

要注意的问题有：①企业主管要积极参与招聘活动。过去员工招聘，人事部门是起主动的决策和实施作用的，用人部门只负责接收，而现代组织中起决定作用的是用人部门，用人部门参与到决策过程中，起主动地位。对于中小组织，主管要直接参与招聘，大型组织招聘高层人员，高层领导也要出面。②招聘人员要热情而公正，百问不厌。③对招聘人员的其他要求。如丰富的专业知识、心理学知识和社会经验，还要有高尚的品质。

 案例链接

麦肯锡公司的用人观

麦肯锡公司是美国一家世界著名的企业咨询机构，其管理思想、用人之道，一贯受到世人的青睐。麦表锡认为，如果用人时主要考察其工作能力和工作热情两个方面，则可以将人分为四种：

(1) 工作能力强，工作热情高。
(2) 工作能力低，工作热情高。
(3) 工作能力强，工作热情低。
(4) 工作能力低，工作热情低。

管理者对这四种人，应该采取什么样相应的对策，也可以说，这四类人有不同的使用方法。麦肯锡主张：对于第一种人采取重用，鼓励政策；对于第二种人采取培训或调用的策略；对于第四种人则解雇；对于第三种人是勿留！

这种用人观在联想集团高级干部培训班上经常会被提出讨论。第一种人和第四种人大家都觉得好处理，第一种人重用，第四种人不用。在第二种和第三种人的处理上，参加讨论的人产生了分歧。在第二种人和处理上，有人提出不用，理由是企业是追求利润的，没有必要录用没有能力、不创造利润的人。有人提出可以视情况予以录用，企业用人不应太投机，也应该有投入，自己培养出来的人更可靠。在第三种人的处理上，参加讨论的分歧很大。有的人认为如果他遇到这样的人是会录用的，原因是人家有能力、能创造利润，人才难得呀！另外有人认为坚决不用，原因是不能因小失大，队伍的纯洁性比一个人创造的利润更重要。

《中外管理》杂志总编辑杨沛霆教授的肺腑之言是：宁要能力不强，顺从公司文化的人，可千万不要留那种能力似乎很强，总想不顺从公司文化而素质较差的人。

(资料来源：http://www.chinahrd.net/)

3.2.2 招聘策略的选择

1. 企业在创业期的招聘策略

企业在创业期是新生儿，还没有得到社会承认，实力也很弱，公司规模小、人员少，但却极富灵活性和成长性。各方面均不成熟，制度基本没有，企业文化也未形成，由老板直接管理，企业发展战略的目标是求得生存与发展。企业的发展与业务的开展主要依靠老板的个人能力，员工的高度团结，效率高，面对的主要问题是品牌知名度差、市场占有率低、市场开拓和产品创新。创业期高层团队依靠创业精神维系比较稳定，中层相对稳定，但一般员工却由于受企业管理制度不完善、保障体系不健全、工资待遇低等因素的影响而流动率通常较高。

企业此时对外部人才的需求不突出，数量少，以一般员工尤其是销售人员的招聘为主，招聘极少的中层人员，基本没有高层招聘。对人员的要求较高，丰富的工作经验和工作业绩是重点选择标准，最好是多面手；尤其是一些对企业发展方向和目标比较认同、较年轻的人员。吸引人才的手段主要依靠良好的职业前景、工作的挑战性和领导者的个人魅力。薪酬虽然较低，但弹性相对要高，最好有较大的增长空间；也可采取股票期权的激励方式。由于企业资金不充裕，招聘费用较低，多采用朋友介绍、网络招聘和招聘会等渠道进行招聘。企业还没有形成人力资源的专业部门，对人才的甄选主要依赖老板的个人判断力。用人的灵活性较强，一人多岗和因人设岗的现象明显，对招聘时间和招聘效率没有明确的要求。

2. 企业在成长期的招聘策略

企业逐步走向正规化，经营规模不断扩大并快速增长，人员迅速膨胀，品牌知名度急剧上升，机构和规章制度不断建立和健全，企业的经营思想、理念和企业文化逐渐形成；跨部门的协调越来越多，并越来越复杂和困难；企业面临的主要问题是组织均衡成长和跨部门协同。高层之间开始出现分歧，跟不上企业发展步伐的员工主动辞职，员工流动性相对较大。

企业此时人才需求大，外部招聘数量多，高层、中层、一般员工等各层级的招聘均有。对专业技术人才和中层管理人才的需求大幅度增加。要求人员具备相同职位的工作经验，能直接上手，具备一定的发展潜力，同时对变化的适应速度快。吸引人才的手段主要依靠较大的晋升空间、良好的发展前景和与行业平均水平接近或以上的薪酬。有一定的招聘费用，由于招聘需求急迫，因此采用以招聘会为主、网络招聘为辅的招聘方式，在专业人才的招聘上开始引入"猎头"，建立广泛而灵活的招聘渠道。企业已经设置了人力资源部，但专业性不强，甄选主要依赖用人部门的部门经理进行评判。要推测业务的发展，进行人力资源需求预测，用人开始有一定的计划性，对招聘时间和招聘效率的要求高。

3. 企业在成熟期的招聘策略

成熟阶段是企业发展的巅峰时期。在这个阶段，企业规模大，业绩优秀，资金充盈，制度和结构也很完善，决策能得到有效实施；企业非常重视顾客需求，注重顾客满意度；一切以顾客至上为原则，重视市场和公司形象，要求计划能得到不折不扣地执行。而如何使繁荣期延长并力争使企业进入到一个新的增长期，则成为制定企业发展战略的关键。在企业的成熟期，晋升困难，各层面人员的流动率低，在人员规模上相对稳定。企业的发展，主要是靠企业的整体实力和规范化的机制，企业内部的创新意识可能开始下降，企业活力开始衰退。

企业此时的人才需求不多，外部招聘数量少，只在公司开拓新业务和新市场时才会产生大量的外部人才需求。人员要求高，强调综合能力素质，尤其是创新意识、执行力和明确的职业发展方向。吸引人才的手段主要依靠企业实力、形象和领先于行业平均水平的薪酬。招聘费用充裕，高级人才的招聘以"猎头"为主，辅以内部推荐、专场招聘会、网络招聘、校园招聘、平面媒体等丰富多样的招聘渠道。人力资源部具备较好的专业性，开始使用评价中心技术对人才的能力素质进行评价，业务水平则由用人部门的部门经理进行评判。规范的招聘计划，对招聘时间和招聘效率有明确的规定。

4. 企业在衰退期的招聘策略

这是企业生命周期的最后阶段，企业市场占有率下降，整体竞争能力和获利能力全面下降，赢利能力全面下降，资金紧张，危机开始出现，企业战略管理的核心是寻求企业重整和再造，使企业获得新生。企业内部官僚风气浓厚，人浮于事，制度多却缺乏有效执行，员工做事越来越拘泥于传统、注重于形式，只想维持现状，求得稳定。人心涣散，核心人才流失严重，一般人员严重过剩，高层更替频繁，并波及中层。

企业对外部人才的需求集中在一把手上，其他层级基本以内部竞聘为主，无对外招聘。要求高管具备改革意识、大局观、决策能力、战略眼光和驾驭企业的整体能力；尤其要具备同行业类似企业的运营经验，有扭亏为盈的经历最好。吸引人才的手段主要依靠利益分享机制和操作权限。招聘经费锐减，但由于招聘时间短，而且招聘的还是高级、稀缺人才，因此仍然以"猎头"为主要渠道。一把手的招聘由董事会直接进行评价，并引入专业的人才评价机构辅助。

 案例链接

欧莱雅：校园招聘之三大策略

巴黎欧莱雅集团（以下简称欧莱雅）将校园竞赛作为战略招聘的一种方式始于1993年创办的"欧莱雅校园企划大赛"。1997年，它已经发展成为一项全球性的赛事，迄今为止已经有14 000名学生参赛。这项比赛的主要参赛对象是经济和商业类的高年级本科生。比赛规则要求由三名学生组成一个团队，在一位营销学教授的指导下，为某一品牌的未来发展设计一套营销策略，包括产品组合、包装和传播策略。

实践证明，这种形式的人才选拔卓有成效。自2000年以来，欧莱雅全球22%的管理培训生来自"校园企划大赛"的参赛者，这个比例在中国更是达到了27%。2003年，参加校园企划大赛的其中74名优秀选手被招募加入欧莱雅，特别是参加全球总决赛的54名选手中，有27人最后选择加入欧莱雅。

由于这种招聘方式在高校中取得了非常好的影响，同时，由于欧莱雅需要更有针对性地招募工业英才，于是欧莱雅从2001年开始在中国的几所高校推出了"欧莱雅工业大赛"，比赛对象则针对理工科的高年级本科生。据悉，这项比赛将被推广到18个国家，成为一项全球性的赛事。

（资料来源：http://www.hwhr.cn/HBclub/news/1959.html.）

3.3 招聘人员及招聘工具

3.3.1 招聘人员

组织内部的人力资源管理部门和用人部门都要参加重大的招聘工作，任务较重的招聘活动一般都要组建临时性的招聘机构。在现代人力资源管理中，负责招聘的人员必须是经过专业培训的企业核心骨干。包括人力资源管理部门的人员、拟聘部门的上级领导、同事以及下属。

1. 用人部门经理人员在招聘过程中的主要职责

（1）负责确定业务发展计划、人力规划及人力需求，负责制定招聘计划和报批。
（2）草拟招聘职位的工作说明书和任职资格。
（3）对职位候选人的专业技术水平进行评判、初选。
（4）负责面试和复试人员的确定。
（5）参与测试内容（包括笔试考卷）的设计和测试工作。
（6）参与正式录用决策（特别是最后一轮选拔中有主要发言权）。
（7）参与员工培训决策并负责新员工的技能训练辅导。
（8）负责录用员工的绩效评估并参与招聘评估。
（9）参与人力资源规划的修订。

2. 人力资源部门招聘人员的工作内容和职责

（1）负责对外部环境影响因素的分析，如经济状况、劳动力市场、工会活动等，熟悉有关劳动关系的法律法规，帮助用人部门分析招聘的必要性和可行性。
（2）选择招聘的渠道和方式，设计人员招聘中选拔、测试评价的方法和工具以及测试内容。
（3）策划制作招聘广告或招聘网页，并办理相关审批手续，联系信息发布。
（4）负责简历等求职资料的登记、筛选和背景调查。
（5）通知参加面试人员，主持面试和具体实施人事评价程序。
（6）为用人部门的录用决策提供咨询服务。
（7）负责试用人员个人资料核查，确定薪酬。
（8）通知并帮助被录用人员办理体检、档案转移、签订试用或正式劳动协议等各项手续，并为员工岗前培训服务。

(9) 向未被录用的落选者表达诚意并委婉地拒绝，进行招聘评估并负责人力资源规划的修订。

3. 对招聘人员的要求

组织在进行招聘过程中，工作申请人是与组织的招聘组成员接触而不是与组织接触，而且招聘活动是工作申请人与组织的第一次接触。在对组织的特征了解不多的情况下，申请人会根据组织在招聘活动中的表现来推断组织其他方面的情况。因此对招聘人员的选择不可忽视，参加招聘工作的人员必须具备以下素质。

1) 具有良好的职业素质

招聘人员的职业素质不仅会影响到人才的选拔，也会影响到应聘者对公司的看法，这种印象会在一定程度上影响公司的外在形象和美誉度。常常在招聘会上看到某些企业的人事部门人员对待应聘者态度冷漠，给人一种高高在上的感觉。很难想象以此能够吸引真正的人才。一个傲慢、无礼的招聘人还会为公司树敌，那些被怠慢和轻视的应聘者很可能会在日后对该公司持有看法。招聘人员必须坚持"人本精神"，客观公正地介绍自己的企业和评价应聘人员，言谈举止应该做到诚信、自律、宽容，对应聘人员产生一种亲和力和吸引力，使应聘人员由此很容易联想到企业文化、精神面貌甚至企业发展前景。

2) 了解公司的企业文化和人力资源需求

如果招聘人不了解公司的企业文化，就很难帮助公司找到合适的人选。虽然有些人可能很优秀，但他却可能并不适合本公司。此外，在不同时期，公司对人力资源的需求也有所不同，这种需求包括职位、技术、性格、年龄、阅历甚至性别，特别的要求就需要特别地注意。

3) 具有优秀的交流技巧

招聘人员通过与应试人员的谈话和眼神交流，应该能够很清楚地了解对方的能力、性格和弱点，并弄清对方对公司的真实想法，做出去留判断。在向人力资源经理汇报时，能够拿出非常理性、科学、详尽的人员资料和自己的意见。

4) 知识面宽，对业界有深入了解

由于应试人员来源广泛、知识结构也比较复杂，为了能够真切地认清对方的才识，就必须对很多问题有所了解，尤其是对业内的种种事情，都应有不少于对方的了解，如此才能做出正确的判断。如果公司规模较大，招聘事情比较多，就需要不止一名招聘人员，在这种情况下，既要有人力资源背景的专业人员，也需要有行业背景的人员，这样在对应试人员的判断上会比较合理一些。

5) 要有耐心

招聘工作往往非常繁杂，这就使得招聘人员很容易在招聘后期注意力分散。如果缺乏充沛的精力和耐心，很可能会使真正的人才流失掉，或者是招进一些平庸的人，因此要对招聘人员的体能耐力和精神耐力进行考查。

人物链接

亨利·明茨伯格(Henry Mintzberg)，在全球管理界享有盛誉的管理学大师，经理角色学派的主要代表人物。在国际管理界,加拿大管理学家亨利·明茨伯格的角色是叛逆者。他是最具原创性的管理大师,对管理领域常提出打破传统及偶像迷信的独到见解,是经理角色学派的主要代表人物。

他在组织管理学方面的主要贡献在于对管理者工作的分析。1973年,明茨伯格以一本《管理工作的实质》一举成名,书中揭示了管理者的三大类角色——人际角色、信息角色、决策角色,仔细考察了管理者的工作及其对组织的巨大作用,并就如何提高管理效率为管理者提供了建议。

3.3.2 招聘资料

1. 设计制作组织简介

此类宣传资料的设计无固定格式,创意丰富多样,突出个性化,应极具真实性和吸引力。

2. 各类招聘表格的设计

在招聘的各个环节中,除了非结构性面试外,差不多都使用了各类的表格。可以说各类有关招聘的表格设计和应用就是招聘质量高、程序规范化、科学化的具体体现。各种不同类型的招聘表格如表3-1所示。

表3-1 各种不同类型的招聘表格

人才需求表	应聘人员复试表或面试表	录用员工报到通知书
工作说明书	面谈内容构成表	聘用人员任用核定表
招聘流程图	面试评价表	新员工试用考察表
人员录用标准项目表	新员工甄选比较表	试用保证书
员工招聘申请书	新员工甄选报告表	聘任书
招聘计划书	新员工试用表	年度招聘计划报批表
人员增补申请表	试用合同书	人力资源管理部门月报表
求职者登记表	员工试用通知单	人事登记表
应聘申请表	招聘录用通知单	招聘人员登记表
履历表	员工到职单	正式录用合同书

(1) 招聘需求、应聘者资料分析类表格。这类表格包括人才需求表、工作说明书、年度招聘计划报批表、人员增补申请表、招聘申请书、求职人员基本情况登记表、应聘人员登记表、求职申请书、履历表等。应聘人员登记表、求职申请表是招聘工作初选的依据,用统一格式记录应聘者的基本情况能使人力资源部门提高招聘效率。

(2) 选拔评价类表格。这类表格主要是一系列人员素质测评量表,如面试人员测评表。面试人员测评表记录应聘者的面试表现,在面试结束后可以将各流程面试测评表进行比较而决定何人能够胜任。

(3) 人员录用类表格。这类表格主要是对录用人员的基本资料和录用岗位进行统计,以有利于人力资源部门提高工作效率,方便对录用人员的管理。

3.3.3 招聘广告的设计及其他招聘工具

人力资源是企业的首要资源，越来越受到重视。人力资源开发与管理的部门的主要工作涉及四个方面的内容：选人、育人、用人、留人。现代企业人才招聘是人力资源开发与管理的第一步，也是十分重要的一步。人才招聘广告就是企业员工招聘的重要工具之一，设计的好坏，直接影响到应聘者的素质和企业的竞争。为此，我们有必要对人才招聘广告的设计原则和有关问题作进一步探讨。

1. 招聘广告的设计原则

招聘广告设计的原则可以概括为所谓的注意、兴趣、愿望、行动四原则，即 AIDA（Attention－Interest－Desire－Action）原则。

（1）必须能够引起受众的注意。在一份报纸上，可能会看到很多招聘广告，那么哪些广告引起了大众的注意呢？一定是那些新颖、独特的广告。例如，在众多的小字体的"豆腐块儿"中有一个字体较大、篇幅较大的广告，抑或是使用了吸引人的标题的广告，或者使用了与众不同的色彩的广告会比较容易引起注意。那些被放在显著位置的广告也非常引人注目。因此，要想使他人注意到企业的招聘广告，就必须要特别关注这些问题。

（2）要能够引起受众对广告的兴趣。平铺直叙、枯燥的广告词可能很难引起人们的兴趣，而撰写生动、煽情、能引起人们共鸣的语言，加上巧妙、新颖的呈现方式，则具有刺激性、吸引力，能够引起读者的注意，激发读者的兴趣。主题广告词就是一种好方法。主题广告词可以有以下几种形式。

① 直入主题型，如"诚聘销售人员。"
② 强调企业型，如"请您加入××行列。"
③ 强调商品型，如"与您共创超群的××。"
④ 劳动条件强调型，如"月薪××元。"
⑤ 强调个性型，如"××企业为您搭起成功的舞台。"
⑥ 理由强调型，如"本企业最关注的是人才投资。"

（3）要能够激起求职者申请工作的愿望。求职者申请工作的愿望是与他们的需求紧密联系在一起的。通过强调公司或职位中吸引人的一些因素，如成就、培训与发展的机会，挑战性的项目，优越的薪酬福利政策，充满合作氛围的团队等，激发求职者对工作的愿望。由于在发布招聘广告之前，已经对公司或职位要吸引的对象做了调查，因此在激发求职者申请工作的愿望时要特别注意所要吸引的对象群体的特点。

（4）广告要具有让人看了之后立刻采取行动的特点。在招聘广告中，应该包含让求职者马上申请职位或与公司联系的内容。例如，"如果您具备上述的任职资格，并且愿意接受挑战性的工作任务，那么请您在一周之内将简历以及其他应聘材料寄往如下地址：××市××路××大厦""想要了解最新职位空缺，欢迎点击。"这样的语言都可以使对公司感兴趣的职位候选人看了之后采取行动。

> **小提示**
>
> 招聘广告的四原则
> (1) Attention：注意——会不会引起别人注意、醒目？
> (2) Interest：兴趣——会不会产生兴趣？
> (3) Desire：渴望——会不会产生加入愿望？
> (4) Action：行动——会不会采取具体行动？

2. 招聘广告的内容

一般来说，招聘广告的内容包括以下几部分。

(1) 关于公司情况的介绍。招聘广告中的公司介绍应该以最简洁的语言介绍公司最具有特色和富有吸引力的特点，千万不可长篇大论、词不达意。在广告中最好能使用公司的标识，并提供公司的网址，以便看到广告的人浏览公司的网页获取更进一步的信息。

(2) 关于职位情况的介绍。招聘广告中对职位的介绍通常包括职位名称、所属部门、主要工作职责、任职资格要求等。起草招聘广告时参考职位说明书会比较有帮助。但要注意的是，招聘广告中的职位情况介绍应该从读者的角度考虑，以读者能够理解和感兴趣为目的，切不可照搬职位说明书。

(3) 关于应聘者应该做的准备。在招聘广告中应该注明应聘者应准备的材料，如中英文简历、学历学位证书复印件、资格证书复印件、身份证复印件、照片等，以及提供薪金要求和户口所在地等信息。

(4) 关于应聘的方式和联系方式。应聘方式大多采用将简历和应聘材料通过信件、电子邮件、传真等方式发送到公司，因此需要提供公司的通信地址、传真号码或者电子邮件地址，一般情况下不必提供电话号码。另外，还应该提供应聘的时间范围或截止日期。

3. 招聘广告的注意事项

选择媒体时要考虑的问题如下。

(1) 一种媒体的受众类型远比它的受众人数更为重要，因为这会关系到究竟有多少潜在的职位候选人在关注这则广告。例如，一份专业化的报纸的读者可能比一份大众性的报纸的读者要少得多，但是对于企业所要寻找的专业职位候选人来讲，专业化的报纸可能使他们更容易看到刊登的广告。

(2) 评价所要选择的媒体有没有类似的招聘广告，有多少与本企业所需职位大致相当的招聘广告。如果此媒体根本没有招聘广告，那么就需要慎重选择它，因为求职者往往希望在同一媒体上找到较多的自己所适合的职位。如果某份报纸刊登的广告招聘的职位多是一些低级的职位，而企业需要招聘的是较高级的职位，那么也需要仔细分析一下这种媒体是否适合。

(3) 如果有条件，可以将两种以上的媒体广告同时使用，这样可以收到更好的效果。

（4）在报纸等媒体上刊登招聘广告比较适合该职位拥有大量求职者的情况，而且这些大量的求职者又恰好是刊登广告的媒体的受众，在这种情况下刊登招聘广告很适宜。然而，寻找专业人员，刊登这种广告却不是最佳选择。因为某些专业人才本身数量就很少，而且他们中的很多人可能并没有留意这些广告，所以获得职位候选人的机会就可能很小。

此外，招聘者还应准备在招聘过程中可能使用的工具，如视听设备、摄影录像设备以及现场用操作道具等。

本 章 小 结

招聘计划是指在人力资源规划的指导下，建立在工作分析基础之上的一项工作计划。这是一项核心的任务，通过制定计划可以避免工作的盲目性。在对组织的内外部环境进行分析后制定招聘计划，为组织人力资源管理提供了一个基本框架，也为人员招聘录用工作提供了客观的依据、科学的规范和实用方法，减少了人员招聘录用过程中的盲目性和随意性，并可避免错误选才带来的损失。

招聘策略的好坏关系到一次招聘工作的成败。可供选择的策略有利有弊，制定招聘策略实质上是从各种策略中选择最符合招聘计划、最符合企业财务状况和经营发展战略的策略，是一个选择的过程。它包括招聘时间和地点的选择、招聘方法和来源的选择、选拔方法的选择、招聘广告的选择、招聘宣传策略的选择。

组织内部的人力资源管理部门和用人部门都要参加重大的招聘工作，任务较重的招聘活动一般都要组建临时性的招聘机构。在现代人力资源管理中，负责招聘的人员必须是经过专业培训的企业核心骨干。

练 习 题

一、思考题

1. 什么是员工招聘计划？
2. 如何编写员工招聘计划？
3. 什么是招聘策略？
4. 简述招聘策略的内容。
5. 如何选择招聘策略？
6. 招聘广告的设计包括哪些内容？

二、课堂讨论题

1. 西门子公司每年都会进行预算。每年的五六月份，公司会根据上一年的业务状况，以及来年业务发展的需求，综合确定公司各个业务部门的预算编制。重点考虑的内容有：

①公司计划拓展的业务领域；②计划压缩的业务领域；③组织结构的调整；④某一业务需要的人数；⑤公司内部的人员供给情况等。在综合分析的基础上，他们会把下一年需要哪方面的人，具体需要多少人，这些人应具备什么素质与能力要求，以及什么时候需要这些人等情况统计出来，并将这些人员需求编制成可执行的招聘计划。随后，在人力资源管理人员支持下，用人部门会根据计划安排，分期分批地将所需要的人员招募进来。

1. 谈谈你对西门子公司招聘计划制定的看法。
2. 谈谈你对企业招聘策略的看法。

三、课外实践题

1. 深入一家企业做实地调查，分析该企业是如何制定招聘计划的。
2. 依据企业的实际情况，制定招聘策略。

四、案例分析

【导入案例分析】

案例表明：丰田公司的全面招聘体系使我们理解了如何将招聘工作与未来员工的工作表现紧密结合起来。从全面招聘体系中我们可以看出，首先，丰田公司招聘的是具有良好人际关系的员工，因为公司非常注重团队精神；其次，丰田公司生产体系的中心点就是品质，因此需要员工对于高品质的工作进行承诺；最后，公司强调工作的持续改善，这也是为什么丰田公司需要招收聪明和受过良好教育的员工，基本能力和职业态度心理测试以及解决问题能力模拟测试都有助于良好的员工队伍的形成。正如丰田公司的高层经理所说，受过良好教育的员工，必然在模拟考核中取得优异成绩。

【案例】

Cisco系统网络技术有限公司（以下简称Cisco）1984年成立，总部在美国加州圣荷塞，是一家标准硅谷模式的高科技公司，创始人是来自斯坦福大学的一对教授夫妇，1986年他们做了第一个路由器，这是Cisco的核心产品。1990年Cisco在纳斯达克（Nasdaq）上市，股票代号CSCO，是Nasdaq高科技板块的第二大企业，市值达到4 000亿美元。1990年的1美元Cisco股票现在价值1 000多美元。Cisco创业资本是高技术专利，公司很快实现了财富的积累，也聚集了大量高技术人才，目前Cisco全球有两万多名员工。1999年Cisco营业额121亿美元。Cisco成为全球领先的网络解决方案供应商。

1994年，Cisco开始在中国成立代表处，目前在中国的思科系统（中国）网络技术有限公司已经有员工超过了400人。Cisco在中国成立了网络技术实验室，为国内多家网络技术公司和研究所提供网络解决方案的性能测试、ATM宽带交换机的性能测试、千兆位路由光纤传输和虚拟局域网的性能评估测试。这是Cisco在全球的第三个大型实验室，也是其在亚洲最大的网络实验室。Cisco几乎参加了中国所有大型网络项目的建设。Cisco一词源自旧金山的英文名San Francisco的尾词，公司标志灵感来自美国金门大桥形象，寓意Cisco通过网络连接全人类。

1997年Cisco被美国《工业周刊》评为100家管理最佳公司中的第一名；1999年Cisco被评为100家网上最受欢迎的公司第一名；《财富》杂志曾将Cisco列为美国100佳工作场所的第四名。这只是有关Cisco的枯燥数据，当记者进入Cisco公司内部时，发现一个充满全新理念的企业就在我们身边。

招聘总动员：

Cisco的招聘广告是"我们永远在雇人"。对优秀人才Cisco永远有兴趣。在因特网世界里，最关键的是人才的取得和保留。Cisco在因特网领域走得非常快，以至于整个业界人才的供应跟不上Cisco成长的速度。

第3章 员工招聘计划

全面招聘：

Cisco的招聘方式是全面撒网，报纸招聘广告、网站、猎头、人才招聘会等都用上，面对Cisco每年60%的增长速度对人才张开的巨口，这些方式都显得不够得力。人力总监头痛的问题是"招聘广告试过不成功，网站不成功，原因是这些方式非常开放，没有定向目标。上海有一个网络招聘的公司说他们有一个过滤的程序，能够将许多不合要求的求职者挡在外面，但我们还没有试过。好的方式还没有，所以是摸着石头过河"。Cisco经常到IT界专门的人才会议中做人才资源收集工作。对Cisco最有效的方式是用"猎头"公司，这样的成本很高，但是面对大量高技术人才缺乏的情况，Cisco还是有大概40%的员工是"猎头"公司找来的，Cisco用猎头公司招人是从上到下不分职位。Cisco还有大概10%的应聘者是通过员工互相介绍进来的，Cisco有一项特别的鼓励机制，鼓励员工介绍他人加入Cisco，方式有点像航空公司累积旅程。Cisco的规定是介绍一个人来面试就为介绍人积累一个点数，每过一道面试关又有一个点数，如果被介绍人最后被Cisco雇用，则有事成的奖金，这些点数最后累积抵消海外旅游的奖励。这是Cisco创造性的做法，让所有员工都成为"猎头"代理，有合适的人一定会被介绍到公司来。

进入学校培养员工：

Cisco的发展速度要求员工能够自己很快独当一面，所以对应届毕业生使用得比较少。Cisco从1999年开始在一些大学设立虚拟的网络学院（Networking Academy），通过提供一些设备和课程，让学生熟悉网络环境，而且对学生进行笔试的思科网络工程师认证，让学生对因特网有基本的了解。Cisco在通过了这一关的学生中挑选一些做见习员工。另外Cisco也在学校开始一些助理工程师的培养，这些学生经过半年到一年的培养，可以成为Cisco正式的工程师。Cisco公司1999年招了150人，应聘的人很多，但是成功率非常低。

人人都需领导素质：

Cisco招聘的员工，除了要求其具备基本条件外，还要求其有领导的特质。因为在Cisco，每一名员工都是一个单兵作战的单位。例如，Cisco的系统工程师，不只是简单地设计产品规格，可能还要到客户那里做报告，需要较强的表达能力。所以Cisco在招聘时考虑应聘者的综合素质，需要有领导的特质和专业精神，对工作的需要和客户的需要都能有敏锐的反应。Cisco的业务不是做一次买卖，而是与客户建立一种长久的关系，需要员工能够感觉客户的需要就是Cisco的需要，这样的敏感度和成熟度必须反映到每个人的身上。行政部门人员也要为他人提供好的服务。

到Cisco应聘主要是通过面谈。招聘的大致经历是首先挑选简历，然后用人部门直接安排时间与应聘者面谈，一位应聘者进入Cisco一般要跟5～8个人交谈，应聘任何职务都要经过这个过程。

一票否决制：

1999年Cisco向员工推出一项培训，教会招聘者专业的面谈技巧，所有的雇人经理都要学习这个课程。如果之前学过，也要不断复习，目的是让招聘者保持敏感度。在面试的过程中，应聘者需要通过很多项目的交谈，每位负责招聘的人有一份面谈记录，每个人与应试者面谈后最后有一个评价，Cisco用的是全体通过制，假如在八个负责招聘的人中，如果有一个人说"NO"，那么应聘者就没有机会被录用。

反问面试员：

Cisco非常重视面谈的开始和结束，Cisco强调面试人员需要接受完整的培训课程。招聘者不只是懂得问什么问题，还要为应聘者提供一个愉快的环境，让应聘者不要等得太久。面试员的一个责任是在面试程序上做总结，所有面试员面试结束后向应聘者征求意见，看自己有什么环节做得不好。如果应聘者多次对招聘人员提出的意见在某些方面都是一致的，如说等候时间太长，Cisco内部会针对应聘者提出的问题做修正。Cisco美国公司做得更细致，对应聘者进行电话跟踪，并附给他们正式表格，请应聘者谈谈对上次面试的看法，这样公司才能真正监督自己的招聘工作。

【思考题】

1. 讨论Cisco招聘策略的特点。
2. 你认为Cisco的招聘策略是成功的吗？如果是成功的，为什么能取得成功？假如你是人力资源总监，你的改进措施是什么？

第4章 员工招聘渠道

学习目标

学习完本章后，你应该能够：
- 了解招聘渠道的分类；
- 掌握确定招聘渠道的方法；
- 了解内部招聘的途径；
- 掌握内部招聘的原则；
- 理解外部招聘的方法；
- 掌握网络招聘的方式和步骤。

 导入案例

从内部提拔还是从外部招募——这是个问题

宏利钢管有限公司最近几年在物色中层管理干部的问题上陷入了两难的困境。该公司的主要业务是制造和销售各类水煤气管，目前重组成了两个新工艺制造部门，高层管理者相信这些部门经理有必要了解生产线和生产过程，因为许多管理决策需在此基础上做出，公司一直严格地从内部提升中层干部。但后来发现这些从基层提升到中层管理职位的员工缺乏新职位相关的知识和技能。

于是，公司决定从外部招募，尤其是那些工商管理专业的优等生。通过一个"猎头"服务机构，公司得到了许多受过良好工商管理专业训练的毕业生作为候选人，从中录用了一些，先放在基层管理职位，以备经过一阶段锻炼后提升为中层管理人员。但在两年之中，所有的这些人都离开了该公司。

公司只好又采取以前的政策，从内部提拔，但又遇到了与过去同样素质欠佳的老问题。几个重要职位的中层管理人员即将退休，亟待有称职的后继者填补这些空缺。面对这些问题，公司想到请咨询顾问来出些主意。

（资料来源：冉斌，李雪松．人是最重要的：员工招聘六步法．北京：中国经济出版社，2004．）

4.1 招聘渠道概述

4.1.1 招聘渠道的分类与选择

1. 招聘渠道分类

招聘渠道是获取职位候选人的途径。一般来说,招聘渠道可以分为两类:内部招聘渠道和外部招聘渠道。在每一类招聘渠道中,又有许多不同的细分渠道。不同的招聘渠道能够满足组织对人才的不同需要,组织在招聘的过程中应具体问题具体分析,根据组织的需要确定招聘渠道。

2. 选择人才招聘渠道需考虑的因素

在选择人才内部招聘渠道还是外部招聘渠道时,通常需要考虑的因素主要有以下六个方面。

1)组织经营战略

当组织处于发展阶段,根据未来发展战略和业务拓展的要求,需要大量人才,此时内部招聘已无法满足需求,因而应采取外部招聘的方式获得人才。若组织采取的是稳定型战略,在出现空缺职位时,从外部招聘可能会增加较多的人工成本,如内部有较合适的人选,则应从内部招聘。

2)组织现有的人力资源状况

如果空缺职位比较重要,组织内现有人员少,没有合适人选,又暂时没有可培养的对象,或者有培养对象但培养所需成本较高时,可以从外部招聘。如果现有人员中有可培养的对象且培养的成本不高,则可通过内部招聘填补空缺。

3)招聘的目的

招聘的目的不同,招聘渠道也有所不同。有的企业招聘是为了找到合适的人来填补空缺,而有的企业招聘是希望通过招聘增加企业的新鲜血液,提高员工的积极性,转变经营观念和工作方式,改变工作态度和行为,因此要根据不同的招聘目的采用不同的招聘渠道。

4)人工成本

当空缺的是高级职位时,外聘人员可能要价很高。在这种情况下,从组织长远的发展角度以及外聘人员的贡献与作用看,更适宜外聘;但是,倘若组织规模较小,短期内担负不起这种高人工成本时,组织则适宜从内部寻找合适人选。

5)领导的用人风格

领导的用人风格对一个组织的招聘渠道的选择有着很大的影响,有的组织领导人倾向于外部引进,而有的组织领导人则倾向于内部培养。

6)组织所处的外部环境

组织所处的外部环境主要包括人才市场的建立与完善状况、行业薪资水平、就业政策与保障法规、区域人才供给状况、人才信用状况等。这些环境因素决定了组织能否从外部招聘到合适的人选。若组织所处区域的人才市场发达,政策与法规健全,有充足的人才供给，人才信用良好，在不考虑其他因素的情况下，外部招聘不仅能获得理想的人选，且方便快捷；反之，则宜从内部选拔培养，这样既可以节约招聘成本，又可以避免招聘风险。

4.1.2 常见的招聘渠道

1. 现场招聘

现场招聘是一种企业和人才通过第三方提供的场地，进行直接面对面对话，现场完成招聘面试的一种方式。现场招聘一般包括招聘会及人才市场两种方式。

招聘会一般由政府及人才介绍机构发起和组织，较为正规，同时，大部分招聘会具有特定的主题，如"应届毕业生专场"、"研究生学历人才专场"或"IT类人才专场"等，通过这种毕业时间、学历层次、知识结构等的区分，企业可以很方便地选择适合的专场设置招聘摊位进行招聘。对于这种招聘会，组织机构一般会先对入会应聘者进行资格的审核，这种初步筛选，节省了企业大量的时间，方便企业对应聘者进行更加深入的考核。但是目标人群的细分方便了企业的同时，也带来一定的局限性，如果企业需要同时招聘几种人才，那么就要参加几场不同的招聘会，这在另一方面也提高了企业的招聘成本。

人才市场与招聘会相似，但是招聘会一般为短期集中式，且举办地点一般为临时选定的体育馆或者大型的广场，而人才市场则是长期分散式，同时地点也相对固定。因此对于一些需要进行长期招聘的职位，企业可以选择人才市场这种招聘渠道。

现场招聘的方式不仅可以节省企业初次筛选简历的时间成本，同时简历的有效性也较高，而且相比其他方式，它所需的费用较少。但是现场招聘也存在一定的局限，首先是地域性，现场招聘一般只能吸引到所在城市及周边地区的应聘者。其次这种方式也会受到组织单位的宣传力度以及组织形式的影响。

2. 网络招聘

网络招聘一般包括企业在网上发布招聘信息甚至进行简历筛选、笔试、面试。企业通常可以通过两种方式进行网络招聘，一是在企业自身网站上发布招聘信息，搭建招聘系统；二是与专业招聘网站合作，如中华英才网、前程无忧、一览英才网、智联招聘等，通过这些网站发布招聘信息，利用专业网站已有的系统进行招聘活动。

网络招聘没有地域限制，受众人数多，覆盖面广，而且时效较长，可以在较短时间内获取大量应聘者信息，但是随之而来的是其中充斥着许多虚假信息和无用信息，因此网络招聘对简历筛选的要求比较高。

3. 校园招聘

校园招聘是许多企业采用的一种招聘渠道，企业到学校张贴海报，进行宣讲会，吸引即将毕业的学生前来应聘。对于部分优秀的学生，可以由学校推荐，对于一些较为特殊的职位也可通过学校委托培养后，企业直接录用。

通过校园招聘的学生可塑性较强,干劲充足。但是这些学生没有实际工作经验,需要进行一定的培训才能真正开始工作,且不少学生由于刚步入社会,对自己定位还不清楚,工作的流动性也可能较大。

4. 传统媒体广告

在报纸杂志、电视和电台等载体上刊登、播放招聘信息,受众面广,收效快,过程简单,一般会收到较多的应聘资料,同时也对企业起到一定的宣传作用。通过这一渠道应聘的人员分布广泛,但高级人才很少采用这种求职方式,所以招聘中基层和技术职位的员工比较适用。同时该渠道的效果同样会受到广告载体的影响力、覆盖面和时效性的影响。

5. 人才介绍机构

这种机构一方面为企业寻找人才,另一方面也帮助人才找到合适的雇主。一般包括针对中低端人才的职业介绍机构以及针对高端人才的猎头公司。企业通过这种方式招聘是最为便捷的,因为企业只需把招聘需求提交给人才介绍机构,人才介绍机构就会根据自身掌握的资源和信息寻找与考核人才,并将合适的人员推荐给企业。但是这种方式所需的费用也相对较高,"猎头"公司一般会收取人才年薪的10%～30%作为"猎头"费用。

6. 内部招聘

内部招聘是指公司将职位空缺向员工公布并鼓励员工竞争上岗,例如中国移动通信集团公司就采用这种招聘方式。对于大型企业来说,进行内部招聘有助于增强员工的流动性,同时由于员工可以通过竞聘得到晋升或者换岗,因此这也是一种有效的激励手段,可以提高员工的满意度,留住人才。内部招聘的人才一般对公司和业务已经比较了解,因此可以较快进入新角色,不需要公司大量的培训成本。但是这种方式也有一定的缺点,如果企业过多地使用内部招聘,企业将缺乏新观点新视角的加入,员工存在一定的思维惯性,缺少活力。

7. 员工推荐

企业可以通过员工推荐其亲戚朋友来应聘公司的职位,这种招聘方式最大的优点是企业和应聘者双方掌握的信息较为对称。介绍人会将应聘者真实的情况向企业介绍,节省了企业对应聘者进行真实性考察的时间,同时应聘者也可以通过介绍人了解企业各方面的内部情况,从而做出理性选择。目前已经有许多企业采用这种招聘方式,如高露洁棕榄有限公司就鼓励员工推荐并设置了激励手段,如果应聘者被录取,介绍人将会得到一定的奖金。但采用该渠道时也应注意一定的负面影响:公司内部员工或中高层领导为了栽培其个人在公司的势力,在公司重要岗位安排自己的亲信,形成小团体,这会影响公司正常的组织架构和业务运作。

4.2 内部招聘

4.2.1 内部招聘的概念与途径

1. 内部招聘

内部招聘，即通过内部各种渠道来寻找合适的候选人。当组织出现职位空缺时，在组织内部通过各种方式向全体职工公开职位空缺的信息，并招募具备条件的合适人选来填补空缺，这种方式是从组织内部现有的员工中招聘组织现在需要的或未来需要的人员。相对来说，内部资源包括组织现有的员工、组织以前的员工、员工的朋友以及以前的应聘者。实际上，企业中绝大多数工作岗位的空缺是由公司的现有员工填充的，因此企业内部是组织最大的招聘来源。海尔集团的"求才"也主要是通过内部招聘获得的。据统计，20世纪中叶，美国有50％的管理职位是由公司内部人员填补的，而进入20世纪90年代以后，这一比例上升到90％以上。

2. 内部招聘的途径

1) 内部晋升

内部晋升是一种用现有员工来填补高于其原级别职位空缺的政策。内部晋升政策给员工提供更多的发展机会，从而使其对组织产生献身精神。大多数员工在其职业生涯中主要考虑的是组织能够在多大程度上帮助自己实现个人的职业目标。因此，内部晋升制度在增加员工忠诚度及留住人才的措施中是处于中心地位的。许多对员工有高度认同感的组织，都有综合性的内部晋升规划，而那些与富有献身精神的员工紧密联系在一起的组织更具有完善的内部晋升政策。世界上最大的日用品公司之一的宝洁公司，已有170多年的历史。宝洁公司成功的一个秘诀就是拥有完善的内部晋升制度，也就是说其所有的高级员工基本上都是从内部晋升的。

2) 岗位调换与轮换

工作调换也称"平调"，是指在职务级别不变的情况下，调换内部员工的工作岗位以扩展其工作经验的一种方法。工作调换可以向员工提供从事组织内多种相关工作的机会，为员工今后提升到更高一层职位做好准备。例如，在日本丰田公司的人事劳动管理制度中，把管理人员和工人都放在同一待遇的体系中，公平竞争，在职务晋升、福利等一切待遇上完全一样。丰田公司把员工实践能力作为选拔的基本标准，并以工作调换的方式开发培养，对各级管理人员采取五年调换一次工作的方式进行重点人才培养，通过几年的调换，使其全面掌握各方面的知识，逐步成为一名全面的管理人才。又如，玛丽·凯化妆品公司如果发现有员工难以胜任工作时，就会为他们找出适合他们的工作，并帮他们调换工作。虽然这样需要花费不少精力，但他们却认为这是公司的责任："凡是加入玛丽·凯化妆品公司的人都应当受到无微不至的爱护和关照，使他们在公司中充分发挥自己的才干。"

当内部调用进行不止一次时，就形成岗位轮换。岗位轮换也称工作轮换，是指人员在企业内部不同的部门间更换工作，每隔一段时间更换一个部门，学习各种专业技能。轮换相对于调换通常是短期的。它既可使有潜力的员工在各方面积累经验,为晋升做准备,又可减少员工因长期从事某项工作而带来的枯燥、无聊感,在一定程度上消除了专业分工过细带来的弊端,同时,也有利于员工克服狭隘的部门观点,培养员工在部门之间横向协调的能力,并逐步树立系统的全局观念。联合利华公司实行的储备干部计划、阶段性的岗位轮换,让他们在各部门的工作中积累经验,并且提高工作能力,这便于为他们安排适当的工作岗位。还有一些公司在岗位轮换过程中,给予员工自由选择岗位的权力,即在岗位即将轮换时,允许员工选择是留在该职位还是继续轮换下去。如果员工认为自己特别适合或特别喜欢某职位,他可以留下,发挥自己的特长和潜力。这种比较灵活的工作轮换方式受到员工的普遍欢迎,他们认为,自由选择的权力带给他们较高的工作满意度。

3)返聘

返聘也称重新聘用,它是指组织将解雇、提前退休、已退休或失业的员工再召回组织工作。这些人可能是由于某种客观原因(如组织机构变革或达到退休年龄)而不得不离开工作岗位,但是他们仍然具备劳动工作能力。他们对组织和工作已相当熟悉,有一定技能,所以,不需要过多的培训。例如,学校里许多有能力、有学识的老教师或老教授尽管已经退休,但是,由于他们在某方面具有特殊的能力或在某领域研究成果丰富而被学校返聘继续担任教师或从事某项科研工作。由于他们经验丰富、学识广博,他们的成就得到了学校和社会的肯定,则能继续为社会创造知识财富。我国目前存在着严重的灰领人才短缺现象。例如,浙江一家企业曾以年薪70万元从日本请来一名已经退休的高级技工。通过这种方式吸收的人员,不仅使返聘人员在工作上表现出很强的归属感,而且还会为组织的发展贡献全力。

当然,采用这一渠道的原因往往是组织的经济原因。例如,我国的国有企业人浮于事的现象较为普遍,这对企业整体生产效率的提高非常不利,因此,减员增效、裁减冗员是正常现象,这是当前经济形势的发展所决定的。若组织经济状况已经变好,就会考虑重新聘用下岗人员。而经历过失业的痛苦后,下岗人员会珍惜这次宝贵的就业机会,改变以往的工作态度,工作积极性也会大为增强,最终将自己的工作效率提高上去。但是,如果组织用优厚的物质待遇吸引返聘者,也会加大企业的人工成本。

 案例链接

GE 接班人的内部选拔

韦尔奇的伟大之处,不仅在于对通用电气公司的管理革命,还在于如何选择接班人。

在选接班人这方面,韦尔奇坚持应从公司内部选择,并为此做了不懈的努力。

早在1994年6月,韦尔奇就开始与董事会一道着手遴选接班人的工作,而且几乎事必躬亲。在秘密敲定十几位候选人名单后,他会经常性地安排他们与董事会成员打高尔夫球,或聚餐跳舞,让董事们对其有更多的感性认识。娱乐活动轻松活泼,看似不经意,但座次安排、组合配对等细节都是韦尔奇亲自安排的。当然,对候选人也有多种明察暗访的考核。

经过六年零五个月的筛选,最后三名候选人是詹姆斯·麦克纳尼、罗伯特·纳尔代利、杰弗里·伊梅尔特,他们分别是通用电气公司下属飞机发动机、电气涡轮机、医疗设备业务的负责人,各自在辛辛那提、奥尔巴尼、南卡罗来纳办公。此前他们隐约知道自己是候选人之一,但并不知道还有多少竞争对手,因而并没有面对面的竞争机会,一直保持良好的同人与朋友关系。这正是韦尔奇所需要的。在宣布接班人之前的感恩节周末,韦尔奇行踪显得有些诡秘。

周五,他邀请伊梅尔特和妻儿从南卡罗来纳飞到自己在佛罗里达棕榈滩的寓所共度感恩节,但并不让他乘坐通用电气公司的飞机,而是搭乘一架与其他公司合用的商务飞机绕一圈后才到达佛罗里达,以避免公司内部人员的议论。韦尔奇与伊梅尔特在周六谈了一整天,晚餐就在韦尔奇家中进行。周日上午,伊梅尔特一家坐上一架与他人合用的商务飞机直奔纽约。下午,韦尔奇通知自己的飞行员改变飞往纽约的计划,改飞辛辛那提。在雨夜中着陆后,韦尔奇在飞机库一个隐秘的房间里,与詹姆斯·麦克纳尼详谈了一会儿。回到飞机上后,他再次令飞行员惊奇,还不能去纽约,先去奥尔巴尼。同样是在飞机库的休息室里,韦尔奇与罗伯特·纳尔代利见了面,并交谈了一阵。晚上 10 点,韦尔奇终于飞到纽约。

周一上午 8 点,通用电气公司在纽约宣布,44 岁的杰弗里·伊梅尔特将成为全世界最有价值的公司下任 CEO。

三周后,在通用电气公司董事、高级主管及配偶于曼哈顿通用电气"彩虹室"聚餐和跳舞时,麦克纳尼和纳尔代利与伊梅尔特一样,得到大家的起立鼓掌。

4.2.2 内部招聘的一般原则与适用性

1. 内部招聘的一般原则

1) 公平竞争原则

企业的内部招聘,其实质是企业内部的一种合理竞争。企业应该为各类人才的公平竞争创造必要的平台,所以,内部招聘的信息覆盖面应该是整个组织内部的全体员工,让每一个人都清楚空缺职位的招聘条件、要求、时间等,从而使所有符合招聘条件的员工都有获得该职位的机会。只有这样,才能真正加强组织内部的活力,提高工作效率。

2) 任人唯贤原则

"贤"是人才的客观标准,"任"是主观上对人才使用做出的决策。选任贤人,才能保证合格的优秀人才有适合其发挥才干的岗位和机会。

3) 激励原则

无论是通过何种途径招聘,都应该让广大员工认识到,不断提高自己的工作能力将会获得更好的工作机会,从而调动员工的工作积极性。

4) 合理安排原则

经过审查、考核和筛选,安排最合适的人选到空缺的职位,使其能够充分发挥自己的特长,确保其胜任这项工作。如果员工在新的职位上不能取得比原有职位更高的工作效率和绩效,那就意味着这是一次不成功的内部招聘,同时也无法调动其本人和其他员工的工作积极性。

2. 内部招聘的适用性

1) 内部人力资源储备雄厚

企业内部有比较雄厚的人力资源储备。也就是说,企业可以通过内部平调或职位升迁等办法解决职位空缺的问题。随着人才市场竞争的日趋激烈,许多大型企业都设立了自己的人才储备库,一旦职位出现空缺,就能够有足够的人才迅速填补空缺职位,从而尽量减少不必要的损失。

2)选拔重要的管理人员

适用于企业内重要管理人才的选拔。一般来说,企业对重要管理人才的选拔,大多通过企业内部招聘的方式解决。这样做的好处是,一方面,企业内部人员比较熟悉企业经营战略和企业文化,能够迅速适应岗位需求,从而降低风险;另一方面,通过内部招聘也可以加强组织内部成员的积极性、主动性和创造性,使企业内部形成一种良好的竞争氛围。

3)对内部人力资源进行合理筹备

企业对其内部的人力资源已经进行了比较合理的筹备,从目前国际人力资源管理的流行趋势看,建立人才储备库已经成为大型企业人才管理的必然趋势。人才的竞争,尤其是高级人员的竞争,已经到了一种非常残酷的地步。企业解决人力资源问题可以利用自己的人才库,只要对人力资源进行了比较合理的筹备,企业内部的人力资源就相对比较丰富。

4)适合企业自身需要

企业内部的人才通常较为适合本企业自身需要。如果企业内部的人才比较富裕,而且能力能够达到企业发展的要求,那么利用内部招聘的方式也就比较理想。

 案例链接

艾科公司人才的内部提拔

艾科公司的全球使命是"努力成为世界上最优秀的石油公司,为股东进行稳健的投资、提供丰厚的回报"。公司对"最优秀"的定义是指最佳的营利能力。要获取最佳的营利能力,就必须在各个业务领域均做到低成本、高效率地运作。

艾科公司在经理人的培养上给予了其他公司不能比拟的重视。遵循艾科公司总部重视对内部员工的培养和提拔的传统,在中国的各个分公司,所有一线、中级管理职位都是尽量选拔公司内部的人员来担任。公司遵照个人的能力倾向挑选发展机会,一般包括:①短期派往其他国家工作,目的是培养该员工对跨国文化带来的问题的处理能力,以及培养跨国管理经验和视野;②特别项目,公司往往会指定这些管理人才去做一些新的、极其困难的项目,如在越南开设油站的市场调查、财务控制新系统的推广等,以锻炼该员工在面临困境和复杂的新环境时的领导能力;③集中培训,公司对于高潜质员工有专门的培训方案,如对区域总经理的培训项目包括"跨文化管理"、"将变化转化为效益"、"对非财务经理的财务培训",对即将担任总部高级职位的员工的培训项目包括"全球管理经理的研讨会"和"国际化经理培训"等。

4.2.3 内部招聘的优缺点

1. 内部招聘的优点

(1) 有利于鼓舞士气,调动内部员工的积极性和提高员工的忠诚度。内部招聘使员工认识到,只要在工作中不断提高能力、丰富知识,就有可能被提升,担任更重要的工作。这种职业生涯中的个人发展对每个人都是非常重要的。得到升迁的员工会认为自己的才干得到组织的承认。因此,他的积极性和绩效都会提高。内部员工如果在招聘中获得新的发展机会,这就使他们坚信只要忠诚于组织,只要全心全意为组织服务,就一定会得到晋升和提拔，从而提高他们工作的积极性、主动性和创造性。这样，不仅可以避免因新员工和内部员工有冲突而导致内部员工产生抵触情绪的现象，而且有利于整个组织在人才的任用上实现良性循环。

（2）内部招聘有利于保证招聘工作的公正和客观，提高招聘质量。由于拥有组织中人员翔实可靠的资料，对候选人的优缺点有较为深入的了解，能较为准确地判断其是否适合新的工作，且候选人在企业中工作的经历越长，企业越有可能对其做出全面考查和客观评估，这样，就可以有效地减少招聘工作中的失误。

（3）有利于使被聘者迅速展开工作。组织内成员对组织尤其是组织的文化比较熟悉，对空缺职位的职责、要求也比较了解，因而能够较快地胜任工作，工作起来要比外聘者更加得心应手，从而在工作中能够迅速打开局面。

（4）有利于充分利用内部资源。内部招聘使组织对人才处于动态组合中，使人才得到锻炼和成长。在组织内部，员工的使用不是一次性的结果，而应该是根据组织的需要和个人的成长状况不断地进行动态组合。在这个过程中，工作变动使员工在不同的岗位中得到锻炼，竞争的压力促使员工重视自身知识的丰富和能力的加强，这将最终使组织的整体人才素质不断得到提高。

（5）可以节省开支。内部招聘不仅为组织节约了外部招聘所需要的大量广告费、招聘人员餐旅费以及招聘机构代理费等直接的开支，而且，还节约了新员工上岗培训费和熟悉组织等方面的花费。

2. 内部招聘的缺点

（1）易造成"近亲繁殖"。内部员工在推荐人选时往往推荐与自己关系密切的人，时间长了，员工中会出现一些小团体和裙带关系，这不仅使所选拔的人不能胜任实际工作，而且还会助长在组织内拉帮结派、各自为政的不良倾向。这会给组织的管理带来很大的困难，从而不利于文化的融合和工作的开展。

（2）易产生内部争斗。有时，一名优秀的员工可能会被几个部门竞争。有的部门经理比较受人欢迎，员工也会倾向于到他所在的部门。由于职位之间待遇上的差别，员工会选择薪资高的职位。因此，内部招聘可能会带来不稳定的因素。而且，应聘者通常认为自己已经具备了担任该职务的能力，在这种情况下，一旦落选，难免会产生挫折感和失落感，进而会降低员工的工作积极性并产生疏远组织的情绪。

（3）缺乏创新。内部招聘使人员流动仅发生在组织内部，容易形成组织自我封闭的局面。组织长期雇佣同一员工在同一群体工作，可能形成思维和行为定式，出现员工墨守成规、跳不出以前工作模式的圈子的情况，创新的意见易被习惯性的做法所压制，使组织缺乏应有的活力。而不断创新则是组织生存与发展不可缺少的因素。

（4）选择范围有限。从内部招聘到的人可能只是组织中最合适的人，却并非一定是最适合职位的人。在组织中存在较多的主管空缺职位，而组织内部的主管人才储备只是在量上能满足需要，在质上却不符合职务要求时，如果仍然坚持从内部招聘，就将会使组织失去得到一流人才的机会，又会使不称职的人占据主管职位。这对组织活动的正常进行以及组织的发展是极为不利的。

案例链接

内部招聘请防范"士气危机"

小张和小王同一天进入了心仪已久的 J 公司的质检部。由于进入了各自梦寐以求的企业，小张和小王都兴奋不已，在正式工作后，他们总是干劲十足，工作满意度较高，而且也为公司解决了不少质检技术和管理上的难题。尤其值得一提的是，一次供应商在傍晚时送来了一车货物，眼看要下班了。质检组长意欲将其"免检"好早点下班。而小张和小王却坚持要抽样检查，结果抽样合格率很低，达到了公司退货的标准。

看到这样的结果，组长惊出了一身冷汗，并连忙感谢小张和小王。对此，质检部也受到了公司领导的表扬。一年后，由于公司业务扩大，决定从企业内部招聘一名采购经理助理。质检部将小张和小王同时推荐上去。凭借二人对公司采购物品十分了解的优势和质检部经理的大力推荐，二人很快成为该岗位的热门人选。最后经过重重选拔，小张成功地成为该岗位的录用者，各方都对这次招聘表示满意。然而一个月后，小王却带着困惑离开了心仪已久的公司，小张也在新的岗位上情绪低落，原来高涨的工作热情消失得荡然无存。

（资料来源：http://blog.hr.com.cn/?acticle-viewknowledge-itenid-128216）

4.3 外部招聘

4.3.1 外部招聘的概念与原则

1. 外部招聘的含义

外部招聘，即面向组织外部征集应聘者以获取人力资源的过程，是组织根据自身发展的需要，向外部发布招聘信息，并对应聘者进行有关的测试、考核、评定及一定时期的试用，综合考虑其各方面条件之后决定企业的聘用对象的常用方式。简而言之，就是从组织外部招聘组织所需要的人员。组织进行外部招聘的主要原因是企业的产品或技术更新换代速度快，来不及在组织内部培养适用人才；组织内出现职位空缺而组织内部缺乏胜任者；或者出于其他考虑需要在更大范围内选拔更优秀的人才。

2. 外部招聘的来源

组织外部招聘的来源主要是高等院校应届毕业生、竞争对手或其他公司以及相应的人才服务机构、劳动就业中心等。

3. 外部招聘的一般原则

1) 公平和公正原则

外部招聘的对象是招聘信息的接受者，面对众多的应聘者，公平是重要的原则。应该给每一位应聘者以平等地展示自己的机会，实现公平竞争，使真正有能力的候选人不会因为一些外界人为因素的影响而失去获得该职位的机会。这就对招聘人员提出了更高的要求,他们必须排除一些世俗偏见、个人成见、性别歧视等因素的影响,在招聘的过程中真正做到公正和公平。

2)适用原则

招聘人员应熟悉所招聘职位的工作性质、工作职责、能力要求等情况,并根据这些具体条件,认真选择合适的工作人选,使所招聘的人员真正适合并胜任这项工作。在实际招聘过程中,所聘用的人员并不具备担任该职位能力的现象时有发生。此外,还有一种招聘现象也不容忽视,即许多组织在招聘过程中出现的人才"高消费"现象,不少组织的招聘广告动辄提出仅招聘本科及研究生以上学历人员的高标准,使许多有实际工作能力和经验但没有正式文凭的人才对组织招聘的高门槛望而却步。与此同时,组织在招聘中对应聘者的期望过高,录用了能力超出职位要求很高的优秀人才,虽然在短期内会使组织获益,但结果却是该人才很快感到这个职位并不能够提供其个人发展空间,而期望在该组织外部寻求更好的发展机会,从而产生人员流动速度过快、频率过高的情况,这无疑会加大企业招聘的工作量和难度,并增加组织的员工招聘、培训和录用费用。

3)真实、客观原则

组织在进行外部招聘的过程中,面对的是对本组织并不熟悉的外部应聘者。招聘人员要真实、客观地向应聘者介绍组织的情况,即在招聘时,向应聘者提供全面的信息。这有助于应聘者与组织形成正确的心理契约。习惯上,用人单位往往倾向于把自己的组织描述得非常好,以吸引更多的人来应聘,但是,这种做法通常会使应聘者期望值过高,容易产生失望和不满情绪,甚至有上当受骗的感觉,使得新进人员的保持率低;而如果一开始就注重现实的工作目标,向应聘者介绍有关组织好的一面,也介绍可能存在的问题,就会使应聘者对工作产生一种真实的想法,从而在实际工作中产生满足感,这样会降低人员流动率。

4)沟通与服务原则

外部招聘是组织与外部的互动过程。通过信息的双向流动,组织在获取应聘者个人信息的同时,也向应聘者传递了组织的相关信息,实现组织内部与外界的双向沟通。此外,招聘过程也是招聘人员向应聘者提供咨询服务的过程,招聘人员向外界传递的相关信息,直接关系着该组织的形象。这些信息不仅包括组织的内部结构、部门设置等硬件设施和组织文化、经营理念、发展潜力等软件配置,还应该能够从招聘人员的形象、谈吐、待人接物等方面反映出该组织对其成员素质的培养和人格的塑造,从而使应聘者即使不能签约,也能够对组织产生深刻印象。

4.3.2 外部招聘的方法

1. 员工举荐

员工举荐是一种组织内部员工举荐新员工的招聘方法。这种方法建立在组织员工对空缺职位说明以及被推荐人均有深入了解的基础之上。由于员工对组织的情况较为熟悉,因而他就会了解组织需要什么样的人才,什么样的人才更适合在组织担任该职位,同时,员工对被推荐人情况掌握得也比较全面,在推荐时就比较有把握。需要指出的是,向组织举荐新员工并不局限于组织现有的内部人员。组织的关系单位、上级部门、所在地区或同行业协会都可作为举荐人。

这种做法有利于节约人才招聘成本，有利于保证举荐人才的质量。这是因为，举荐者出于维护企业利益、对企业负责以及个人收益方面的考虑，会根据组织的要求和候选人的条件，在自己心目中进行多次筛选。

2. 广告招聘

广告招聘是指通广播、报纸、杂志、电视等新闻媒体面向社会大众传播招聘信息，通过详细的工作介绍和资格限制吸引潜在的应聘者。广告招聘对任何职务都适用，它是现代社会非常普遍的一种招聘方式。

3. 中介机构

人才中介机构是指那些为用人单位寻找合适的职业候选人，也为求职者寻找工作机会的服务性机构。人才中介机构的具体形式有两种。

第一，各级劳务市场。职业介绍所这些机构提供的一般是非技术性或技术性不强的劳动力服务，所涉及的职业如保姆、钟点工、营业员和服务员等，还可以为企业提供临时雇用的员工。使用劳务市场进行招聘的特点是职业介绍机构的应聘者范围较广，不易形成裙带关系；招聘的过程较短；招聘的针对性较强；能为选拔工作提供多种多样的人才资源。

第二，各级各类人才市场。随着现代人才需求量的增加，各种人才市场越来越成为供职者和求职者满足各自需要不可缺少的中间环节。就我国目前的情况来看，人才和劳动力市场一般是由政府人事、劳动部门主办的事业性服务机构；人才市场还定期或不定期地举办招聘会，或举办专门人才专场。

4. "猎头"公司

猎头公司是英文单词 head hunter 的中文翻译，它是适应组织对高层次人才的需求和高级人才对满意职位的渴望而发展起来的。这种性质的组织机构与中介机构之间的区别在于中介机构是"为人寻找工作"，而猎头公司则是"为工作物色人"。可见，在工作内容、工作性质和工作目的方面，猎头公司确实与中介机构有所不同：它不是为求职者牵线搭桥，而是促使成功的人士另攀高枝。所以，猎头公司通常会和许多组织建立密切的联系，目的就是帮助组织寻找高级主管，而猎头公司坚信，最佳的候选人就是那些无须寻找工作的人，他们通常就是组织里的"头"，即高级主管。因此，在猎头公司工作的人被称为"猎头者"。在国外，通过猎头公司的服务为公司选拔高层次人才已经非常普遍。近年来在我国，猎头公司亦如雨后春笋般发展起来，同时也有越来越多的组织接受了采用这种方式为自己选择急需的高级人才。

5. 校园招聘

对于现代企业来说，面向校园招聘正式或临时人员是非常普遍的一种方式。现代企业在校园进行招聘的方式越来越多，每年我国都有大量的应届毕业生通过校园招聘的方式走向工作岗位。学校的毕业生工作有活力、有朝气、可塑性强。从目前的发展趋势来看，有实力的企业，大都选择到有关高校举办专场招聘会的形式。企业为了能吸引到更多的优秀毕业生，往往会在第一时间到学校进行宣传、开招聘会，有些企业为了扩大企业影响，常常会通过赞助学校文艺、学术等活动的方式来扩大知名度；有些企业还通过设立奖学金的办法与学校建立长期的稳定关系，使学校成为组织中新员工的主要来源。

6. 网络招聘

网络招聘是近年来随着计算机与通信技术的发展和劳动力市场发展的需要而产生的通过信息网络进行招聘、求职的方法。它是通过在互联网上发行招聘信息，征集应聘者，在网上对应聘者进行筛选、评估、测试等，并经过必要的面试，最终确定组织的招聘对象。由于这种方法信息传播范围广、速度快、成本低，供需双方选择余地大，且不受时间、地域限制，因而被广泛采用。招聘单位、求职者、就业媒体都可以通过信息网络达到目的。

4.3.3 外部招聘的优缺点及适用性

1. 外部招聘的优缺点

组织从外部招聘人员的渠道很多。那些快速成长的组织，或者需要招聘大量有技术的熟练工人或管理才能的员工的组织就需要从外部招聘。

1) 外部招聘的优点

(1) 人员选择范围广泛。从外部找到的人员比内部招聘多得多，不论是从技术、能力，还是数量方面讲都有很大的选择空间。

(2) 外部招聘有利于带来新思想和新方法。外部招聘来的员工会给组织带来"新鲜的空气"，会把新的技能和想法带进组织。这些新思想、新观念、新技术、新方法、新价值观、新的外部关系，使得企业充满活力与生机，能帮助企业用新的方法解决一直困扰组织的问题。这对于需要创新的企业来说就更为关键。在大学里，教职工系统通常是采用外部招聘的方法，因为学术研究需要新的思想和方法，获得博士学位的人很少在授予他学位的学校就职。

(3) 大大节省了培训费用。从外部获得有熟练技术的工人和有管理才能的人的成本往往比内部培训的成本要少，特别是在组织急需这类人才时尤为重要。这种直接的"拿来主义"，不仅节约了培训经费和时间，还节约了获得实践经验所交的"学费"。

2) 外部招聘的缺点

(1) 外部招聘选错人的风险比较大。这是因为外部招聘在吸引、联系和评价员工方面比较困难。

(2) 需要更长的培训和适应阶段。即使是一项对组织来说很简单的工作，员工也需要对组织的人员、程序、政策和组织的特征加以熟悉，而这是需要时间的。

(3) 内部员工可能感到自己被忽视。外部的招聘会影响组织内部认为自己可以胜任空缺职位员工的士气。

(4) 外部招聘可能费时费力。与内部招聘相比，无论是引进高层人才还是中低层人才,都需要相当高的招聘费用,包括招聘人员的费用、广告费、测试费、专家顾问费等。来自外部的员工通常需要比较长的时间了解组织及其产品和服务、同事以及客户,完成这个社会化的过程。虽然候选人可能具备出色的技能、培训经历或经验,并且在其他组织中也干得比较成功,但是这些因素并不能保证其在新组织中得到同样的成功或有能力适应新组织的文化。

2. 外部招聘的适用性

(1) 为组织获取内部不具备的人才。企业为了吸引内部所不具备的高新技术人才或获取内部员工所不具备、不掌握的技术、技能、技巧时,需要从外部招聘。

(2) 引入新思想、新观念。为了获得具备不同背景、不同文化层次,能够为企业提供新思想、新观念的创新型员工时,需要从外部招聘。

(3) 调整人力结构。吸收新生力量和优秀、稀缺的人才,以满足组织长期发展目标的需要。

(4) 扩张业务。当组织处于创业初期或者业务范围、工作领域等加快扩张时,需要从外部引入人才。

人物链接

迈克尔·波特(Michael E. Porter)是当今世界最具影响力的管理学家之一,同时也是当今全球第一战略权威,是商业管理界公认的"竞争战略之父",在2005年世界管理思想家50强排行榜上位居第一。迈克尔·波特在世界管理思想界被誉为"活着的传奇"。

迈克尔·波特认为,战略类型的目标是使企业的经营在产业竞争中高人一筹:在一些产业中,这意味着企业可取得较高的收益;而在另外一些产业中,一种战略的成功可能只是企业在绝对意义上能获取些微收益的必要条件。有时企业追逐的基本目标可能不止一个,但迈克尔·波特认为这种情况实现的可能性是很小的。因为贯彻任何一种战略,通常都需要全力以赴,并且要有一个支持这一战略的组织安排。如果企业的基本目标不止一个,则这些方面的资源将被分散。

(资料来源:img. hr. com. cn/case/003/Michael _ E _ Porter. html.)

4.4 网络招聘

4.4.1 网络招聘的特性

网络招聘,也称在线招聘或者电子招聘,是指利用互联网技术进行的一种全新的招聘方式。网络招聘充分利用互联网技术具有的结构化、个性化、智能化、交互性、无地域性等特征,大大提高了招聘的效率;网络招聘不同于传统的招聘方式,它具备远程服务功能,能够与求职者及时互动,并且不会受到地域的限制。广义的网络招聘不仅包括企业招聘主页的建立、招聘信息的在线发布、电子简历的搜集,还包括应聘流程的在线管理、电子面试以及在线测评等全部依托于互联网技术的内容。

企业有多种渠道可以用来进行招聘,如招聘会、报刊广告、"猎头"、人才中介、员工内部推荐、校园招聘、网络招聘等。其中"猎头"和人才中介可以界定为特殊的招聘方式，即由企业将招聘工作中的信息发布、简历搜集及部分面试工作包给第三方；与普通的招聘方式相比，网络招聘可以定义为新型的招聘方式；除二者外的其他招聘方式则可以定义为传统招聘方式。

我们将从适用特性、成本投入和招聘效果三个方面了解网络招聘的特性。

1. 网络招聘的适用性

各类招聘渠道由于各自的特点不同，在适用岗位等方面有各自的特点，如表4-1所示。

表4-1 各类招聘渠道的特点

渠道类别	适合岗位	特 点	使用建议
大型招聘会	一般职员岗位	投入资源较多，有效周期短	建议在有大量岗位需求时选择合适的大型招聘会
小型招聘会	低端岗位	周期性举办，规模较小	候选人群的区域局限性突出
报纸广告	一般职员岗位	费用较高、有效期短，招聘效果不理想	建议配合区域招聘会使用
中介	低端职位	行业不够规范、可靠性不高	充分了解其可靠性，慎重使用
"猎头"公司	资深专业人员或高端岗位	花费昂贵，招聘周期长，但针对性很强，可以保证招聘效果	主要针对高端管理岗位和稀缺技术人才使用
内部招聘	所有岗位	内部招聘人员对公司的情况比较了解，工作上手快	需要避免人情举荐牵扯过多精力
企业招聘会	一般职员岗位	人力成本较高，有利于应聘人员更好地了解公司，不经常召开	在外部求职者活跃的季节统一组织实施
校园招聘	应聘毕业生	有一定的时效性，大约为每年10~12月	适合一般入门级岗位的招聘
网络广告	高端职业以外的大多数岗位	刊登迅速、简历数量大，刊登周期长	主要有招聘网站、专业网站和门户网站可供选择，对于网站的选择需要仔细甄别

2. 网络招聘的成本

"猎头"公司和人才中介等特殊的招聘方式承担了招聘中的信息发布、简历搜集及部分面试等工作，并且对招聘工作的结果负责，承诺一定的"人才保证期"（即被推荐的候选人在一定时间内离职，"猎头"和人才中介将负责继续推荐候选人或者退还招聘费用）。行业普遍的成本约为候选人年薪的10%~30%，相比之下"猎头"或中介的成本投入最高。

招聘会、校园招聘等方式在空间和地域方面的限制也比较大，前期需要做大量的宣传推广工作,不仅要花费较多的费用,而且会务组织工作往往牵扯企业招聘工作者过多的精力。另外,企业还需要指定专人与候选人进行交流,因此成本也相对较高。

网络招聘的成本涵盖了招聘信息的在线发布、电子简历的搜集,还包括了应聘流程的在线管理,电子面试以及在线测评等全部流程,所以成本也相对较高。但是由于网络招聘的内容包括了全部依托于互联网技术的内容,所以随着网络技术的普及和技术成本的降低,成本下调空间也会逐渐放大。

3. 网络招聘的效果

企业招聘渠道的选择是招聘效果好坏的关键,不同的招聘渠道有各自的招聘特点。

从简历总量看,网络招聘方式获得的简历无疑是最多的。便捷的投递方式可以降低求职者的心理门槛,但是也会造成简历量过大,无效简历过多,投入很多精力用于筛选简历。所以必须辅以简历筛选系统提高效率。

从有效简历比例看,"猎头"和人才中介等特殊的招聘方式成功率无疑是最高的。因为简历初筛的工作已经由第三方提前完成了,但这是以较高的成本为代价。常规渠道与网络招聘相比各有千秋,关键在于信息发布的准确性和所针对岗位的不同。

从成功本身看,"猎头"和人才中介等特殊的招聘方式成功率无疑是最高的,但是"猎头"只针对高端岗位,且招聘周期很长。大量使用"猎头"方式进行招聘,会面临成本方面的巨大压力。而人才中介在满足低端职位方面成功率也比较满意,但是无法满足中高端职位的招聘需求。

从简历的反复利用方面看,网络招聘中的简历便于存储,所以依托于电子简历管理系统,网络招聘的信息管理优势是无可比拟的。甚至网络招聘中的面试评价和测评结果也可以很方便地留存,以备记录和利用。利用网络技术保持与潜在候选人关系的维系,更使网络招聘的效用可以长期显现,并最终达到良好效果。

小贴士

现今网络招聘市场被前程无忧、中华英才网以及智联招聘三分天下,还有其他国内知名招聘网站及众多区域性招聘网站紧随其后,竞争日益激烈,市场风云变幻。从香港上市招聘媒体才库集团投资的1010job 精英招聘网 2007 年撤离大陆市场,以及年后国内网络招聘市场三大巨头其中的两家均表示了2007 年的亏损状况,可以看出,国内招聘网站同质化的产品和服务与用户需求越来越背道而驰,流量不等于质量,市场不等于收益,行业创新,迫在眉睫。

行业细分必将是未来发展趋势。企业对于高层的招聘采用网络招聘效果不好,也是网络招聘的弱势,涌现出了一些"猎头"公司也来参与网络招聘,目前做得好的"猎头"公司大部分集中在上海、深圳、北京。

4.4.2 网络招聘的实施

1. 发布招聘信息

网络招聘信息的发布直接关系到企业招聘的效果情况,选择适当的信息发布渠道就显得尤为重要。

1）利用招聘网站进行职位发布

此方法是企业最为广泛采用的一种招聘方式。通过这种形式，企业可以在人才网站上发布招聘信息，利用招聘网站提供的在线系统收集求职者简历。由于人才网站资料库容量大，日访问量高，加上人才网站收费相对较低，所以很多公司往往会同时在几家网站注册并发布信息。

2）登招聘广告

出于吸引求职者和宣传企业雇主品牌的双重目的，企业往往选择在大型网站上登招聘广告的方式，既可以选择招聘网站（如前程无忧、中华英才网、一览英才网、智联招聘等），也可以选择行业性的专业网站，甚至是大型的综合门户网站（如新浪等）。相比较而言，招聘网站在求职者中具备一定的知名度，但是信息传递面局限在近期主动求职的人群，对在职的中高端专业人群吸引能力有限；专业网站对吸收某一特定专业的人才效果良好，但是由于专业网站信息鱼龙混杂，需要花费大量精力予以鉴别，且信息传递方向较为单一，所以造成广告成本相对较高；大型门户网站的浏览量很大，受众面最广，但是成本最高，往往是品牌推广的效果大于招聘的效果。

3）利用 BBS 发布

BBS 是英语 bulletin board system 的缩写，中文称为电子布告栏，它是网络的热门服务项目之一，只要远端登录，就可享有在远端主机上张贴布告、网上交谈、传送信息等功能。这种方式发布信息的成本几乎为零，但影响力有限，也不利于体现公司的形象。

4）在公司主页发布招聘信息

如果用人单位有实力可以依托企业的网站建立自己的招聘主页，就可以在自己的网站上发布招聘信息，同时将企业文化、人力资源政策以及更多的能让求职者了解的信息发布在主页上。这样既可以达到宣传目的，又能吸引来访问的求职者在了解企业的实际状况后，有针对性地选择应聘岗位，所以招聘人员的质量比较高。公司还可以将在线投递简历应用其中，这样就可以很方便地建立自己的人才储备库，方便查询。从行业分布看，全球500强企业中，100％的保健行业、运输行业、经营批发业企业、98％的制造业企业、97％的消费者行业企业、92％的高科技行业企业、91％的自然资源和公用事业行业企业和90％的金融行业企业都利用公司网站发布招聘信息。

企业不仅可以利用互联网向外发布招聘信息，还可以利用企业内部的局域网对内发布空缺的职位信息，从企业内部选拔人才。这不仅最大限度地节约了成本，还有利于提高员工的满意度和工作热情。这种通过局域网的招聘方式对一些跨地区的企业更为有利，通过内部的网络可以在第一时间了解企业的人力资源状况，合理配置人力资源，从而促进组织的发展。

2. 收集信息与安排面试

招聘信息发布以后，要及时注意反馈，从众多的应聘者挑选出符合条件的安排面试。

1）按需整理信息

企业在招聘网站注册后可以利用这些招聘网站的在线系统收集求职者主动投递的简历，同样可以利用招聘网站的人才简历库进行搜索，即通过定制查询条件，搜索符合要求的应聘者的联系方式，主动与之接洽。企业接收的简历往往良莠不齐，重复投递的现象非常严重，导致企业内部招聘者的精力大量浪费在简历的筛选中。另一方面，企业主动从数据库中搜索出来的求职者往往对企业的主动追求兴趣不高，导致成功概率较低。所以在简历的搜索和整理方面，有必要借助招聘系统的帮助，如屏蔽不符合企业要求的求职者，并用电子邮件的方式礼貌地拒绝，然后分类储存符合公司要求的求职者的简历，保持一定频率的沟通。这样才能节约企业招聘者的时间，提高招聘效率。

2）安排面试

挑选出符合条件的求职者后，接下来就可以安排面试。最为常规的方式是利用网络通知候选人相关的面试信息。由于网络招聘无地域限制，在不同地理位置的招聘者、求职者可以利用互联网完成异地面试。招聘者即使不在一起也可以通过互联网合作，利用网络会议软件一起对应聘者进行考查。根据不同的求职者安排好面试人员后就可以通知求职者进行电子面试，互联网的发展使我们有多种选择来进行电子面试。

3. 电子面谈

招聘信息的发布与搜集整理仅仅是网络招聘的开始，电子面试更能体现网络招聘的互动性、无地域限制性，电子面试的应用才是网络招聘的重要组成部分。但目前由于网络技术等各种原因，电子面试在企业中的案例较少。

1）利用电子邮件

电子邮件（E-mail）具有快捷、方便、低成本等优点，越来越多的人远离了传统的邮寄方式，开始利用电子邮件交流。招聘者与求职者利用电子邮件交流，可以节省大量的时间，进而提高招聘的效率。招聘者还可以通过求职者的电子邮件了解他们的文字表达能力，为是否录用提供依据。但利用电子邮件的局限在书面表达方面，电子邮件一般只能运用在面试前后的信息联络和沟通上。

2）利用聊天工具

公司可以利用一些聊天软件或者招聘网站提供的聊天室与求职者交流，招聘的单位可以占用一个聊天室，在聊天室里进行面试。就像现实中一样，单位可以借此全面了解求职者，也可以顺便考察求职者的一些技能，如计算机常识、打字速度、网络知识等。求职者也可以向单位就职业问题提问，实现真正的互动交流。但是这种交流还是有一定的局限。一方面，它反映不出求职者的反应速度和思维的灵敏程度；另一方面，求职者也可能请人代替自己进行面试，在虚拟的网络世界里，企业无法识别求职者的真伪。为了能够在第一时间得到求职者的回答，用人单位还可以在语音聊天室，利用语音聊天与求职者交流，这样既可以见到求职者的文字表述，又可以听到求职者的声音。

3）视频面试

声音的传送已经无法满足现代人沟通的需求，即时、互动的影像更能真实地传送信息。"视频会议系统"，又被称为"电视会议系统"，是指两个或两个以上不同地方的个人或群体，通过传输线路及多媒体设备，将声音、影像及文件资料互传，实现即时、互动的沟通。与在聊天室进行面试相比，利用视频面试不仅能够听见声音还可以看到应聘者的容貌，避免了聊天面试的缺点，具有直观性强、信息量大等特点。因此，网络招聘比传统招聘方式更具优势。随着公司的国际化人才梯队建设的加快，很多候选人都通过视频面试的方式与雇主进行远程交流，并最终与公司确定录用意向。这样既节省了面试差旅费用，也免去了车马劳顿之苦。

4. 在线测评

随着素质测评日益受到企业的重视，一些网站开始将素质测评作为自己的服务项目之一。网络招聘是一种虚拟的招聘方式，在面试之前招聘者只能从简历中了解应聘者的情况。事实上，很少有简历能够直接告知招聘者所关心的应聘者的素质，特别是那些直接从网上下载的简历，因为求职者只能按照招聘网站提供的统一格式填写，信息量有限。所以，在招聘者决定约见一位应聘者进行面试之前，从简历中往往不能获得所需要的甄别信息。素质测评的应用可以为企业解决这一难题。求职者可以通过测评软件进行测试，自动生成一份测评报告，它可以在招聘者花费大量宝贵的面试时间之前，就能让招聘者洞悉每一位应聘者的整体素质。

 知识链接

网络招聘五大骗术破解

时下，网络招聘效率高，即时性和针对性强，因此很多企业的人才招聘都通过网络进行。与此同时，一些非法网站利用毕业生求职心切的心理，进行诈骗等违法活动。

1. 五大骗术

骗术一：骗取资料，出售牟利。张同学在一家招聘网站上看到沿海某省重点高中招聘教师，填写自己的详细资料后一星期，开始频繁收到莫名其妙的短信和邮件，原来是非法网站以招聘为幌子，骗取网民详细资料后出售给中介公司牟利。

骗术二：利用照片赚取点击率。长相不错的王同学听说某航空公司网上招聘空姐，于是按要求寄去自己的资料和艺术照，半个月后，复试通知没等到，却在该网站上看到自己的照片被命名为"某少妇玉照"，点击率高达2万次。

骗术三：骗取报名费。许多上网求职者填写资料后会收到索要报名费或考试费之类的电子邮件，而一旦将钱汇出，通常没有"下回分解"。

骗术四：拉人做传销。周同学通过网络求职网站被一家公司录用了。到该公司上班时被告知必须先交5000元户口费。交钱后才知道要上班还要先拉5个人前来工作。

骗术五：模糊概念，偷梁换柱。周同学在网上应聘到私立高中任教，签合同时，该校承诺待遇从优，月薪2000元包食宿，年终福利另算。正式上班时才发现食宿条件恶劣，待遇也无法落实，但迫于高额违约金，有苦难言。

2. 三招破解

有关人士提醒，面对各种网络招聘的骗术，同学们一定要保持谨慎，以免受骗上当。首先，应该进入信誉度高的专业人才网站应聘。各教育部门的官方网站大多开办了招聘专栏，由于他们会对招聘单位进行比较严格的审核，因此发布的信息较为真实。一些大型的专业人才网站都设立了严格的审查制度，也很少出现欺诈的情况，而一些不知名的小网站则容易出现违法招聘的现象。

其次，凡是附加了报名费、考试费等条件的网站，一定要高度警惕，按规定这些费用是不能收取的。填写个人资料时，最好不要留下自己的详细住址和手机号码，一般留下电子信箱联系即可，尽可能做一些必要的保留。

同时，对招聘单位的实际情况要了解清楚。投简历前，可以通过自己应聘单位所在城市的熟人，打听这家单位的状况，或者通过工商部门、学校就业指导中心核实单位的真实性。复试时，要通过各种渠道对单位进行实地考察，摸清应聘单位的发展前景。签订《全国普通高校毕业生就业协议书》或者劳动合同后，双方产生纠纷时就不会空口无凭了。

(资料来源：http://info.china.alibaba.com/news/detail/v5003027-d5757159.html.)

4.4.3 网络招聘的优缺点

1. 网络招聘的优点

网络招聘的优点具体表现为以下几点。
（1）打破了时空界限，有利于双方更广泛和自由地双向选择。
（2）省时省力省钱，不仅减少了毕业生求职花费，也减少了用人单位招聘成本。
（3）网络提供的个性化服务、快捷搜索方式以及保密方式，大大地方便了求职者。
（4）利用搜索引擎和自动配比分类装置使公司能够迅速找到符合公司要求的人选，提高了对于招聘信息的处理能力。在招聘过程中，组织给外界和应聘者留下良好的印象，往往会收到其他媒体所不能达到的效果。

2. 外部招聘的缺点

外部招聘的缺点具体表现为以下几点。
（1）筛选难度大，信息收集成本高。外部招聘一般要借助各种广告媒体和宣传媒介，并且招聘工具的设计和制作通常需要由专门的部门和人员来完成。招聘部门对组织外部的应聘者没有太多的了解，通过其个人资料来获取相关信息。为了能够在众多应聘者中选出合乎招聘条件的候选人，必须经过认真的资格审查和评定，并经过严格的能力测试。这些都增加了外部招聘的筛选难度和费用支出。
（2）会打击内部员工的积极性。从外部招聘某个空缺职位的候选人，有可能使组织内部认为自己能胜任此职位的员工产生挫败感，对自己的前途失去信心，从而影响其工作的积极性。尤其是当外部招聘不能真正遵循公平、公正的原则，不能本着为组织招募人才的宗旨录用有真才实学的人时，组织内部的员工产生的不满和消极情绪会相当强烈。
（3）需要的调整适应期较长。由于外聘人员不熟悉组织流程，对组织的了解一般仅限于从招聘广告和招聘人员那里获取的有限信息，对职位的了解也十分有限，因而需要一段时间的培训，以熟悉工作要求和组织情况。
（4）对被聘者缺乏深入了解。由于组织对应聘者的实际情况缺乏深入了解，不容易对应聘者做出准确、客观的评价，在这种情况下，有时从外部招聘进来的某个空缺职位的候选人会让组织很失望。这是因为，组织在进行外部招聘时，面对的是大量陌生的应聘者，通过有限的资料、考核及测试对他们的才学、能力、潜力等方面的评价难免会带有片面性。同时，任何一种外部招聘方法的信息覆盖面都是有限的，特别是大多数组织的外部招聘都有严格的时间限制，这很难使更多优秀的人才接触到有效的招聘信息。

案例链接

宝洁公司的校园招聘

曾经有一位宝洁公司(以下简称宝洁)的员工这样形容宝洁的校园招聘:"宝洁的招聘工作做得实在太好了,在求职这个对学生比较困难的关口,我第一次感觉自己受到了尊重。就是在这种感觉的驱使下,我带着理想主义来到了宝洁。"

从 2002 年开始,宝洁的招聘方式由原来的填写邮寄申请表改为网上申请。毕业生通过访问"宝洁中国"的网站,点击"网上申请"填写自传式申请表及回答相关问题。这实际上是宝洁的一次筛选考试。

宝洁的自传式申请表是由宝洁总部设计的,全球通用。宝洁在中国使用自传式申请表之前,先在中国宝洁的员工中及中国高校中分别调查取样,汇合其全球同类问卷调查的结果,从而确定了可以通过申请表选拔关的最低考核标准。同时也确保其申请表针对不同文化背景的学生仍然能够保持筛选工作的相对有效性。申请表还附加一些开放式问题,供面试的经理参考。

(资料来源:http://www.chinahrd.net/case/info/192544.)

本 章 小 结

> 组织获取职位候选人主要有两种渠道:内部招聘和外部招聘。
>
> 内部招聘是通过内部各种渠道来寻找合适的候选人。内部招聘主要有三种途径:内部晋升、岗位调换与轮换和返聘;在招聘过程应该遵循公平竞争、任人唯贤、激励以及合理安排的原则。内部招聘有利于调动员工的积极性、提高忠诚度,但却容易造成"近亲繁殖",而不利于组织的创新和发展。很多企业的多数岗位空缺就是通过内部招聘来填补的。
>
> 外部招聘是从组织外部获得职位候选人的一种渠道。外部招聘在招聘过程中应遵循公平公正、适用、真实客观以及沟通与服务的原则。外部招聘的方法主要有员工举荐、广告招聘、校园招聘、网络招聘以及借助中介机构和"猎头"公司等。外部招聘可以为组织引入新的观念和技术,有利于增强企业的活力且选择余地较大。但是,外部招聘也可能由于外聘人员对组织缺乏了解而难以融入其中,不利于工作的开展。
>
> 不同的招聘渠道能够满足组织对人才的不同需要。两种渠道各有优缺点和适用条件,组织在招聘的过程中应具体问题具体分析,根据组织的需要选择适合的招聘渠道。

练 习 题

一、思考题

1. 什么员工招聘渠道?
2. 简述内部招聘渠道的途径。
3. 简述外部招聘的方法。
4. 简述网络招聘的方式与步骤。
5. 简述网络招聘的优缺点。

二、课堂讨论题

1. 某模具公司是一个乡镇企业，公司刚成立的时候，正赶上市场上模具供不应求的时机，因此公司发展得很快。但随着经营规模的扩大，公司员工文化素质和技术水平不高的弊端日益显露。因为缺乏人才，经理为此非常苦恼。一天公司召开青工大会，经理在台上号召青年工人刻苦学习技术知识，大家都认真地听，唯有一个青年趴在桌子上写写画画。经理有点生气，想在大会上点名批评他，可是走到他身边一看，发现他在一张香烟盒纸上画了一辆十分逼真的汽车。此时，经理不仅没有批评他，反而问起他的姓名、年龄、文凭和工种。"高中毕业。"他回答道。经理听后暗暗高兴，决心培养他。从此，经理只要外出走访专家，就一定带上这个小青年，同时，厂里绘制产品图样的任务也大胆地交给他。当时，厂里设备简陋，经理就把自己的办公桌腾出来，自己却是"打游击"办公，让他学绘图，10年后，这个小青年成长为助理工程师，担任了副经理的职务，挑起了领导全厂技术工作的重任。

问：如果你是该公司的经理，你会用什么方法、什么渠道招聘员工？该公司采用的是内部招聘方法，长此以往你觉着可行吗？

2. 谈谈你对网络招聘的看法。

三、课外实践题

1. 深入一家企业进行实地调查，分析该企业的员工招聘渠道。
2. 依据企业的实际情况，了解网络招聘策略。

四、案例分析

【导入案例分析】

案例表明：不同的招聘渠道能够满足组织对人才的不同需要。两种渠道各有优缺点和适用条件，组织在招聘的过程中应具体问题具体分析，根据需要选择适合的招聘渠道。

【案例】

台湾塑料工业股份有限公司(以下简称台塑)董事长王永庆在台湾是一位家喻户晓的传奇人物，他从白手创业到主持台湾规模最大的台塑企业集团，从贫穷的无立锥之地到成为台湾首富，是经过一番努力奋斗的。王永庆在主持台塑集团后，对人才的引进尤为重视，并形成了他自己的一套"招聘经"。

第一，向社会招聘人才。台塑集团在刚刚起步时，在报纸上公开刊登了向社会招聘高级技术管理人才的广告，一时间，200余名专业技术人员前来报名。为此，王永庆专门从台北大学请来人力资源管理方面的专家组成招聘团，并由自己亲自主持招聘。经过多方面的考察和调查，一批人才被集团高薪聘用。

这次向社会公开招聘人才的尝试，给台塑集团带来了新的生机和活力。新招聘的高级技术管理人员到任不久，便与集团领导、技术人员、工人们密切合作，开发出许多新产品，在亚洲市场的竞争中取得了优势，使台塑集团迅速地成长壮大为国际知名的企业集团。

第二，内部寻找人才。企业的兴衰关键在于人才，所以许多企业都争相到企业外招揽人才。王永庆不完全同意这种做法，他认为人才往往就在身边，因此求才应首先从企业内部寻找。他说："寻找人才是非常困难的，最主要的是，自己企业内部管理工作先要做好；管理上了轨道，大家懂得做事，单位主管有了知人之明，有了伯乐，人才自然就被发掘出来了。企业内部先行健全起来，是一条最好的寻人之道。"

　　基于这个道理，每当台塑缺少人员时，并不是立即对外招聘，而是先看看企业内部其他部门有没有合适的人员可以调任，如果有的话，先在内部解决，填写"调任单"，互相协调调动即可；如果没有，再考虑对外招聘。

【思考题】

1. 为什么王永庆先后选择了不同的招聘渠道？
2. 作为企业的主管，你在选择招聘渠道时会考虑哪些因素？
3. 对于王永庆优先考虑内部调任的"招聘经"，你是否认同？

第5章 初步筛选与笔试

学习目标

学习完本章后，你应该能够：
- 掌握申请表、个人简历筛选的技巧；
- 了解跟踪应聘者信息的方法；
- 了解笔试的概念和形式；
- 掌握笔试的类型；
- 识记笔试的设计原则及优缺点。

 **导入案例**

宝洁笔试的主要题型

宝洁公司(以下简称宝洁)的笔试主要包括三部分：理解能力测试、英文测试、专业技能测试。

(1) 理解能力测试。这是宝洁对人才素质考查的最基本的一关。在中国，使用的是宝洁全球通用试题的中文版本。试题分为五个部分，共50小题，限时65分钟，全为选择题，每题五个选项。第一部分为读图题(约12题)，第二和第五部分为阅读理解(约15题)，第三部分为计算题(约12题)，第四部分为读表题(约12题)。整套题主要考核申请者以下素质：自信心(对每个做过的题目有绝对的信心，几乎没有时间检查改正)；效率(题多时间少)；思维灵活性(题目种类繁多，需立即转换思维)；承压能力(解题强度较大，65分钟内不可有丝毫松懈)；迅速进入状态(考前无读题时间)；成功率(凡事可能只有一次机会)。考试结果采用计算机计分，如果没通过就被淘汰了。

(2) 英文测试。这个测试主要用于考核母语不是英语的人的英文能力。考试时间为两个小时。45分钟完成100道听力题，75分钟完成阅读题，以及用一个小时回答三道题，都是用英文描述以往某种经历或者个人思想的变化。

(3) 专业技能测试。专业技能测试并不是任何部门的申请者都需经过该项测试，它主要是考核公司一些有专业限制的部门的申请者。这些部门如研究开发部、信息技术部和财务部等。宝洁的研发部门招聘的程序之一是要求应聘者就某些专题进行学术报告，并请公司资深科研人员加以评审，用以考查其专业功底。对于公司其他部门的申请者，则无须进行该项测试，如市场部、人力资源部等。

(资料来源：http://www.examda.com/hr/anli/20061030/114226593.html。)

5.1 初步筛选

5.1.1 申请表筛选

1. 申请表的特点

申请表是由招聘单位设计，包含工作职位所需基本信息，并用标准化的格式表示出来的一种初级筛选表。其目的是筛选出那些背景和潜质与职务规范所需的条件相当的候选人，并从合格的应聘者中选出参加后续选拔的人员。

申请表的设计主要是依据职务说明书来进行。一般包括个人基本情况、求职岗位情况、工作经历和经验、教育与培训情况、生活和家庭情况，以及其他。应当指出，应聘申请表中不应含有歧视性项目和可能涉及个人隐私等敏感性内容。此外，还应符合国家有关的政策法规。一般来说，申请表具有以下特点。

（1）节省时间。经过精心设计、合理使用的申请表可以使选择过程时间缩短，提高预选的速度，是较快、较公正、准确地获取与候选人有关的资料的办法。

（2）准确地了解应聘者的信息。相对于简历而言，申请表可能更可靠，因为申请表是单位决定填写哪些信息，并且所有应聘者都要按表中所列项目提供相应的信息。因此，可以使招聘单位比较准确地了解候选人的背景资料，其中包括教育、工作经历以及个人爱好等信息。

（3）提供后续选择的参考。申请表有助于在面试前设计具体的或有针对性的问题，从中作交叉参考，看看有无矛盾之处。

2. 申请表的优点和缺点

申请表的最大优点是结构完整且直截了当。填写这种表格对申请人也比较方便。申请表要求申请人提供公司所需的全部信息（可减少遗漏），也不留更多的空白使申请人填入公司不必要知道的信息。正是这些原因，使招聘者便于根据申请表做出评估。如果有许多申请人需要筛选，申请表的这一特性就显得特别重要。另一方面，申请表这种格式限制了创造性，这对招聘的工作岗位来说，是一个缺点。此外，设计和分发申请表也需费用，增加了成本，这是另一个缺点。

人物链接

彼得·圣吉是美国麻省理工大学（MIT）斯隆管理学院资深教授，国际组织学习协会（SoL）创始人、主席，被誉为"学习型组织之父"。他的影响力由美国到中国、由台湾省到内地，引领管理时尚，将"学习型组织"推向世界。

1990年，其《第五项修炼——学习型组织的艺术与实践》出版，连续三年荣登全美最畅销书榜榜首，并于1992年荣获世界企业学会（World Business Academy）最高荣誉的开拓者奖（Pathfinder Award）。该书被译成二三十种文字风行全世界，在全世界范围内引发创建学习型组织的管理浪潮。

1994年，彼得·圣吉出版了《第五项修炼——实践篇》、《第五项修炼——寓言篇》。

1999年,彼得·圣吉出版了《变革之舞:学习型组织持续发展面临的挑战》。

2000年,彼得·圣吉和他人合作出版了《学习的学校》。

2001年,彼得·圣吉与彼得·德鲁克的对话集《领先于变革时代》出版。

2007年,《第五项修炼》(2007年新版本)出版,是理论与实践相配套的一套新型管理技术方法,被西方企业界誉为"21世纪的企业管理圣经"。主要内容有"自我超越"、"改善心智模式"、"建立共同愿景"、"团队学习"、"系统思考"五项管理技巧。

2008年,彼得·圣吉最新作品《必要的革命》面世,所谓"必要的革命"就是可持续发展的革命。

(资料来源:http://www.hr.com.cn。)

5.1.2 个人简历筛选

个别应聘者可能会在工作简历中隐瞒不好的方面,夸大自己的成绩。例如,编造以往的薪资、职位头衔、技能水平和工作业绩,虚构教育背景,隐瞒处分甚至犯罪记录。企业对个人简历的内容和风格缺少控制,筛选起来要花费相当多的时间和精力,而且只注重个人简历的表面文字是有风险的。

尽管有些个人简历前后矛盾、言过其实,但还是可以提供一些与应聘者有关的额外信息。个人简历能够给申请人较大的自由发挥的机会,能够表现申请人的创造性和书面表达能力。在个人简历中,申请人会强调自己认为重要的部分,会无意提到其他的一些有用信息,从中招聘者可以获取自己想要的信息,并进行相应的筛选。筛选个人简历的要点有以下几点。

1. 分析简历结构

简历的结构在很大程度上反映了应聘者的组织能力和沟通能力。应聘者的简历都比较简练,一般不超过两页。应聘者为了强调自己近期工作,制作简历时,对其教育背景和工作结构都采取了从现在到过去的时间排列方式。

2. 重点看客观内容

简历中的客观内容包括个人信息、受教育经历、工作经历和个人成绩等。企业要考虑应聘者的专业资格和经历是否与空缺职位相关并符合要求,如岗位要求、工作成功的必要条件等关键信息。此外,也要考虑应聘者离职时间以及其原来从事岗位与这次申请的岗位的相似程度。例如,要招聘计算机人才,那么求职者最好是有相关工作经验或最起码具备相关专业学位,有相应的知识储备。

3. 审查简历的逻辑性

要注意简历的描述是否有条理,是否符合逻辑。例如,应聘者曾在著名企业从事过高级职位,而此次应聘的却是个普通职位,用人单位应引起注意。又如,应聘者在简历中称自己在许多领域取得了成绩和证书,而经历中却缺乏这样的条件和机会,用人单位也要引起重视。

4. 对简历的整体印象

不要想当然或匆忙地做出结论，不能以偏概全，主观臆断。求职者为了得到求职单位的面谈机会，篡改简历、编造信息已经成为一种普通现象。要标出简历中不可信的地方，以及感兴趣的地方，以便面试时询问。

5.1.3 跟踪应聘者信息

招聘者应妥善保留应聘者的基本信息及联系方式，并做好备份。从企业长期发展的角度看，招揽到最适合的人才对企业的发展至关重要。随着外部环境及企业自身的发展，企业的组织结构也需要随时调整以适应变化，对一些应聘者来说，可能企业当前没有适合他的岗位，但日后他可能是公司某一职位的最佳人选。这样，跟踪应聘者的信息，才能更便捷地为企业找到合适的人才，促进企业的发展。另外，由于个人简历不如申请表要求严格，有些附加的信息有必要打电话落实。进行必要的跟踪电话有四个目的。

1. 工作实际情况预先介绍

电话收集应聘人员的信息，在电话里详细地介绍该工作岗位和招聘公司的情况，可以看出应聘者是否对这个岗位仍有兴趣，但是在介绍时，不可说明希望求职者具备哪些特点和才能。

2. 补充空缺信息

打电话可以附带收集关于求职者过去的职责和成绩的信息。例如，求职者一年以内跳槽两次，电话询问可以得知原因，求职者有半年的工作间断，还可以得知其这半年间的去向。

3. 审定资格

招聘人员可以准备一些经过选择的标准化试题，了解求职者的动机和其他一些重要的才能，并利用所进行的才能分析的结果，认真构思电话面试时应提到的问题。

4. 回答问题

招聘人员可以给应聘者一个提问的机会，可以提有关公司以及所提供工作岗位方面的问题。这时，动机特别强烈的和有才能的应聘者总能提出许多好的问题。

 小贴士

简历能反映出来的求职者的信息有限。一般来说，招聘单位会根据自己想要支付的薪水，综合考虑应聘者期望的薪资、所学的专业、所受的教育水平、工作经验和年龄来挑选最合适的求职者。可以从以下五个方面来分析。

（1）工资。一般来说，应聘者期望的薪资水平在招聘单位承受的范围里时，双方更利于达成合作。否则招聘单位对薪资要求偏高的应聘人员就不予考虑了。

（2）简历上的照片。照片给人的印象最直接、最真实，招聘公司是否愿意接受一位求职者，照片是重要的参考。

(3) 专业。很多工作岗位对专业的要求比较严格，特别是理工科性质的工作。

(4) 工作经历。"熟能生巧"、"实践出真知"、"前事不忘，后事之师"都能说明在同一行业或同一岗位上工作经验的价值。

(5) 年龄。对于一些做具体事务的岗位来说，一般要求年轻的应聘者，一是因为肯听话，能做事，二是因为年龄小，缺少工作经验，对工资的要求也会相对低一点。

（资料来源：http://www.qingree.com/forum.pnp? mod=viewthread&tid=11340.）

5.2 笔　　试

5.2.1 笔试的概念及形式

1. 笔试

笔试是一种与面试对应的测试，是考核应聘者学识水平的重要工具。这种方法可以有效地测量应聘人的基本知识、专业知识、管理知识、综合分析能力和文字表达能力等素质及能力的差异。

笔试在员工招聘中有相当大的作用，尤其是在大规模的员工招聘中，可以快速了解员工的基本情况，然后可以划分出一个基本符合需要的界限；适用面广，费用较少，可以大规模地运用。但是分析结果需要较多的人力，有时，被试者会投其所好，尤其是在个性测试中显得更加明显。

2. 笔试的形式

笔试形式主要有七种：多种选择题、是非题、匹配题、填空题、简答题、回答题、小论文，每一种笔试形式都有它的优缺点。例如，论文笔试以长篇的文章表达对某一问题的看法，并展示自己所具有的知识、才能和观念等。该方式的优点为易于编制试题，能测验书面表达能力，易于观察应聘者的推理能力、创造力及材料概括力；同时它也存在一些缺点，如评分缺乏客观的标准、命题范围太广博、不能测出应聘者的记忆力水平。

其他笔试形式的优点为评分公正、抽样较广、免除模棱两可及取巧的答案，可以测出应聘者的记忆力水平，试卷易于评阅；但它也有下列的缺点：不能测出应聘者的推理能力、创造力及文字组织能力水平，试题不易编制，答案可以猜测，有时甚至可以以掷骰子的方式来碰运气。

5.2.2 笔试的类型

目前在企业招聘中常见的笔试大致可分为四大类：①专业知识测试；②IQ测试和类IQ测试；③能力测试；④个性测试。实践中企业的笔试基本上是这四类笔试的不同组合。例如，壳牌（中国）石油公司在招聘时采用的笔试组合：①类IQ测试，主要对应聘者进行数量分析和逻辑推理的测试；②能力测试，主要测试应试者对真实的管理事件的理解能力、分析问题的深入和敏锐程度；③个性测试，用管理人员人格测验的12个维量的测度来判断是否满足企业对应聘者个性的要求。

专业知识笔试和传统的笔试方式类似,实际工作中多数企业的做法一般以应聘者的学历和工作经验作为判断专业知识水平高低的标志。如果应聘者是应届毕业生,那么应聘者的在校成绩,尤其是和应聘工作相关课程的成绩也可以作为辅助判断的标志。对于个别专业知识要求很强的岗位(如翻译、工程师等),应采用笔试的方式来考察。

国内企业笔试中运用最多的是 IQ 测试或类 IQ 测试。类 IQ 测试是指对数量分析、逻辑推理等基本能力的测试,有人认为这类测试应属于能力测试,但国外 IQ 测试的发展已基本将这些测试形式包括进去。国外有许多成熟的 IQ 量表,用于测量人的智商,如比奈量表、瑞文图形推理等。值得指出的是 IQ 测试多用来测量未成年人的智商,多数 IQ 测试对成年人是不太适用的。那么企业为什么还要使用 IQ 或类 IQ 测试呢?在限定时间的情况下,这类测试的作用有:①可以考查人的反应速度和敏捷性,虽然题目一般不太难,但不同应聘者的反应速度是不一样的;②这类测试的题量一般都比较大,可以考查应聘者在任务压力面前的承受能力,一般比较冷静、专注思考的应聘者发挥得会比较好;③测试的题目有的需要应聘者换个角度想问题才能较快解出,因此考查了应聘者的灵活性;④有的企业(尤其是外企)出的题目全是英文的,在一定程度上考查了应聘者的英文水平。除了上述作用外,使用这种测试可能还有一种基于实际工作情况的作用:通过 IQ 测试可迅速筛选掉一批人。因为知名企业应聘的人员会很多,虽然 IQ 测试成绩高的人不能很好地说明这名应聘者将来的工作绩效,但是把 IQ 测试成绩差的人从应聘队伍中淘汰出去,可视为一种较为合理、简洁的做法。综上所述,现在企业中运用 IQ 或类 IQ 测试实际上已经不再是为了达到原本的测试目的,可看做是对工作合适度中能力维度(逻辑推理、灵活性、承受压力能力等)的初步考查。企业人力资源管理者在解释这类测试的结果时,应以这样的测试目的作为认识的基础。

能力测试(ability test)笔试一般是把在工作中可能会遇到的情景问题用书面问题的形式表达出来,让应聘者根据自己的工作经验或想象来回答,是一种将情景反应书面化的测试方法。这类笔试的效果要劣于评价中心(assessment center)的效果,但成本比评价中心小得多。一般的设计思路:①开展工作分析,找出绩效表现突出的员工的关键的事件和行为表现;②对关键事件和行为表现进行分析,确定最主要的几项能力维度(ability dimensions);③结合关键事件和行为表现,对每项能力维度设计具体的情景问题;④考虑应聘者可能的回答,给出评判标准;⑤试实施并最后定稿。由于这类笔试设计和评估的难度比较大,如设计的某个问题可能会和多个能力维度相关、应聘者的主观回答难以客观评判等,所以一般需要人力资源专家或工业心理学家的辅助。

传统的个性测试一般包括人格、职业兴趣和动机测验。其基本思想是认为不同的工作对人的个性要求不同,必须有针对性地为不同的工作匹配不同个性的人才。在国外工商界应用比较广泛的个性测试包括卡特尔 16 因素人格问卷、梅耶-布里基斯人格特质问卷、霍兰德职业兴趣问卷等。但总的来看,在企业招聘中运用人格和职业兴趣测验取得成功的例子还不多。

动机测试相对来说容易在企业的招聘实践中得到运用。一种应用较为广泛的方法是分别考查应聘者的工作动机合适度和组织动机合适度。前者是指应聘的职位包括的内容和责任以及工作本身能在多大程度上使应聘者满意,具体包括挑战性的工作、薪酬、晋升、认可、不断的学习等。后者是指企业运作的方式和价值观在多大程度上能使应聘者满意,具体包括高技术导向、客户导向、强竞争氛围等。这两者具体考查的方面需根据具体的职位和组织来决定。和前面介绍的三类测试结合起来,目的就在于寻找"能干又想干"的人。有的企业(如宝洁公司)把动机测试放在了申请表中。该申请表有一部分将一系列的工作动机方面和组织动机方面列出,要求应聘者选择其最满意和最不满意的一些方面。由于列出的方面基本上全是中性的描述,应聘者在未具体接触到该企业工作之前难以了解公司偏好的工作和组织动机。

传统的心理测量中,对个性的笔试测验还包括投射测验,如夏罗克墨迹测验、主题统觉测验、罗特莫完成句子量表等,但这种笔试的致命弱点在于对结果的评价带有浓重的主观色彩,不能满足招聘的公平性原则,所以目前很难在企业实际的招聘工作中推广,这里不再赘述。

需要指出的是,对人内在动机的考查,仅仅通过笔试是难以准确进行的。一方面设计好考查内在动机的问题比较困难,另一方面笔试在此的预测效度一般比较差。所以,绝大多数企业还是采用面试为主、笔试为辅的手段来考查应聘者的内在动机。

以上对常见的笔试形式做了简要的介绍,企业在招聘中具体采用笔试时,应根据招聘的目标,结合招聘时间、金钱、人力预算以及其他人事甄选手段,采取符合企业实际需求的招聘笔试策略组合,并决定每种笔试方法的繁简程度,争取以较少的投入获取较大的产出。

 案例链接

KPMG 的英文笔试

KPMG(毕马威,国际四大会计师事务所之一)的笔试是典型的英文笔试,主要分为两个部分。第一部分是阅读理解。这和我们平时常见的大学英语四、六级的阅读理解不同。一方面它更接近商业英文的表达习惯,文意表达的清楚和规范是最主要的特点,因此它并不讲求句式的繁复和修辞的多变;另一方面,它注重的是逻辑思维能力的考查,因此重要的是把握透过表面的文字的内在的意思。第二部分是数学。笔试题在这部分是中文的,难度相对降低很多,但有时也有英文题目,如数据排列。这一部分的主要考查重点不是数学运算能力,因而并没有上升到高等数学的难度,因此无论被试者是否学过微积分和导数的运算都不影响这一部分的发挥。和阅读理解相似的,数学部分的考查内容也是以商业英文为主,因此注重的是从数字和图表中获得有用的信息的能力。

英文笔试还有一类非常重要的形式,就是英文写作能力的考查。有些公司的笔试,是结合了前面所述的英文阅读测试和写作测试的,有些则是专门考查英文写作能力的。

5.2.3 笔试的设计原则与优缺点

1. 笔试的设计原则

在设计试卷时,要注意以下一些原则。

(1) 自始至终符合目标。知识考试的目标在设计试卷时要从头到尾贯彻执行,这样才能得到应有的效果。

（2）各种知识考试类型可以结合起来运用。例如，在一张试卷上既可以有百科知识的内容，又可以有专业知识的内容，也可以有其他相关知识的内容。这样可以节省时间，在较短时间内全面了解应试者各方面的水平。

（3）充分重视知识的实际运用能力。设计试卷时，要尽量多采用案例以及讨论等方式。

2. 笔试的优缺点

笔试的优点是一次能够出十几道乃至上百道试题，考试的取样较多，对知识、技能和能力考核的信度和效度都较高，可以大规模地进行分析，因此花时间少，效率高，报考人的心理压力较小，较易发挥水平，成绩评定比较客观。

笔试的缺点主要表现在不能全面地考查应聘者的工作态度、品德修养以及组织管理能力、口头表达能力和操作技能等。因此，笔试虽然有效，但还必须采用其他测评方法，如行为模拟法、心理测验法等，以补其短。一般来说，在企业组织的招聘中，笔试作为应聘者的初次竞争，成绩合格者才能继续参加面试或下一轮测试。

知识链接

人才招聘中的笔迹分析技术——笔迹心理分析

笔迹心理分析是通过对人们书写笔迹的分析，了解人的稳定的人格特征和即时心理状态。它不对人的未来发展做出预测，也不能告诉人们将来的命运，它只能体现书写者现在的状态。如果能够把过去的笔迹和现在的笔迹联系起来进行比较，可以分析出书写者的发展和变化。笔迹心理分析与算命不同，它是以心理学的基本理论为基础，通过分析笔迹的方法，了解人的心理现象。严格地说，笔迹心理分析是通过分析笔迹了解他人心理的一门技术。笔迹分析的基本内容主要包括以下七个方面。

书面整洁情况：书面干净整洁者，书写者举止高雅，穿着较讲究，性喜干净整齐，较注重自己的仪表和形象，并多有较强的自尊心和荣誉感。如书面有多处涂抹现象，说明书写者可能有着穿着随便、不修边幅、不拘小节等性格特征。

字体大小情况：字体大，不受格线的限制，说明书写者性格趋于外向，待人热情，兴趣广泛，思维开阔，做事有大刀阔斧之风，但多有不拘小节、缺乏耐心、不够精益求精等不足。字体小，性格偏于内向，有良好的专注力和自控力，做事耐心、谨慎，看问题比较透彻，但心胸不够开阔，遇事想不开。字体大小不一，说明书写者随机应变能力较强，处事灵活，但缺乏自制力。

字体结构情况：结构严谨，书写者有较强的逻辑思维能力，性格笃实，思虑周全，办事认真谨慎，责任心强，但容易循规蹈矩。结构松散，书写者发散思维能力较强，思维有广度。为人热情大方，心直口快，心胸宽阔，不斤斤计较，并能宽容他人的过失，但往往不拘小节。

笔压轻重情况：笔压重，书写者精力比较充沛，为人有主见，个性刚强，做事果断，有毅力，有开拓能力，但主观性强，固执。笔压轻，书写者缺乏自信，意志薄弱，有依赖性，遇到困难容易退缩。笔压轻重不一，书写者想象思维能力较强，但情绪不稳定，做事犹豫不决。

书写速度情况：如全篇文字连笔较多，速度较快，说明书写者思维敏捷，动作迅速，效率较高，但有时性急，容易感情冲动。如笔速较慢，说明书写者头脑反应不是很快，行动较慢，但性情和蔼，富于耐心，办事讲究准确性。

字行平直情况：字行平直，书写者做事有主见，只要自己认定的事，一般不为他人所左右。字行上倾，书写者积极向上，有进取精神。这种人常常雄心勃勃，有远大的抱负，并常能以较大的热情付诸实践。如字行过分上倾，书写者除有上述特征之外，还往往非常固执。字行下倾，书写者看问题非常实际，有消极心理，遇到问题看阴暗面、消极面太多，容易悲观失望。字行忽高忽低，情绪不稳定，常常随着生活中的高兴事或烦恼事或兴奋或悲伤，心理调控能力较弱。

通篇布局情况：这要看左右留边空白大小及行与行之间排列是否整齐。左边空白大，书写者有把握事物全局的能力，能统筹安排，并为人和善、谦虚，能注意倾听他人意见，体察他人长处。右边空白大，书写者凭直觉办事，不喜欢推理，性格比较固执，做事易走极端，遇到困难容易消极。左右不留空白，书写者有着很强的占有欲和控制欲，比较自私。行与行之间排列整齐，书写者有良好的教养，正直，不搞邪门歪道，头脑清晰，做事有条不紊，讲究计划性、系统性和程序性，有较强的自尊心、责任感和荣誉感。行与行之间排列不整齐，说明书写者头脑比较简单，条理性较差，做事马马虎虎，缺乏责任感。

（资料来源：http://www.yingjiesheng.com.）

本 章 小 结

在确定了招聘的来源和渠道后，企业面临的问题是如何从为数众多的申请者中甄选出符合企业需要的申请者。其具体包括初步筛选、笔试、面试、心理测试、情景模拟、体检、个人资料核实等内容。在员工进入组织之前，运用人员选拔的方法和技术挑选出具有相应技能、知识、经验和热情的员工是必需的，人员的选拔可以说是招聘过程中最关键的一步，是技术性最强的，也是最难的。

练 习 题

一、思考题

1. 简述申请表筛选的特点。
2. 什么是个人简历筛选？
3. 如何跟踪应聘者信息？
4. 简述笔试的设计原则。
5. 简述笔试的优缺点及其类型。

二、课堂讨论题

试谈谈笔试在员工招聘中的功能和特点。

三、课外实践题

1. 深入一家企业进行实地调查，分析该企业在员工招聘过程中是如何进行初步筛选的。
2. 依据企业的实际情况，编制笔试试题。

四、案例分析

【导入案例分析】

案例表明：笔试在员工招聘中有相当大的作用，尤其是在大规模的员工招聘中，可以很快了解员工的基本活动，然后可以划分出一个基本符合需要的界限；适用面广，费用较少，可以大规模地运用。但是分析结果需要较多的人力，有时，被试者会投其所好，尤其是在个性测试中显得更加明显。

【案例】

2003年12月某超市在s市人才市场召开了专场招聘会，拟在该市招聘15名销售部经理。招聘当天，招聘人员把人才市场大厅布置得井井有条，墙上贴着该超市的宣传画，电视机里连续播放该超市的背景资料。

负责招聘的人力资源部经理强调"注重流程管理"，制订了详细招聘计划，注重在招聘的各个环节中把好关，确保招聘工作的质量。

该超市招聘的主要步骤如下。

领表：进场应聘者先在入口处领取一张申请表，除填写个人资料、家庭状况、教育程度外，还必须回答来本超市工作的目的等问题。那些没有准备简历和照片等资料者，被认为可能缺乏策划组织能力，不大适合做零售业部门的经理，将被拒之门外。

初选：应聘者填好表格，将其交给人力资源部的工作人员进行初选。经过认真审查申请表，问应聘者一些问题，再淘汰一些明显不适合到本公司工作的应聘者。

初试：经过初选的应聘者参加面试。有七个部门经理（四个销售部经理、人力资源部经理、收银处经理和财务经理）参加面试，经理们根据应试者回答问题情况写出A、B、C、D类评语。被评为A、B的应聘者进入下一轮面试。

复试：通过初次面试，一周之内会接到人力资源部复试电话通知，经过至少两次面试，最后经总经理的面试。这时初试过关的10人中大约有一位能够成为该公司员工。

【思考题】

该超市举行人才市场招聘会时，要做哪些准备工作？在招聘的"初选"阶段，审查申请表时，应注意哪些问题？

第6章 面 试

学习目标

学习完本章后，你应该能够：
- 掌握面试的含义与特点；
- 了解面试的类型；
- 掌握面试决策的影响因素；
- 了解面试前准备的内容；
- 掌握面试的过程；
- 熟练使用面试的技巧。

 导入案例

麦肯锡的招聘策略

麦肯锡咨询公司（以下简称麦肯锡）在招聘中寻找的是具有特殊品质的人。麦肯锡发现这类人员的方法正如麦肯锡在自己的使命声明中所列明的，麦肯锡的目标之一是"建立一个能够吸引、培养、激发、激励和保持杰出人才的企业"。达到这一目的的第一步就是招聘最优秀的可能人选加入公司。

正如麦肯锡人力资源部人员说过的，麦肯锡试图找的是名牌商学院、法学院以及经济学和金融学研究生项目所培养出的尖子中的尖子。同时公司将其招聘范围扩大到了"非传统"的候选人，从商学领域之外（医生、科学家、政界人士、其他人士）招聘人才。

麦肯锡在招聘员工时最注重分析能力。麦肯锡总是在乎找具有分析思考能力的人，他们可以把问题分解成几部分。麦肯锡想要的是他们知道如何把问题组织起来的证据，同时还要观察应聘者的商业判断能力。这也是麦肯锡招聘时喜欢运用案例的原因。

案例是麦肯锡在面试时进行挑选的武器，从一般的麦肯锡实际案例的翻版到一些稀奇古怪类型的案例都有。例如，"美国有多少加油站？""为什么下水井的盖子是圆的？"在这些面试时所运用的案例中，面试者观察的是被试者看待问题的能力，而不是其回答正确与否。这些案例并不存在真正的答案。要想在案例面试中获得成功，必须把问题分解成各个部分，并又在必要的时候做出合乎情理的假设。

例如，计算美国的加油站数目，可以从美国小汽车数量入手。面试者也许会告知应聘者这个数字，但也有可能说："我不知道。你来告诉我。"美国的人口是2.75亿，由此可以猜测，如果平均每个家庭（包括单身）的规模是2.5人，可以计算出美国共有1.1亿个家庭，面试者可能会点头同意。应聘者回忆

起在什么地方听说过平均每个家庭拥有1.8辆小汽车,那么美国一定拥有1.98亿辆小汽车。现在,只要算出替1.98亿辆小汽车服务需要多少加油站,问题就解决了。重要的不是数字,而是得出数字的方法。

(资料来源:http://finance.sina.com.cn/j/20010829/101461.html。)

6.1 面试概述

6.1.1 面试的含义与特点

1. 面试的含义

面试是指在特定的时间和场所,根据事前设计,面试人员通过与应聘者面对面的正式交谈,从应聘者那里获得信息,由表及里地测试应聘者各项素质和潜在能力的测评方法。面试的内容一般应包括以下内容。

(1)应聘者的外在表现。包括应聘者的仪表、风度、举止、精神气质等。主要考查应聘者的言行举止是否端庄、稳重、得体,是否有充沛的精力。

(2)应聘者的动机和意向。面试中要考查应聘者的求职动机意向、发展的潜力及可塑性等。

(3)应聘者的语言表达能力。主要考查应聘者是否具备解释清晰、明确、简洁,是否富有逻辑性和感染力。

(4)应聘者的应变能力。主要考查应聘者在有压力的情境中反应是否灵活、敏捷、快速,面对突发事件能否妥善处理、解决问题。

(5)应聘者的分析、综合能力。主要考查应聘者的逻辑思维是否有条理,是否善于分析判断和概括问题。

(6)应聘者的实际工作能力。包括专业知识、过去工作经验和经历。主要考查应聘者是否具备与工作相关的能力。通过应聘者的工作经验,可以判断出应聘者的责任心、自动和自发精神、思考力、理智状况等;除了工作经验外,更应该注重考查应聘者以往薪酬增减、职位升迁的状况,以及变换工作的经历与原因。

(7)应聘者的组织协调能力。主要考查应聘者是否具备组织、控制、分配能力。同时考查其与同事相处的能力,例如,应聘者是否存在抱怨过去的同事以及其他各种社团的情形,是否能与他人和睦相处。

(8)应聘者的个性特征。包括应聘者的自我认知、兴趣爱好、情绪稳定性和性格品质等。主要考查应聘者是否具备与工作相关的个性特征。例如,应聘者是否无端常换工作,尤其注意应聘者换工作的理由。假如应聘者刚从学校毕业,则要了解应聘者在学校时曾经参加过哪些社团,其稳定性与出勤率如何。另外,从应聘者的兴趣爱好中也可以看出应聘者的稳定性。

2. 面试的特点

与笔试、心理测试等人员甄选选拔方式相比,面试具有以下几个特点。

(1) 测评的直观性。面试以谈话和观察为主要手段。在面试过程中，面试人员通过向应聘者提出各种问题，直接地、有针对性地了解应聘者某一方面的情况或素质；同时，面试人员可以借助对应聘者面部表情、身体等的观察与分析，判断应聘者的性格特征、自信心、反应能力以及思维能力等素质特征。

(2) 交流的双向性。面试是面试人员和应聘者之间的一种双向交流过程。面试与笔试的一个重大区别是面试中面试人员和应聘者之间有互动的信息交流，应聘者并不完全处于被动状态。面试人员通过问题回答、表情和行为举止等情况评价应聘者，应聘者同样也可以通过观察面试人员的行为判断主考官的态度、价值判断标准以及对自己面试表现的满意度等来调节自己在面试中的行为。招聘面试也是面试人员向应聘者传递信息的过程，应聘者可以借此了解所应聘公司、所应聘岗位的具体情况，决定自己是否确实要选择这一工作。面试中，面试人员与应聘者之间的这种直接的交流提高了相互沟通的效果和面试的真实性。可以说，面试不仅是面试人员对应聘者的测评，同时也是一种信息的交流和情感的交流。

(3) 面试内容的灵活性。面试是一种很灵活的测评方法，面试的方式和内容具有较大的变通性。一方面，由于不同岗位的任职要求不同，面试可以根据不同职位的特点，灵活地采用不同的方式考查应聘者，而不能千篇一律。另一方面，面试的题目一般应事先拟定，以便面试时有的放矢，但并不是对所有应聘者都提同样的问题，毫无变化（严格的结构化面试除外），要因人而异。

同时，面试人员可以针对应聘者的具体情况，根据所获得的信息是否足够来决定面试问题的多少。如果应聘者的回答已经充分显示了某方面的信息，那么，面试过程可以缩短；但是，如果应聘者的回答不足以显示某方面的信息，或者面试人员觉得对应聘者的有关情况还把握不清，那么就可以多追问一些相关的问题。有时还可以针对应聘者对相关问题的回答，进一步提出若干个问题由应聘者做出更深入和详细的解释。

(4) 面试对象的单一性。面试的形式可以分为单独面试和集体面试。但是，即使在集体面试中，面试人员也不是对多位应聘者同时发问，而是逐个提问、逐个测评。同时，在面试的过程中即使引入了辩论和讨论，面试人员也要逐个提问、逐个观察。面试的问题一定要因人而异，测评的内容偏重于个别特征。

(5) 判断的主观性。与心理测验和笔试等人员甄选方法不同，面试人员与应聘者之间，没有任何中介形式，这种直接性在提高面试的真实性的同时，使得面试人员的评价往往带有很大的主观色彩，会受到个人主观印象、情感和知识经验等许多因素的影响，使得不同的面试人员对同一位应聘者的评价往往会有差异，而且可能各有各的评价依据。

(6) 面试时间长短的不确定性。面试与笔试的一个显著差别在于面试时间的长短具有不确定性。面试人员无法硬性规定每一位应聘者的面试时间，而是灵活、随机地视应聘者的面试表现而定。如果面试人员对应聘者比较满意，有可能会提出更多问题以了解应聘者的更多情况，从而延长了面试时间；同时也有另外一种情况，应聘者口齿清晰、对答如流，甚至不到约定时间就可以结束面试；如果面试人员对应聘者的第一印象非常差或者应聘者的表现不尽如人意，也可能会适当缩短面试时间。

员工招聘

> **人物链接**
>
> 彼得·德鲁克(Peter F. Drucker)1909年出生在维也纳,对世人有卓越贡献及深远影响,被尊为"大师中的大师"。德鲁克以其建立于广泛实践基础之上的30余部著作,奠定了现代管理学开创者的地位,被誉为"现代管理学之父";
>
> 引领时代的思考者,作为第一个提出"管理学"概念的人,当今世界很难找到一个比德鲁克更能引领时代的思考者。1950年初,他指出计算机终将彻底改变商业;1961年,他提醒美国应关注日本工业的崛起;20年后,又是他首先警告日本这个东亚国家可能陷入经济滞胀;1990年代,率先对"知识经济"进行了阐释。
>
> 一名为人师表的优秀教师:德鲁克一生未曾间断授课。自1971年起,德鲁克一直任教于克莱蒙特大学的彼得·德鲁克管理研究生院。为纪念其在管理领域的杰出贡献,克莱蒙特大学的管理研究院以他的名字命名。1990年,为提高非营利组织的绩效,由弗朗西斯·赫塞尔本等人发起,以德鲁克的声望,在美国成立了"德鲁克非营利基金会"。该基金会十余年来选拔优秀的非营利组织,举办研讨会、出版教材、书籍及刊物多种,给社会带来了巨大的积极影响。
>
> 一名拥有生命力的"年轻"作家:德鲁克已出版超过30本书籍,被翻译成30多种文字,传播及130多个国家。至2004年,德鲁克先生还有新书问世。
>
> "总统自由勋章"的获得者:2002年6月20日,美国总统乔治·W.布什宣布德鲁克成为当年的"总统自由勋章"的获得者,这是美国公民所能获得的最高荣誉。
>
> "美国公司总裁的导师":无论是英特尔公司创始人安迪·格鲁夫,微软集团董事长比尔·盖茨,还是通用电气公司前CEO杰克·韦尔奇,他们在管理思想和管理实践方面都受到了德鲁克的启发和影响。"假如世界上果真有所谓大师中的大师,那个人的名字,必定是彼得·德鲁克。"这是著名财经杂志《经济学人》对德鲁克的评价。德鲁克从来都是企业界,特别是一线经理们关注的焦点和对比学习的标尺。
>
> 资本主义的预言家:关注企业面临的一般性经营问题固然是管理学家的职责,但如果仅从企业经营的微观层次出发,而不能从社会和时代所发生的根本性变化出发,对企业经营的外部环境做出敏锐反应,那么只能是"解决问题",而不能发现机会、把握机会,甚至创造机会。德鲁克意识到了这点,以高度的敏感觉察、分析时代变迁向社会提出的新要求,并以最快的速度向社会、企业界报告企业在竞争中可能遭遇的各种危机。他的大批作品如《断裂的时代》、《经济人的末日》、《企业人的未来》、《非营利机构的经营之道》、《后资本主义时代的经理》等,更像是社会学文献,而不是管理学著作,为他赢得了"资本主义的预言家"称号,在预测商业和经济的变化趋势方面显示出了惊人的天赋。

6.1.2 面试的类型

从不同的角度,可以对面试的类型进行不同的划分。

1. 按结构划分

按面试的结构划分,可以分为结构化面试、非结构化面试与混合式面试。

(1)结构化面试。又称标准化或规范化面试,就是对所有的应聘者,用同样的语言、按照同样的顺序问同样的题目,并且按照统一明确的规范进行评分。在面试之前,面试人员在工作分析的基础上设计与工作有关的问题,包括题型、参考答案、评分标准和测评要素等,并根据应聘者的回答进行定性分析,最后进行优劣的排序,给出录用决策的程序化结果。这种面试的优点在于面试人员可以按照一定的标准,根据应聘者回答的情况进行评分，这种方法操作简单，并且便于对不同应聘者进行分析、比较。由于应聘者经历了同样的过程，可以确保每位应聘者拥有相同的机会，面试的公平性和有效性较高，减少了主观性。缺点在于内容固定，谈话方式过于程式化，局限了面试的深度，应聘者的才能很难充分发挥，而且所收集的信息的范围也受到限制。

（2）非结构化面试。非结构化面试是指对与面试有关的因素不作任何限定的面试，也就是通常所说的随机性面试。非结构化面试中，面试人员与应聘者随意交谈，没有固定的范围和固定的题目。这是一种高级面谈，需要面试人员具有丰富的经验和知识，并且掌握较高的谈话技巧，在轻松的氛围中考查应聘者的知识面、应变能力、理解能力以及表达能力。非结构化面试在中高级管理人员的招聘中比较适用。这种类型的面试优点是灵活自然、简单易行。缺点在于评价结果受面试人员的主观因素影响很大。这是因为，由于对每个应聘者提问的问题是不一样的，难易程度较难把握，这就使面试的可信度受到一定影响。另外，这种面试可能会遗漏重要的问题。

（3）混合式面试。混合式面试既有结构化方式也有非结构化方式。虽然它的整体结构、内容、方式、程序还是基本遵循结构化面试的模式，但是，在实际面试的过程中，面试人员会提出一些结构化问题之外的问题。混合式面试由于综合了上述两种方法的优点，因此，是在实际运用中最为广泛的一种方式。

2. 按面试对象的多少划分

按面试对象的多少划分，可以分为单独面试和集体面试。

（1）单独面试。指面试人员与应聘者单独面谈，是面试中最常见的一种形式。优点是能够给应聘者提供较多的时间和机会，使面试双方进行比较深入的交谈。进一步说，单独面试又可以分为两种不同形式：一种是一位面试人员与一位应聘者单独面谈，这位面试人员负责整个面试过程。这种面试方式大多在较小的单位或录用较低职位的人员时采用；另一种形式是团体面试，即多个面试人员与一位应聘者面谈。这类似于高校中的大学生毕业论文答辩。这种形式在国家公务员录用面试和大型企业的招聘面试中被广泛采用。团队面试有这样几点好处：第一，相对于一对一的单独面试而言，面试人员可以避免内容的重复和疲劳问题。第二，团队面试可以使面试的决策更加准确。第三，团队面试可以在无形中对面试人员进行培训。相对水平较差的面试人员可以从优秀的面试人员那里学到面试的技巧。第四，团队面试向应聘者传递了团队的合作精神。

（2）集体面试。是指多名应聘者同时面对面试人员。在集体面试中，通常要求应聘者分小组讨论，相互协作解决某一问题，或者让应聘者轮流担任领导或主席主持会议，发表演说等，从而考查应聘者的组织能力和领导能力。这种面试方式近年来越来越普遍，其优点是效率比较高，而且便于同时对不同的应聘者进行比较。缺点在于一位应聘者的表现会受到其他应聘者行为的影响。

3. 按面试目的划分

按面试目的的不同划分，可以分为压力性面试和非压力性面试。

（1）压力性面试。是指将应聘者置于一种人为的紧张气氛中，以穷追不舍的方式连续就某一主题向应聘者发问,问题逐步深入,详细彻底,刁钻棘手,甚至具有攻击性,让应聘者穷于应付。面试人员以这种"压力发问"的方式逼迫应聘者充分表现出对待难题的机智灵活性、应变协调能力、控制能力、思考判断能力等方面的素质。压力性面试比较适用于某些特殊岗位的招聘,如销售人员、公关人员和高级管理人员等。

(2) 非压力性面试。是指在没有压力的情境下考查应聘者有关方面的素质,即在非压力面试中,面试人员努力创造一种轻松而亲切的氛围,使应聘者在承受最小压力的情况下回答问题。非压力面试适用于绝大多数的应聘者。

4. 按面试的进程划分

按面试的进程划分,可以分为一次性面试和系列式面试。

(1) 一次性面试。是指对应聘者的面试集中在一次进行。一次性面试通常是由面试领导小组的负责人主持,面试人员则由人力资源部门负责人、业务部门的负责人以及人事测评专家构成。应聘者能否面试过关,甚至能否被最终录用,通常取决于在这次面试中的表现。

(2) 系列式面试。也叫循序式面试,是指分为几次进行的面试。一般先由人力资源部门对应聘者进行面试,主要是考查一些一般性的问题,将明显不合适的人选剔除;然后再由业务部门的人员进行面试,主要考查应聘者的专业知识和业务技能,衡量应聘者对拟任的工作岗位是否合适;最后,人事咨询顾问或企业高层管理人员会对应聘者进行面试,其目的是对应聘者与拟任职位有关的心理方面的特质,如情绪稳定性、进取心与成就动机、自信心等进行测试。每一位面试人员可以从自己的角度考核应聘者,并各自形成评价意见,在综合比较的基础上做出分析评估,共同决定是否录用应聘者。

5. 按面试内容设计的重点不同划分

按面试内容设计的重点不同划分,可以分为行为性面试和情境性面试。

(1) 行为性面试。行为性面试的内容侧重于应聘者过去的行为,就是让应聘者讲述一件过去的经历,从中探求目标职位所需的特定素质。一个完整的行为事例要包括四个基本要素,即情境、任务、行动、结果。具体来说,情境,是指该事情发生的特定的背景和环境;任务,是指在一定的情境下所要达到的目标;行动,是指为了达到目标采取了哪些具体行动;结束,是指该行动的结果。既包括积极的方面也包括消极的方面。从一个完整的事例中,面试人员可以了解到该应聘者的知识、经验、技能水平以及其他与工作有关的各个方面。

(2) 情境性面试。情境性面试是指通过创设一种假定的情境,考查应聘者在情境中如何考虑问题、做出何种行为反应,其评价结果通常具有较高的预测性。但是,情境模拟技术对面试人员的要求高,同时成本也比较高,一般适用于中高级管理人员的选拔。

6.1.3 影响面试决策的因素及其发展趋势

1. 影响面试决策的因素

影响面试决策的因素主要有客观因素和主观因素,其中,客观因素是指不随面试人员或应聘者主观意识变化而变化的因素。主要包括招聘压力和面试人员所获取信息是否充足等。所谓招聘压力是指当上级对招聘结果有着明确的定额要求时，为了完成任务，面试人员对应聘者的评价就会偏高。此外，在实施面试的过程中，面试人员的主观因素在很大程度上会影响面试的最终决策。

（1）第一印象。也叫首因效应，是指两个陌生人在初次接触时留下的印象及产生的心理效应。在招聘面试中，第一印象的表现在于：面试人员往往会以应聘者最初的表现取代其之后的表现，甚至根据面试前从资料（个人简历、笔试等）中得到的印象对应聘者做出评价，而没有考核、测试应聘者的全面表现。虽然人们都知道仅仅依靠第一印象来判断人常常会出现偏差，因为第一印象可能是正确的，也可能是不正确的，但是实际上每个人都会不可避免地受到第一印象的影响，从而带来面试效果的片面性。因此，面试人员要防止第一印象的影响，才能比较客观地判断和评价应聘者。

（2）晕轮效应。也叫光环效应，就像月晕一样，由于光环的虚幻印象，使人看不清对方的真实面目，即事物的某一突出特点成为该事物的全部印象。其特点是"只见树木，不见森林"，以偏概全。晕轮效应与第一印象一样普遍。它们之间的区别在于，第一印象强调的是前面的印象非常深刻，导致后面的印象成为前面印象的补充，是一种时间上的差别；而晕轮效应强调的是事物的某一方面的特点掩盖了其他方面的特点，是一种内容上的差别。在面试中，面试人员本应从个人经历、知识水平、能力素质等方面对应聘者进行全面而具体的考核和评价，但是，晕轮效应会使面试人员只注意应聘者某一方面的表现，从而导致面试决策的偏差。

（3）对比效应。面试人员在对多名应聘者依次进行评定时，往往会受到面试顺序的影响，而不能客观评定应聘者的情况，即面试人员在面试过程中会在应聘者之间进行简单的比较，然后进行评价。通常是以上一位应聘者作为标准来衡量下一位应聘者。例如，同一名实际表现良好的应聘者，如果他的排序在表现一般甚至是表现很差的应聘者之后，往往会得到比较高的评价；反之，如果他的排序在表现优秀的应聘者之后，往往得到的评价会低于实际。这种影响和交叉干扰是正常的，但是，在面试中对比效应的存在有时会影响评价的公正性和客观性。

（4）负面效应。负面信息对人的影响要大于正面信息对人的影响。根据心理学的原理，对人的印象由好变坏非常容易，而由坏变好却非常困难。面试人员在招聘面试的过程中往往容易用挑剔的眼光看待和选拔应聘者，即容易强调应聘者的缺点，甚至会扩大其缺点而忽视其优点。

（5）趋中效应。由于面试人员害怕承担责任或对应聘者不了解，往往会非真实地将应聘者的评价结果定位于中间水平。这种趋中效应是中国传统中庸文化在面试测评中的反映。中国传统中庸文化主张对任何事物都要采取折中即不偏不倚的态度。在这种心理的作用下，应试人员对应聘者的评价往往用语模糊，拉不开档次，无法准确反映应聘者的素质优劣和才能高低。

（6）相似效应。相似效应这种心理因素是指当发现对方某种背景和自己相似时，就会对其产生好感，产生一种同情心理。在面试中，面试人员对于应聘者表现出的与自己相似的经历、背景(如同校或同籍)、思想和行为,往往有更多的兴趣,对这样的应聘者也容易产生好感。例如,应聘者看过的某部影片正好面试考官也看过,对主人公的评价、对故事情节的感受都相同,或者双方都有相同的兴趣、爱好等。相似效应往往以面试人员和应聘者的情感距离为尺度,从而背离了人才测评的客观标准。

(7) 标准偏差效应。由于面试人员缺乏工作的相关知识,特别是对于某些技术性要求较高的招聘岗位,面试人员由于知识的缺乏,在标准的确定和掌握上会出现偏差,导致无法对应聘者做出准确公正的评价,从而影响面试的效果。

(8) 定势效应。面试人员在思想上已经有了定式,该定式是建立在面试人员的价值观、人生经历和工作经验基础上的。由于面试人员对事物已经持有特定的认知态度,无论应聘者的回答和反应如何,他都会根据自己事先已经考虑好的答案加以判断。这种认知定式不仅会影响面试人员的评价标准,而且有可能造成判断和评价失误。

2. 面试的发展趋势

近年来,面试呈现出以下几种发展趋势。

1) 面试形式的多样化

面试已经突破了传统的两个人面对面一问一答的模式,开始呈现出丰富多彩的形式,从非结构化面试到结构化面试,从单独面试到集体面试,从压力性面试到非压力性面试,从一次性面试到系列式面试,从行为性面试到情境性面试。此外,还出现了一种当前还只有少数公司采用的面试方式——电脑面试。灵活运用这些面试方法,可以更有效地测量应聘者的素质。

2) 结构化面试被广泛采用

在所有的面试形式中,结构化面试作为一种标准化的面试方式得到了越来越广泛的使用。这种面试方式可以改变传统面试随意性大、面试的效果得不到有效保证的状况。采用结构化面试,得到的结果不再仅仅是面试人员的印象分,而是有着统一的评分标准,保证了面试的公平公正性。

3) 面试测评内容的不断扩大

传统面试测评的内容仅仅限于对应聘者的仪表风度、语言表达能力、技术水平和知识面等的考查,主要是测评应聘者的一般素质;而现在面试测评的内容已经扩展到对应聘者的求职动机、思维能力、反应能力和进取精神等全方位的考查,是一种涵盖一般素质和特殊素质的综合测评。

4) 面试人员的专业化

面试人员一般都是由人事部门的人员或实际用人部门的人员组成。这些面试人员的优势,通常是对招聘职位或对公司内部事务有比较全面的了解,相关专业知识比较丰富。但是,他们往往缺乏面试方面的知识,在对面试技巧等方面的掌握尚有欠缺。企业可通过对面试人员进行短期专门培训等途径,行之有效地提高面试人员在测评应聘者中的专业水准。

第6章 面　试

 案例链接

如何招聘到新的核心员工

与如何应对核心员工离职永远相伴的就是如何招聘到新的核心员工。时值招聘高峰，企业应如何在关键岗位的招聘面试中提高效率呢？

一般的面试程序是人力资源部门初步面试，把握应聘者基本素质；专业能力由专业的部门经理把握；重要的岗位以及经理级人选一般再加一道或两道面试程序，由高层领导面试。

领导作为面试官时，应把公司的大致情况以及公司的发展前景做简要描述——因为公司的发展变化需要增添新的人才加盟，这样顺理成章地把招聘的原因及重要意义叙述出来。进而可以具体叙述招聘的新人需要干什么、干到什么程度，甚至可以提出干到什么程度会有什么待遇等。总之，作为一名领导级的面试官，应在最短的时间内将企业现状及发展前景和招聘岗位的相关要素非常连贯地告知应聘者，整个叙述过程两三分钟即可。通过这种叙述，不用发问，应聘者会立即产生共鸣，围绕面试官所聊的主题，展开下一步的阐述，这样才能最大限度地节省面试时间。

（资料来源：http://www.tianya.cn/techforum/Content/415/136.shtml.）

6.2　面试前的准备

6.2.1　准备面试的意义

为了提高面试的可靠性，需要做好面试前的准备工作。可以说，面试前的准备工作对面试的成功是至关重要的。

首先，面试前的准备工作能够帮助面试人员更准确地判断应聘者。如果面试人员不熟悉应聘者简历的信息，就无法提出一些关键性的问题；另外，面试人员也需要熟悉岗位信息，具备相关的知识，以便更好地判断应聘者与岗位的匹配性。

其次，面试前的准备工作能够帮助应聘者正常面试。例如，对面试时间、面试地点的选择与安排等，如果事先没有经过周密的准备，很容易出现纰漏，从而影响面试的正常进行。

最后，面试前的准备工作能够帮助应聘者形成对公司的良好印象。招聘面试不仅仅是收集应聘者信息的过程，同时它也是向应聘者传递信息的过程。一场安排混乱、接待不周的面试，会使应聘者加入该公司的愿望大打折扣，从而可能会使公司失去一些优秀的潜在人才。特别是对于服务行业的企业来说，因为每一位应聘者都可能是一个潜在的客户群。为了使应聘者对企业形成良好印象，组织必须要做好面试前的准备工作。

 小贴士

求职者的面试技巧

（1）坦率地询问面试人员为什么不雇佣你。人力资源策略公司总裁、《突然的监管：上下左右的全面管理》的作者罗伯塔·琴科斯·马图森（Roberta Chinksy Matuson）说："记住要用这样的问题来结束对话'我的背景资料中有没有您特别关注的部分呢？'"这样可以为自己赢得消除疑虑的额外的对话。

（2）准备一些陈述口号。成就和技能都需要被清楚地展示出来。陈述口号是简洁直接的，也是容易让人记住的。

（3）询问并要求准备工作。询问自己是否能为面试官做一些与工作相关的任务，得到允许向面试人员展示自己的能力，也许还能帮助面试官节省时间。

（4）配合面试官。要跟随面试官的节奏和速度，保持呼吸平稳。

（资料来源：http://hr.onjobedu.com/xcfl/36583.html.）

6.2.2 准备面试的内容

面试前需要准备的内容包括以下几个方面。

1. 选择面试人员，对面试人员的培训

面试前首要的准备工作是选择与培训面试人员。可以说，面试能否取得预期效果，关键在于面试人员是否具备应有的素质，以及临场组织是否发挥出了正常的水平。研究和实践都证明：经过培训的面试人员无论是评价的可信度还是评价的质量都明显比没有经过培训的面试人员要高。面试人员一般由人力资源部门的人员、具体用人部门的人员和专业的人力资源专家组成。通过建立面试的专门制度，使面试规范化，尽可能减少偏见和误差，从而改善面试的有效性和可靠性。

2. 阅读职位说明书

面试人员必须深入了解、认真掌握该招聘职位的工作职责和所需任职人员的资格条件，包括必须具备的学历、经历、技能及其他条件。人员招聘的目标是为了能够及时满足企业发展的需要，弥补企业空缺的职位，因此，面试最直接的目标是获得该职位所需要的人，这样一来，在实施面试之前认真分析招聘职位对应聘者的素质要求就显得非常重要。可以说，在面试中判断一名应聘者是否能够胜任该工作的最主要的依据就是职位说明书。不同的工作岗位，其工作内容、职责范围、任职资格条件等都是有所不同的。例如，即使是在某一公司内部，技术部门和人力资源部门的岗位，无论是工作性质、工作对象，还是任职资格条件，都有很大差别。这意味着招聘面试的内容和形式都应有所不同，而且，面试提问时的侧重点以及考查的角度、测评标准等也应各有侧重，面试人员要熟悉岗位要求、工作的环境因素、未来的发展机会和薪酬福利等，有的放矢地进行面试。

3. 审查应聘者材料

在开始面试前，面试人员还应该仔细审查应聘者的各项材料，包括应聘者的个人简历、资格证书和报名表等。通过阅读应聘者的这些材料，可以使面试人员对应聘者形成一个基本印象，初步了解应聘者的出身、专业背景、从业经验以及持有的资格证书等，需要对应聘者是否满足该职位任职人员所应具备的必要条件进行初步、总体的判断。在阅读、审查的过程中，应记下含糊不清的问题、前后不一致的问题和难以理解的地方，以便在面试时提问，从而得到应聘者的澄清和解释，同时，应标明应聘者的优缺点，如个人简历的制作是否富有特色，行文是否流畅而富有逻辑性等。另外，可以根据简历提出几个有针对性的问题，可以避免毫无根据的假设并且缩小应聘者可能问答的范围。

但是，现在也有人提出了与上述看法有所不同的观点，认为在面试之前不要让面试人员了解太多有关应聘者的材料，因为这样做，会给面试人员造成某种偏见，会产生"先入为主"的观念，这反而不利于保证面试的客观性和有效性。

4. 安排面试的时间及地点

面试的具体组织实施工作比较烦琐，包括面试时间的确定、面试地点的选择和布置、面试等候空间和面试材料用品的配备、决定应聘者面试顺序等，这些工作看起来很不起眼，但其中的任何一项出现疏漏，都有可能影响面试的顺利实施。在这里，需要注意以下几个问题。

（1）面试时间安排。面试人员应事先确定面试时间，特别注意提前规划自己的时间，尽量避免面试的时间与其他重要工作的时间相撞。特别是在大规模面试时，可以编制面试时间表，将应聘者的面试时间统一记录，逐一通知，以防遗漏或发生冲撞。在面试时间表中，特别要注意填写具体的面试时间段。为了有效地达到面试目的，应该让应聘者有足够多的谈话时间。另外，两名应聘者之间要留出一定的时间，以便面试人员填写面试评价表和签署面试意见。

（2）面试地点安排。在面试环境比较差的情况下，面试人员和应聘者都可能受到干扰。在干扰中，应聘者很难进入状态充分展示自己，而面试人员也很难集中注意力收集用于决策的相关信息。一个良好的面试环境就是要排除所有听觉与视觉的干扰，以使面试人员和应聘者能够进行轻松的沟通。所以，面试的地点首先必须是安静的，最好选择在单独的房间；其次，面试场所的面积应适中，一般以 30～40 平方米为宜（如小型会议室），最好不要装电话，以免面试受到电话的干扰；第三，房间内的温度应适宜，必要时可以打开空调；第四，应保证光线柔和，不能太刺眼；第五，清除闲杂人员等，房间内只有面试人员与应聘者，同时，尽量把所有可能分散应聘者注意力的物品收起来以减少干扰。

（3）座位安排。在面试中，应该为双方安排舒适的座椅，并且尽量减少可能阻碍双方沟通的各种障碍，应避免盛气凌人的座位安排。可以说，在面试的环境方面，面试人员和应聘者的座位安排也是非常值得关注的一个问题。就考官与应考者的位置安排来说，通常有如下几种模式。

① 多个面试人员面对一位应聘者，是一种圆桌会议的形式，排列成圆桌形，通常不会使应聘者感觉到太大的心理压力，可以缩小双方之间的权力差距，同时看上去也比较正式。

② 一对一的形式，面试人员与应聘者面对面而坐，距离较近。这时，双方目光直视，很容易给对方造成心理压力，应聘者很可能会感觉紧张不安，以致无法发挥出正常的水平。当然，如果是刻意考查应聘者的压力承受能力的话，则另当别论，可以采用这种形式。

③ 一对一的形式，面试人员与应聘者相对而坐，双方的距离又显得太远，不利于交流，过度紧张下，应聘者容易听不清面试人员的提问，不利于面试人员判断应聘者的理解能力和反应能力。同时，空间距离过大也会在一定程度上增加面试人员和应聘者之间的心

理距离，不利于双方更好地进行交流沟通。

④ 一对一的形式，面试人员与应聘者坐在桌子的同一侧，虽然弥补了②和③的缺点，既不容易造成心理压力，又不会有碍听觉，同时也容易拉近心理距离，但是这样一来，面试人员的位置显得不够庄重，而且也不利于面试人员对应聘者的表情和姿势进行观察。

⑤ 一对一的形式，面试人员与应聘者成一定的角度而坐，这样既可以进行目光交流，又不会把应聘者直接置于面试人员办公桌的正面，避免双方目光的直射；也可以减轻其心理压力，缓和应聘者的紧张情绪，避免应聘者过于紧张而无法发挥出正常的水平；同时也有利于面试人员对应聘者进行观察。

5. 设计面试问题

在实施面试前，还应该根据录用标准，预先拟定面试的问题与提纲，所设计的问题应该能够考核招聘职位所需的所有必要的素质要求，包括与工作相关的知识、人际关系和心理素质等。

（1）开放性的问题。开放性的问题是让应聘者自由地发表意见或看法，希望获取应聘者更多信息的面试题目。对于这种问题，要求应聘者不能用简单的"是"或"不是"来回答问题，而是要尽可能多地组织自己的语言。通常来说，开放性问题都是一些应聘者比较熟悉或提前有所准备的内容，如"请做一个简单的自我介绍。""到目前为止，你在生活上或事业上遇到的最大挫折是什么？""说说你自己有哪些优、缺点。"

（2）封闭性的问题。封闭性的问题和开放性的问题正好相反，要求应聘者用尽可能简短的语言对某一问题做出明确的答复，如"是"与"否"。因为答案简单，因此无法获取应聘者的更多信息，但是，这种是非清晰的问题能够帮助面试人员以最简洁的方式得到最有效的信息。有很多时候，应聘者对封闭性问题所做出的肯定的或否定的回答本身并不重要，重要的是随之而来的下一个问题："为什么？请你举例说明。"比较常见的封闭性问题有"你与同事之间的相处曾有不愉快的经过吗？""如果你有机会重新选择，你会选择不一样的工作领域吗？"

（3）行为性的问题。面试中的行为性问题一般是一些直接与工作要求相关的问题，通常要求应聘者详细叙述过去的行为事件，如"和朋友发生冲突时，你是如何处理的？""在你过去的销售经验中，曾遇到什么样的难题？你是如何克服的？"

（4）情境性的问题。情境性的问题事实上是假设性的问题。行为性的问题和情境性的问题的相似之处在于二者都是将应聘者置于具体的情境之中，考查应聘者的具体行为，但是二者也有区别，行为性的问题是让应聘者描述一件发生在自己身上的真实事件；而情境性的问题则是采用了一个虚幻的假设，它是鼓励应聘者从不同的角度思考问题，充分发挥应聘者的想象力，从中探求应聘者的态度和观点。

下面举出几个情境性问题的实例："从现在开始算，未来五年，你希望自己成为什么样子？或者，你认为五年后你能达到什么样的成就？""你从上周开始做一项工作，但是，今天突然发现以前所做的可能都是错误的。这时，你会怎么做？"

（5）探索性的问题。探索性问题通常是一些追问性问题，当面试人员想要继续挖掘信息的时候，或者当应聘者对上一个问题的问答引起了面试人员的兴趣时，他会不停地进行追问，而这些追问的问题也就构成了探索性的问题。而探索性问题是与五个"W"和一个"H"分不开的。五个"W"分别是指"谁(who)"、"什么(what)"、"什么时候(when)"、"什么地点(where)"、"为什么(why)"，而一个"H"指的是"怎么样(How)"。几个典型的探索性问题：你参加过什么业余活动？你认为这个产业在未来五年内的趋势如何？

(6) 设计答案。在设计面试问题之后，还应该设计客观的标准答案，这样，在面试时就可以按照标准的评分表给每一位应聘者打分，在确定答案的时候应注意，既要确定有效答案又要确定无效答案，以有效答案为参考范本。

(7) 不恰当的面试问题。所提的问题如果太直接或是不够准确，都无法让应聘者充分发挥他的潜能。比较好的方法是继续追问一些行为性或探索性的问题，让他详细阐述。而且，在提问的过程中，尽量避免使用诱导式的语言，提出引导式或多项选择式的问题。另外，还要考虑所提的问题是否合法，如是否对某些应聘者有歧视的嫌疑及某些问题是否侵犯了应聘者的个人隐私等。

(8) 合理安排问题的顺序。在拟定了面试问题之后，面试人员还应该对问题进行合理的排序。排序的原则是循序渐进，先易后难，先具体后抽象，从应聘者能够预料的、事先有所准备的问题出发，让其逐渐适应。当应聘者进入角色后，再加大提问难度，这样有利于应聘者逐渐适应，充分发挥。另外，在有多位面试人员同时在场的情况下，可以提前把准备好的问题按类别进行分配，由合适的面试人员提出合适的问题，以免面试时提问的次序混乱。

(9) 制定面试提问的问题和评价标准后，在时间允许的情况下，最好先交由公司的相关部门人员或高层管理者过目，或者经过小组讨论，在听取反馈意见的基础上，对问题和评价标准加以修改并确定。这样，可以更好地把握人员招聘过程中的评价标准。

6. 制作面试记录表和面试评价表

在实施面试之前，还必须准备面试记录表和面试评价表。评价表的设计要符合规范的格式，并有明确的说明，使面试人员明确自己在某个阶段的具体行动和某个问题的决策权重；并且分配给每个问题的分值应当合理，这样有利于应聘者档次的拉开，便于最终录用的决策。最后，在规定的打分栏后留有空余(备注)，用于面试人员对应聘者回答的记录以及补充对某些问题的个人看法，方便本次面试的评估总结或为下一次的面试做准备。

 案例链接

面试中的"损招"——你有"心"吗

某合资企业想招聘一名办公室人员，负责安排企业的对外联络业务，工作比较繁重，对学历要求不高，但人一定要心细，换句话说，要有"心"。公司人力资源部想出了这样一个"损招"。

在一间非常宽大的办公室内，桌后坐着几位进行面试的考官，在考官面前约五米远处放了一把椅子，供面试人员面试时坐，一张纸"掉"在面试房间门口的旁边。应聘者中不乏名牌大学毕业的本科生和研究生，他们衣着讲究，头脑灵活，面对考官的问题侃侃而谈，显示出名牌大学学生的能力与"素质"。但他们对那张纸都熟视无睹，有的甚至还一脚踏上去。

最后进来一位衣着不如前面任何一位体面的普通高校学生。当他进门时，发现地上有张纸，连忙把它捡起来，看了看，发现是张空白纸，被踩脏了，就把它放在纸篓里。当看见椅子离考官比较远时，往前挪了挪。面对考官的问题，他的回答虽不尽如人意，但却显得从容不迫。

然而，就是这位被众人讥笑为"乡巴佬"的人被考官们录用了。

（资源来源：http://www.edu2401.com/web_news/html/2009-2/2009210133255997.html.）

6.3 面试准备程序

6.3.1 面试的过程

做好所有的准备工作后，就要开始正式的面试了。面试的过程可以分为以下五个阶段：建立融洽关系的阶段、相互介绍阶段、核心提问阶段、确认阶段与结束阶段。每一个阶段面试人员都有各自不同的任务，也应提出不同的问题。

1. 建立融洽关系的阶段

面试的主要目的是寻找和发现应聘者与招聘职位有关的特质，为了实现这一目标，首先应该在考场中营造一种宽松、和谐的面试气氛。通常来说，在刚刚开始面试时，应聘者都会不由自主地感觉紧张，在强大的心理压力下，很难充分地发挥、自由地表达。这会失去面试的真正意义，对企业而言，也可能意味着会错失一位优秀人才。而亲切、自然的面试气氛会使应聘者在心理上产生一种信任感，保持平和稳定的情绪，畅所欲言，与面试人员更好地沟通，正常地发挥出自己的真实水平和能力。可以说，这个阶段虽然短暂，却是非常重要的，基本可以确定整个面试过程的基调。

因此，在面试开始的最初几分钟，面试人员可以谈一些比较轻松的话题，和应聘者建立一种融洽的关系。应聘者能够放松心情，公开地谈论，面试人员也可以借此对应聘者的适应能力做出判断。在这个阶段，没有必要提出相对而言比较难以回答的行为性问题，提出一些随意的、和工作本身没有太大关联的封闭式问题就可以达到目的，如"今天的天气真冷（热），是吧？"但是需要注意的是，进行闲聊虽然有助于使应聘者放松下来，但是，面试人员还是应该将闲聊限制在面试过程的初期，出现过多的闲聊会限制对应聘者其他能力进行评估的时间。而且，过多的闲聊会误导应聘者，使他认为轻松的谈话、宽松的氛围意味着面试人员倾向于决定录用他。

2. 相互介绍阶段

在这个阶段，面试人员首先要向应聘者介绍本组织的自然情况，有关工作时间、工作地点、劳动报酬的方式以及其他应聘者可能感兴趣或希望了解的事项。此外，面试人员要向应聘者介绍整个面试的过程。事先介绍面试过程可以使应聘者心里有数，可以更好地与面试人员进行沟通。

3. 核心提问阶段

核心提问阶段是整个面试中最重要的，也是最具实质性的阶段。在这个阶段，面试者将根据工作分析和职位要求，测评应聘者的有关能力，即知识水平、技术能力、应变能力和人际交往能力等全部有关信息。核心提问阶段应该占整个面试过程的85%左右，主要采用行为性的问题和情境性的问题，当然也可以穿插其他的提问方法。事实证明，将开放性问题、封闭性问题、行为性问题、情境性问题和假设性问题有机结合起来，灵活运用，可以大量地获得应聘者的有效信息，能够对应聘者做出最真实的判断。

4. 确认阶段

在这一阶段，面试人员要对前几个阶段所获取的应聘者的信息进行再次确认。为避免对应聘者的回答产生诱导，尽可能多使用开放性问题，也可以适当提几个封闭性问题。但是无论怎样，在确认阶段都不应该再引入任何新的话题，严格来说，这一阶段是对上一个阶段问题的重复提问和总结性提问。

5. 结束阶段

在结束阶段，面试人员应该回顾面试记录，检查自己是否还有遗漏的问题没有提问，如果确有遗漏，要在这个最后关头提出追问。同时，对应聘者而言，这个阶段也是整个面试的"最后机会"阶段。

除此，面试人员也应该给应聘者一个最后展示自己的机会，这时，可以再提出几个行为性问题或开放性的问题。例如，"你能再举个例子证明你在某方面的技能吗？""还有什么要补充说明的吗？"最后一个问题非常重要，面试是一种双向交流，不应该让应聘者带着任何疑问离开，可以在这里简要回答应聘者的提问，除非他的问题涉及面试的结果或对本人的评价问题。同时，可以在面试即将结束时以诚恳的态度告诉应聘者，大约在什么时间会得到面试结果的通知。

由于面试人员的任务是收集应聘者的信息而不是进行一次一般性的谈话，因此，在整个面试的考核阶段都不应该发表任何个人的看法。无论应聘者是否会被录用，面试人员都应该以热情友好的语言和态度为应聘者留下一个积极、美好的印象。

6.3.2 面试的技巧

面试过程的五个阶段中，不仅始终贯穿着各种类型的提问等语言沟通技巧，还包括一系列的非语言沟通技巧。

1. 提问的技巧

合格的面试人员必须善于发问，而且问的问题必须恰当，不要问明显带有提问者本人倾向的问题，如以"你一定……"或者以"你没……"开头的问题。因为这种以"你"开头的问题通常容易把应聘者的回答引向面试人员所期望得到的答案。优秀的面试人员还应灵活地运用各种提问方式。在整个提问过程中，可以反复使用开放性提问、封闭性提问、行为性提问、情境性提问，这些内容在上一节中分别作过介绍。除此之外，还应掌握重复性提问、确认性提问等语言沟通技巧。

所谓重复性提问，是面试人员从不同的角度再次提问，如"你是说……""如果我理解正确的话，你说的意思是……"从而可以进一步检验获得信息的准确性。

确认性提问是为了鼓励应聘者继续与面试考官交流，表达出对应聘者回答内容的理解。例如，"你说的……是有道理的，但是，从……的角度讲……你的意见是……"

2. 学会倾听，学会沉默

倾听一方面可以表达面试人员对应聘者的尊重；另一方面，面试人员就是要想办法从应聘者的谈话里找出所需要的信息，而只有认真倾听才不会遗漏任何有用的信息。因此，面试人员一定要掌握倾听的艺术。

面试人员应该控制整个的面试过程，掌握过程的主动权，但这并不意味着面试人员就应该多说。在整个面试过程中，面试人员所说的话应该在总体的30%以下。当应聘人员问完一个问题后，应该保持沉默，观察应聘者的反应，特别注意不要在应聘者还没有来得及开口回答时，或者感觉到应聘者暂时还没有理解所提的问题时，就急着再次解释问题。如果面试人员在这个时候能够保持沉默，就可以观察到应聘者对这个问题的应对能力，事实上，这也是对应聘者理解能力的一种考查方法。

在面试的过程中不要有任何提示，否则，应聘者的回答就会以面试人员的观点为转移。面试人员提出问题后，要仔细倾听应聘者的陈述，在这段时间里，面试人员的反应可能是沉默不语，也可能时而点点头、时而发出鼻音。应注意，此时的点头和发出鼻音，仅仅是为了鼓励应聘者做出完整的表达，没有其他意思。面试人员在面试过程中，不应该表示出任何评价之意(确认性提问属于一种例外)。当然，面试人员在提出问题后就完事大吉、一听到底，也是不妥的。但是，面试人员也不要随意打断应聘者的讲话，而是应该在应聘者的表述中适当地插话交谈，以活跃面试的气氛，帮助应聘者消除紧张。或者，也可以借机对必要的问题提出追问，以探求应聘者更深层次的想法。

应聘者在面试中一般都有掩饰倾向，常常不愿意说出事情的真相或表达自己的真实感受，这对面试人员的观察能力、综合分析与判断能力都提出了很高的要求。在倾听的时候，要善于提取应聘者回答的要点并注意思考，及时归纳整理，抓住关键之处，进行进一步的提问。

3. 注意非语言信息

在面试中，不仅可以通过语言信息的沟通进行测评，也应该关注非语言信息的沟通。非语言沟通不仅包括面部表情、身体动作和手势，还包括说话中的停顿、语速、声调和清晰程度。

在面试的过程中，应聘者的面部表情会有很多的变化，如面部涨得通红，不敢与面试人员对视，或者目光暗淡、双眉紧皱等，这些非语言信息可以在一定程度上反映出应聘者的个性、诚实程度、自信心等情况，关注这些信息也是对应聘者的心理进行了解的过程。

此外，面试人员在面试时也应该注意自己的非语言信息对应聘者的影响和暗示作用，如情绪化，或者当话题沉闷时变得心不在焉，或者发问的声音过低等。

4. 注意提问内容不偏离主线

提问的内容应该与工作有直接的关系，不要提与工作无关的私人问题。这样做，既可以节省时间，紧紧围绕面试的目标，不至跑题；同时，也可以避免引起法律纠纷，招致不必要的麻烦。

 案例链接

招聘面谈时的提问技巧

某公司今年在组织面试的时候一改常态。

星期一八点半，第一批应聘者四人。人力资源部王经理在办公室，简短地问一些一般性的问题，并且说明上班时间和内容等，然后带着这位应聘者，在办公区走一圈，同时很自然地问一些问题。应聘者可能不知道，这才是面谈真正的开始。王经理认为，当一边走一边谈工作上的各种状况时，对方心理没有防卫，有些问题是应聘者没有想到的，这些问题最好能使应聘者停下来想几秒钟。趁这个时候，可以多观察他们的肢体语言，而不只是听他们说话。以下是王经理问的一些问题，并针对应聘者的回答内容和肢体语言，做出判断。

"有没有什么事情是我不应该知道的？"

如果对方愿意讲出自己的缺点，至少表示他们的自省能力、诚实。例如，他也许会回答："也许我不应该这么说，但是当我非常努力工作，别人却在偷懒的时候，我的火气会很大。"这种人在团队运作时，可能比较不理想，但是对于需要高度耐性、投入的工作，却很能胜任。

"如果我问你的前任主管，他会认为你最大的优点是什么？"

如果他只是很泛泛地说，很可能刻意在隐瞒什么。

"如果我问你的前任老板，他会认为你最大的缺点是什么？"

看他在回答这个问题时，和上一题有什么不同，如果他详细回答前一题，但是却避重就轻地回答这一问题，他一定在刻意欺骗。

"人性常会强化优点，将缺点淡化，你可不可以告诉我，你想要强调的优点是什么？"

大多数的应聘者擅长专业能力或人际技巧中的一项，很少有两项能力都很强的。这个问题可以使王经理了解应聘者比较擅长哪一方面。例如，有高度专业技能的应聘者，可能会强调他的专业能力，这表明他和别人相处的能力有待改进。如果没有这样问，对方可能永远不会承认这点。接下来，可以继续追问："既然你的人际关系方面不是那么完美，你如何让它不会对工作产生阻碍？"如果对方清楚地知道自己的弱点，并找出方法来弥补，比较有可能变成有价值的员工。

举出员工在工作上可能碰到的问题，问他们："你会如何解决？在这样解决的过程中感觉如何？"

如果对方已提前准备好答案，那么当其被问到感觉时，会不知所措。尽量问一些应聘者没有办法提前准备的问题，才能了解其真实的样子。

"工作时，你怎么知道自己是不是已经达到了极限？"

不知道如何回答的人，很可能是那些试图要掩盖问题，而不向别人求援的人。那些可以轻松回答这个问题，甚至举出例子的人，如他曾经有过什么状况自己无法处理，求救于上司，能够迅速发现问题，向上级报告。

"请说说看你在上一份工作中学到了什么？如何将这些心得用在现在的工作情境中？"

这个问题特别适用在走动时提问。因为正可以把眼前看到的情境，提出来问对方。如果对方对他学到了什么，讲得头头是道，但是却无法说出可以怎么运用到未来的工作状况中，这表示他所说的答案，可能要打折扣。当对方回答问题时，眼睛往下看，有可能是有隐瞒。如果他的身体语言前后不一，有些问题回答得很好，有些问题却闪烁其词，这就要注意了。

（资料来源：http: //guanli. /00xuexi. com/HP/20100520/Detail D. 1062708. shtml. ）

6.3.3 面试的总结

1. 总结信息

面试结束后,面试人员要总结面试过程中所获取的应聘者信息。认真检查面试记录,并且仔细回顾刚才的面试印象,将意见填入面试评价表。事实上,这个过程也并不完全是在面试结束之后进行的,在面试的过程中,面试人员不仅要积极地参与、认真地倾听,为了避免遗忘,与此同时还要做一些笔记,即面试记录。面试记录并不需要一字不差地复述面试的场面,只要记下应聘者的回答要点和面试人员的评价即可。在记录的时候注意不要让应聘者看到记录的内容,可以把记录本稍稍倾斜成一定角度。

事实上,这种面试记录和面试评价表除了可以用做面试决策的依据,对于公司来说还可以有其他方面积极的用处。例如,在录用应聘者之后,可以根据对该应聘者优势的总结,分配给他让他能够发挥自己的优势并由此而取得成功的任务;或者,针对该应聘者的劣势在新员工培训时着重训练。同样的信息如果反馈给该应聘者本人后,他也可以采取措施加以改进或者强化,对于他今后的职业生涯必然是有益的。

2. 最后决策

在仔细审核面试记录和面试评价表的基础上,面试人员要对该应聘者做出最终决策。如果有多名面试人员参加面试,可以采取"体操评分法",即当场打分后,去掉一个最高分和一个最低分,取要素分数的平均值,按权重合成总分,这样可以保证面试的公平和公正性。同时,面试人员应按照事先约定的时间和方式,把面试结果通知给应聘者。在这里需要格外注意的是:绝大多数的公司都是只对面试合格者发出结果通知,而对面试未合格者却不闻不问。这是对面试结果不合格者极大的不尊重。这种不尊重在一定程度上也有损公司的形象。一份措辞得体、合乎礼仪的辞谢书,不仅会给失误的应聘者带来一丝温暖,而且也有助于树立公司良好的形象。

3. 面试人员对本次面试的自我评价

面试人员除了对应聘者做出评价之外,还要在面试结束后,对本次面试中自己的测评方法和测评内容做出评价。这不仅有助于保证面试的透明性和公正性,同时,对提高面试人员自身的专业水平也大有益处。

 案例链接

面试技巧攻略

如何提高面试的效率,并且通过面试准确地判断适合企业的人才、吸引这些人才,是人力资源工作者所要探讨的。

1. 问题的设计

在面试之前,招聘人员必须对面试的问题进行科学的设计。一方面,经过科学设计的问题可以帮助招聘人员把握面试的核心内容,做到有的放矢;另一方面,结构化的问题也帮助企业在未来的员工面前树立良好的形象。这些问题的来源主要是招聘岗位的工作说明书及应聘者的个人资料。问题的设计可以遵循STAR原则：situation、task、action、result。

2. 提问技巧

在面试中，"问"、"听"、"观"、"评"是几项重要而关键的基本功，提问方式的选择，以及恰到好处地转换、收缩、结束与扩展问题和问话，又有很多值得注意的技巧。主要有封闭式、开放式、引导式、假设式、重复式、确认式、举例式等提问方式。

3. 环境和氛围的营造

在面试房间的布置方面，要尽可能地营造一种平等、融合的氛围。例如，用圆桌代替方桌；在位置的安排上，与应聘者保持一定的角度，而不是面对面等，这样都可以减少应聘者的压力。同时，要让员工了解企业的面试工作，让他们也参与到面试工作中来，他们的工作方式和态度，对应聘者做出是否加入企业的决定会产生重大的影响。

4. 倾听的技巧

在整个面试过程中，70%的时间都是应聘者在陈述，面试人员要做一个好的听众。在倾听的过程中，积极的肢体语言无疑可以帮助应聘者放轻松。

（资料来源：http://bbs.yingjiesheng.com/thread-688686-1-1.html.）

本 章 小 结

面试是企业最频繁使用的一种人员选拔测评手段。本章对面试进行了详细分析，介绍了面试的特点和几种类型划分以及影响面试决策的相关因素；在此基础上重点介绍了为有效达成面试效果，面试人员应做的准备工作及需掌握的面试技巧。

面试具有测评的直观性、交流的双向性、内容的灵活性、对象的单一性、判断的主观性、时间长短的不确定性六个特点。此外，根据不同的标准可以对面试进行多种不同的划分。在实施面试的过程中，面试人员的主观因素在很大程度上会影响到面试的最终决策，如第一印象、晕轮效应、对比效应、负面效应、趋中效应、相似效应、标准偏差效应和定式效应等都会对面试人员产生一定的影响。

为了提高面试的可靠性和有效性，在实施面试之前，面试人员还要做大量的准备工作，包括：阅读职位说明书、审查应聘者材料、安排面试的时间和地点、设计面试问题、设计面试记录表和面试评价表。

在面试的过程中，面试人员要注意掌握一定的面试技巧。不仅要掌握各种类型的提问等语言沟通技巧，而且还要注意一系列的非语言沟通技巧。

练 习 题

一、思考题

1. 什么是面试？有哪些类型？
2. 简述影响面试决策的影响因素。

3. 面试前应准备哪些内容及意义是什么？
4. 简述面试的过程。
5. 面试的技巧有哪些？

二、课堂讨论题

雅虎公司（以下简称雅虎）是全球领先的互联网通信、商务和媒体企业，每月为全球近2.5亿用户提供多品牌的综合网络服务。作为互联网上的第一家提供在线导航服务的公司，雅虎在访问量、广告、家庭和商业用户领域均属领先者。雅虎是全球最大的互联网品牌，拥有全球最大的网络用户群，并致力于成为消费者生活中日益重要的组成部分。

雅虎充分利用其网络的优势，在每一个电子招聘广告的职位后面都开通了不同的电子回复地址，以便应聘者的简历无须经过人力资源部而直接传递到部门负责招聘者的信箱，从而大大提高了筛选简历的效率。同时，公司设置了自动回复，凡是发出简历的应聘者都会立即收到一封回信，感谢其对雅虎的关注和对此职位的兴趣，说明公司正在请相关负责人认真阅读其简历，并会尽快通知其进一步的安排。

一般来讲，公司会在三天之内把相关简历做粗略筛选，尤其是信息不全的情况，会立即与应聘者联系，索要更详细的信息，或要求用更便于阅读的方式发送。有时公司会在邮件发出一周后收到应聘者的回复："实在不好意思，我刚打开信箱，我真没想到你们那么快就与我联系。"雅虎希望客户从一点一滴中感觉到其高效的服务。

周到细致的电话交谈

雅虎一般在正式面试之前安排电话交谈，时间会选择在工作日的晚上或周末。这样做的目的是考虑到应聘者可能有不方便之处，如果双方都在轻松愉快的环境下交谈，一定会取得很好的效果。常常在接通应聘者的电话，报出公司名称之后，对方会吃惊地说："你们想得太周到了，我就怕工作时间接到你们的电话，现在就不用担心了。"

有些公司的人力资源人士认为电话交谈的作用并不大，因为电话这种沟通形式有很多局限性，它唯一传播的手段就是声音，从而一些重要信息容易被掩盖。其实这里有两个误区，一个是选择的时间不当，另一个是设置的问题不当。时间的问题已经解决了，就是要尽量避开工作时间，除非可以初步判定应聘者正处于歇业状态。电话交谈的问题应是基本问题，如确认简历中的一些内容，询问其工作史和现在工作的职责，介绍其应聘的工作岗位，初步判断其个人兴趣与此岗位的符合性。统计表明，雅虎电话交谈的筛选率约为50%，也就是说通过专业人士主持的电话交谈可以有效决定来参加进一步面试的人选。这样无论是应聘者还是公司都大大提高了效率。企业主持招聘的人员大多都遇到过这样的情况：面试当天，应聘者风尘仆仆地赶来，可是在开始阶段就发现个人对职位内容的预估与当面介绍的职位情况是大相径庭的，双方都很尴尬，无形之中浪费了不少时间。所以，电话言谈还是很必要的，关键在于如何周到安排并有效控制所需得到的结果。

轻松而高效率的面试

雅虎的面试很有创意。首先它是在玻璃房子中进行的，这一点，有些应聘者开始会不大习惯，但这是雅虎的文化，所以这也算是一种对环境适应性的小小的挑战，因为应聘者将来的工作环境就是这样的。面试过程中人力资源管理者会发现有的应聘者很自然接受这样的环境，还会时不时对匆匆忙忙来来往往的同事进行评价，也会对在办公区踩着滑板车穿梭的同事表示吃惊，每当这时他们都会自豪地说"这就是雅虎"，"no boundaries"（没有约束，轻松愉快地工作效率更高）。他们还会建议西装革履的应聘者下次再来着便装就可以了。

雅虎的面试用桌全部都是圆桌，很平等。茶水、咖啡、纸巾都是必备的。电话、电源、网线齐备，有备而来的应聘者可以利用充足的资源呈现他/她的作品和他/她想演示的内容。效率很高，不用临时抱佛脚。并且从方方面面让应聘者感觉到雅虎的特点和效率。

为了尊重应聘者的时间，人力资源部尽量做内部沟通和协调，请包括用人部门在内的有关决策人都在同一个半天内安排出时间，以便面试的每个步骤顺利地进行。每位招聘官面试的侧重点都不一样，有时也会几位招聘官与应聘者坐到一起，有利于各方的配合与沟通。招聘小组力求创造轻松愉快的气氛，总是面带微笑，与应聘者真诚地交流。内部的效率提高了，应聘者也不用担心还要特意安排多少个半天。他们会明确告知每一位应聘者具体的步骤和安排。

善意客观的结果告知

雅虎的人力资源部会给所有曾经来过公司参加面试而暂时不能被聘用的应聘者发出感谢信，感谢其对公司的诚意，愿意将其资料存档，以备将来有合适职位再联系。对所有应聘者一视同仁。公司收到过不少曾来面试的朋友的电话或来信，他们说雅虎的做法很职业。也不乏再次与人力资源部联络的朋友，询问没能进入下一次面试或没有被最终录用的原因，在这种情况下，人力资源管理者都很坦诚相告，并希望他/她能不断进步，在他/她准备好时或有新的更适合他/她的职位时再来雅虎应聘。有的雅虎现职员工就是当时在人力资源管理者的善意建议下，奋发努力，最终经过半年多的时间加入到雅虎这个大家庭的。

1. 谈谈雅虎是如何准备面试过程的，对你有什么启示？
2. 谈谈你参加面试的经验。

三、课外实践题

1. 深入一家企业进行实地调查，参与该企业的面试过程。
2. 参加某知名企业的招聘面试。

四、案例分析

【导入案例分析】

案例表明：笔试在员工招聘中有相当大的作用，尤其是在大规模的员工招聘中，它可以清楚地了解员工的基本活动，然后可以划分出一个基本符合需要的界限。适用面广，费用较少，可以大规模地运用。但是分析结果需要较多的人力，有时，被试者会投其所好，尤其是在个性测试中显得更加明显。

【案例】

宝洁公司（以下简称宝洁）的标准化面试分两轮。第一轮为初试，一位面试经理对一个求职者面试，一般都用中文进行。面试人通常是有一定经验并受过专门面试技能培训的公司部门高级经理。一般这位经理是被面试者所报部门的经理，面试时间为30～45分钟。

通过第一轮面试的学生，宝洁将出资请其到广州宝洁中国公司总部参加第二轮面试，也是最后一轮面试。为了表示宝洁对应聘学生的诚意，除免费往返机票外，面试全过程在广州最好的酒店或宝洁中国总部进行。第二轮面试大约需要60分钟，面试官至少是三人，为确保招聘到的人才是用人单位（部门）真正需要和经过亲自审核的，复试都是由各部门高层经理亲自面试。如果面试官是外方经理，宝洁还会提供翻译。

宝洁的面试过程主要可以分为以下四大部分。

（1）相互介绍并创造轻松交流气氛，为面试的实质阶段进行铺垫。

（2）交流信息。这是面试中的核心部分。一般面试人会按照既定八个问题提问，要求每一位应试者能够对他们所提出的问题做出实例分析，而实例必须是应试者亲自经历过的。这八个问题由宝洁的高级人力资源专家设计，无论如实或编造回答，都能反映回答者某一方面的能力。宝洁希望得到每个问题回答的细节，高度的细节要求让个别应聘者感到不能适应，没有丰富实践经验的应聘者很难很好地回答这些问题。

（3）讨论的问题逐步减少或合适的时间一到，面试就引向结尾。这时面试官会给应聘者一定时间，由应聘者向主考人员提几个自己关心的问题。

（4）面试评价。面试结束后，面试人立即整理记录，根据求职者回答问题的情况及总体印象进行评定。

宝洁公司在中国高校招聘采用的面试评价测试方法主要是经历背景面谈法，即根据一些既定考察方面和问题来收集应聘者所提供的事例，从而来考核该应聘者的综合素质和能力。

【思考题】

如何评价宝洁的面试过程？并谈谈面试的组织过程。

第 7 章 无领导小组讨论

学习目标

学习完本章后，你应该能够：
- 掌握无领导小组讨论的含义与特点；
- 了解无领导小组讨论的操作；
- 掌握无领导小组讨论的优缺点；
- 了解无领导小组讨论的实施过程。

 导入案例

无领导小组讨论经典试题

题目一

现在发生海难，一艘游艇上有八名游客等待救援，但是现在直升机每次只能够救一个人。游艇已坏，不停地漏水。寒冷的冬天，刺骨的海水。游客情况如下：

(1) 将军，男，69 岁，身经百战。
(2) 外科医生，女，41 岁，医术高明，医德高尚。
(3) 大学生，男，19 岁，家境贫寒，参加过国际奥数获奖。
(4) 大学教授，50 岁，正主持一个科学领域的项目研究。
(5) 运动员，女，23 岁，奥运金牌获得者。
(6) 经理人，35 岁，擅长管理，曾将一家大型企业扭亏为盈。
(7) 小学校长，53 岁，男，劳动模范，五一劳动奖章获得者。
(8) 中学教师，女，47 岁，桃李满天下，教学经验丰富。

请将这八名游客按照营救的先后顺序排序(3 分钟的阅题时间，1 分钟的自我观点陈述，15 分钟的小组讨论，1 分钟的总结陈词)。

题目二

单位(外企)经费紧张，现只有 20 万元，要办的事情有下列几项。
(1) 解决办公打电话难的问题。
(2) 装修会议室大厅等以迎接上级单位委托承办的大型会议。
(3) 支付职工的高额医疗费用。

(4) 五一节为单位职工发些福利。

很明显，20万元无法将这四件事情都办圆满，如果你是这个单位的分管领导，将如何使用这笔钱？（5分钟的审题、思考时间，1分钟的观点陈述时间，15分钟的小组讨论时间，5分钟总结。）

题目三

能力和机遇是成功路上的两个非常重要的因素。有人认为成功之路上能力重要，但也有人认为成功路上机遇更重要。

若只能倾向性地选择其中一项，你会选择哪一项？并至少列举5个支持你这一选择的理由。

要求

请首先用5分钟的时间，将答案及理由写在答题纸上，在此期间，不要相互讨论。

在主考官说"讨论开始"之后进行自由讨论，讨论时间限制在25分钟以内。在讨论开始时每个人首先要用1分钟时间阐述自己的观点。注意每人每次发言时间不要超过2分钟，但对发言次数不作限制。

在讨论期间，你们的任务是：

(1) 整个小组形成一个决议，即对问题达成一致共识。

(2) 小组选派一名代表在讨论结束后向主考官报告讨论情况和结果。

无领导小组讨论是评价中心技术中经常使用的一种测评技术，采用情景模拟的方式对考生进行集体面试。将一定数目的考生组成一组（4~8人），进行一小时左右与工作有关问题的讨论，讨论过程中不指定领导，也不指定受测者应坐的位置，让受测者自行安排组织，评价者来观测考生的组织协调能力、口头表达能力、辩论的说服能力等各方面的能力和素质是否达到拟任岗位的要求，以及自信程度、进取心、情绪稳定性、反应灵活性等个性特点是否符合拟任岗位的团体气氛，由此来综合评价面试者之间的差别。

7.1 无领导小组讨论的概念

无领导小组讨论，又称无主持人讨论，是评价中心常用的一种无角色群体自由讨论的测评形式。

7.1.1 无领导小组的概念

很多职位的任职者特别是管理者在日常工作中的一项重要工作就是与他人讨论问题。他们可能会一起讨论某些问题，并对这些问题做出决策；或者需要说服他人，为自己的组织争取更大的利益；或者与一些不同背景的人合作，共同研究一个项目。无领导小组讨论作为情境性测评方法，便是设法模拟这些重要的沟通情境。

所谓无领导小组讨论，是指一组被测评者在约定的时间里，在既定的背景下围绕给定的问题展开讨论，并得出小组意见。具体来说，无领导小组讨论将候选人组成一个小组（通常4~8人），不指定小组领导。在小组无领导的情况下让小组讨论一个实际问题，不指定重点发言，不布置会议议程，不提出具体要求，根据主试者提出的真实或假设材料，如有关文件、资料、会议记录、统计报表等材料，就其中指定题目进行自由讨论，如业务问题、财务问题、人员安排问题或社会热点问题等，要求小组能形成一致意见，并以书面形式汇报。

在测评过程中，被试者不但要迅速了解、掌握工作的背景、资料，熟悉工作本身的内容，还要敏捷地发现需要解决的问题，准确地提出可行性方案，并且通过分析、讨论、综合他人意见，引导小组形成统一认识。

7.1.2 无领导小组的操作形式

这种讨论通常是在同一间特定的会议室中进行，室内有会议圆桌一张，数把坐椅，房间中一面墙上装有单向透光的玻璃，从被试者的方向望去，它是一面镜子，但从主试者所在方向望去，它是一面透光的玻璃，有时还在室内暗处安装监视系统。主试者在隔壁房间中，透过玻璃或通过闭路监视系统在电视屏幕上观察被试者的表现，看谁具有组织领导能力，谁驾驭或实际主持了整个会议，控制了会场，谁提出或集中了正确的意见，并说服了他人，达成一致决议。

为了增加情境压力，主试者还可以每隔一段时间向讨论小组发布一些有关的各种变化的信息，甚至宣布刚刚做出的决策或决定已不适用，要求改变，迫使小组不断重新讨论，改变方案，做出新的决策。由于事态紧急，情况多变，压力增大，有的被试者毫无办法，沉默不语；有的焦躁不安，抓耳挠腮；有的则沉着冷静，灵活处理，应付自如。这样，每个被试者的相关素质就比较明显地表现出来了。

在讨论中，评定者可以自由观察每位候选者是如何参加讨论的，谁主动担任领导的角色，谁提出了有建设性的建议，每个人的领导能力、说服能力和表达能力如何，处理人际关系的能力怎样，自己独立见解如何，能否倾听他人意见，是否尊重或侵犯他人的发言权等，从而考察每个人的领导能力、处理人际关系的能力，以及对资料的利用等能力。

主试者根据自己观察到的每位被试者讨论中的表现，依据一定的标准，分别对他们的组织能力、决策能力、控制能力、分析判断能力、个人的影响力、口头表达能力和说服力、人际交往能力、反应和应变能力等素质进行评价。然后，各主试者之间进一步交流意见，对被试者各方面的素质做出客观全面的评价，并预测被试者的发展潜力。

在这种测评形式中，主试者评价的一般标准如下。

（1）发言次数的多少，发言质量的高低，说理能否抓住问题的关键，能否提出合理的见解和方案。

（2）是否敢于坚持自己的正确意见，是否敢于发表不同意见，是否支持或肯定他人的合理建议。

（3）能否倾听他人的反驳，是否具有批驳他人的技巧。

（4）是否能够控制全局，消除紧张气氛；是否善于调解有争议的问题，并说服他人，创造积极融洽的气氛，使每一位会议参加者都能积极思考，畅所欲言；是否能以良好的个人影响力赢得大多数参与者的欢迎与支持，将众人的意见引向一致方向。

（5）是否具有良好的语言表达能力、分析判断能力、反应能力、自控能力等才能，以及是否具有宽容、真诚等良好的品质。

7.1.3 无领导小组讨论的应用

无领导小组讨论在许多公司有着广泛的应用。例如，美国电话电报公司在使用这种测评方式时，将五六个被试者组成一个小组，模拟公司管理工作，告知他们他们被指定为某家公司的经理成员，要求其在一定的时间内为公司发展业务，扩大赢利；同时告知他们当前市场与公司的状况，但不规定增加利润的方法与途径，更不指定会议的召集人和主持人，只是在小组讨论时观察谁能自然而然地成为领导角色。为了进一步增加情景压力，主试者每隔20分钟就发出市场价格和成本变化的信息，有时甚至在小组成员刚刚做出决策后就告知这种变动，迫使被试者不得不立刻改变原方案进行重新讨论并改进。在紧张的工作压力下，管理才能和个人品性孰优孰劣就一清二楚了。

又如，国际机器公司(IBM)应用这种方法的时候，要求每位参与者假设自己是得到录用的候选人，进行五分钟的口头介绍，并要求与群体中的另外五名参与者进行讨论。然后，评定者对所有参与者的进取心、说服力、口头沟通能力、自信心、压力承受力、精力、人际交往能力等方面进行评价。

1. 无领导小组的应用范围

作为一种测评方法，无领导小组讨论有着自己的适宜测评要素范围。无领导小组讨论的题目是通过应聘者对某一特定问题的讨论，对应聘者的能力和特点进行考查。

(1) 作为测评的一种方法和工具，它适合考查评价者在团队工作中与他人发生关系时所表现出来的能力，主要有言语和非言语的沟通能力、说服能力、组织协调能力、合作能力、影响力、人际交往的意识与技巧、团队精神等。

(2) 应聘者在处理一个实际问题时的分析思维能力，主要包括理解能力、分析能力、综合能力、推理能力、想象能力、创新能力、对信息的探索和利用能力。

(3) 应聘者的个性特征和行为风格。主要包括动机特征、自信心、独立性、灵活性、决断性、创新性、情绪的稳定性等特点，另外还包括考虑问题是喜欢从大处着眼还是关注细节，喜欢较快地做出决定还是喜欢广泛地考察各种因素而不受最终目标的限制，是否喜欢在活动开始时设定行为目标和计划等行为风格特征。

2. 无领导小组讨论的信度

据研究，无领导小组讨论的信度随着小组人数增加而有所提高，其效度系数一般为$0.15 \sim 0.85$。总体来说，无领导小组讨论对于评价管理者的领导组织技能很有效，尤其适用于分析问题、解决问题及决策能力的素质测评。但是也有人认为，无领导小组讨论测评方法也有其不完善之处。例如，一般来说，开朗友好、善于交际与口头表达能力强的被试者比较容易得到较好的评价；不同小组中被试者的可比较性较差；测评中的偶然因素的影响仍然存在等。这些都是在实际测评工作中值得注意的问题。

案例链接

两难式题目是让被评价者在两种互有利弊的答案中选择其中的一种，主要考查被评价者的分析能力、语言表达能力及说服能力等。例如，"你认为以工作为取向的领导是好领导，还是以人为取向的领导是好领导？"此类问题对被评价者而言，既通俗易懂，又能够引起充分的辩论；对于评价者而言，不但在编制题目方面比较方便，而且在评价被评价者方面也比较有效。但是，此种类型的题目需要注意的是两种备选答案都应具有同等程度的利弊,不能存在其中一个答案比另一个答案有明显的选择性优势。

下面是一个两难式题目的例子。

假设您是市政府信息处的工作人员。信息处的重要职责是将关于本市政治、经济、生活等方面的重要信息每日摘要向市领导呈报。下面有两条信息。

信息一:某居民小区原有一个菜市场,在前一阶段的全市拆除违章建筑大行动中被拆除了。市政府一直没有重新给菜市场安排场地。这样,该小区的居民就要到距小区很远的其他菜市场进行购菜,给居民尤其是家中仅有老人的家庭生活带来极大的不便。居民呼吁市政府尽快解决该问题。

信息二:本市有一家中型企业,常年亏损,开不出工资。本年初新厂长及领导班子上任后,通过完善内部管理,改善经营机制,半年多时间使企业扭亏为盈⋯⋯

由于各种原因,上述两条信息只能报一条给领导。请问,您认为应该将哪一条信息报给市领导?理由是什么?

大家的任务就是通过讨论得出一个统一的意见。然后,汇报你们的意见,并阐述你们做出这种选择的原因。

(资料来源:http://www.examda.com/gx/mianshi/zh/20061202/110642793-3.html.)

7.2 无领导小组讨论的优点与缺点

7.2.1 无领导小组讨论的优点

无领导小组讨论为被评价者提供了一个平等的相互作用的机会,能使应聘者有平等的发挥机会,从而很快地表现出个体上的差异;能节省时间并且能对竞争同一岗位的应聘者的表现在同一时间进行比较;涉及应聘者的多种能力要素和个性特质;应用的领域也比较广泛,能应用于技术领域、非技术领域、管理领域和其他专业领域等,操作起来比较灵活。无领导小组讨论具有以下突出的优点。

(1) 使评价者能够真正对应聘者的行为进行评价。无领导小组讨论能够为被评价者提供一个充分展示其才能与人格特征的舞台,能检测出笔试和单一面试所不能检测出的能力和素质;被评价者能够在一种动态的情景中表现自己,能使他们表现得更多、更充分;由于无领导小组讨论为应聘者提供了一个具体的问题、情境,这就相当于提供给应聘者一个舞台,能够使他们表现出更多的真实性的行为,更有利于评价者对他们进行评价。笔试和一般的面试都无法直接考查应聘者的行为,无领导小组讨论则极具情境性测评方法的特点,在这方面能表现出它的优势。它能够直接考查应聘者的行为。应聘者的行为表现得越多越充分,就越有利于评价者对他们进行准确的评价。

(2) 能够在应聘者的相互作用中对其进行观察和评价。很多人员选拔评价方法如笔试和面试都是对职位候选人进行单独考查,而无法得知一个候选人与其他人进行交往时的表现。在实际工作中,一个人与他人交往时表现出来的能力和风格恰恰是对他的成功和组织的成功更加重要的。无领导小组讨论可以造成应聘者之间的相互作用,应聘者的特点会得到更加淋漓尽致的表现,这样评价者就可以观察到被评价者在与他人交往时的能力和特点及团队工作的特点,这些特点都是在其他测评方法中难以考查到的。

(3) 贴近实际工作,表现效度高,应聘者易接受。无领导小组讨论中使用的情境多是与应聘者将要从事的工作相关的典型情境。这种测评方法的表现效度非常高，使应聘者感到这种方法与自己的实际工作能力密切相关，因此他们非常容易接受这种测评方法，尽量努力在测试过样中表现出自己的能力水平。而且通过这种接近真实的情境能够对应聘者在实际工作中的表现做出最好的预测。

（4）能尽量减少被测评者掩饰自己特点的机会。由于被测评者处于被评价的地位，并且出于想要表现自己的愿望，在面试和测验中或多或少地倾向于尽量表现自己的优点，掩饰自己的缺点，这对于应聘者来说是一种正常的现象，而对于评价者来说，则希望尽可能地获得关于被评价者真实特点的信息。在笔试和一般的面试中，应聘者更容易掩饰自己，而在无领导小组讨论中，应聘者在人际情境的压力之下，则会暴露自己的特点。而且，有的时候无领导小组讨论的测评目标具有一定的伪装性，应聘者并不了解要测评自己的什么特质。例如，表面上看两个小组在一项竞争性的任务中争夺更多的分数，其实评价者主要想看的是小组内部的合作谁做得更好。总之，互动过程中，被评价者的特点会得到更加淋漓尽致的表现，能使应聘者在相对无意中暴露自己各方面的特点。

（5）能在同一时间对多个应聘者进行测评。无领导小组讨论通常是多名评价者对多名被评价者同时进行考查，这种测评方法比起其他的对应聘者单独进行评价的方法，如面试，在时间上显得更加经济，它还能够减少工作量，减轻因时间、题目、评价者等因素对应聘者评价的影响。此外，也可以在一定程度上减少题目泄露的可能性。

（6）考察的内容范围比较广泛，能获得大量的信息。无领导小组讨论可以考查的维度比较广泛，既可以包括沟通能力、团队合作、组织协调等人际方面的维度，也可以考察思维的逻辑性、分析能力、创造性等方面的因素，还可以考察自信心、情绪稳定性、工作风格等因素。无领导小组讨论为应聘者提供了充分展现其才能的舞台，能使评价者得到大量有关应聘者能力、人性特点的信息。

7.2.2 无领导小组讨论的缺点

人们对无领导小组讨论这种测评方法也存在一些批评，他们认为这种方法的缺点主要表现在以下几点。

（1）编制题目的难度比较大。无领导小组讨论对测试题目的要求较高，题目的好坏影响着对考生评价的全面性与准确性。无领导小组讨论的题目需要根据职位的要求进行编制，而且题目情境要与实际工作情境有一定的关联；这些题目必须是能够激发应聘者的行为表现并且使应聘者能够表现出个体差异的。题目对应聘者应具有公平性，尤其在指定角色的无领导小组讨论中，各个角色不应存在明显的优劣难易之分。在制定题目的评分标准方面，对每一个测评要素都应有评价的标准。因此，要想编制符合要求的题目不是一件容易的事情。如果使用了一道不好的题目，测评的质量就会大打折扣。在编制题目时，往往需要专家充分了解测评职位的工作情境，设计出来的测评情境需要经过反复试测和修改之后才能正式使用。这种高难度的工作不是任何组织都有能力实现的。

（2）对评价者的要求较高。这种评价的方式对评价者的要求也比较高，评价标准相对不容易掌握，对考官的评分技术要求较高；无领导小组讨论的评价者应该接受专门的培训并具有一定的实际操作经验。评价者必须能够准确地对应聘者的行为进行观察，能够将观察到的行为归纳到各个测评维度中,并且不同的评价者对评价标准的把握应具有一致性;对应聘者的评价易受考官各个方面的影响(如偏见和误解),从而导致考官对应聘者评价结果不一致;应聘者存在做戏、表演或伪装的可能性。

(3) 应聘者的分组以及不同的测评情境都有可能会使评价结果受到影响。无领导小组讨论一个突出的缺点就是不同的小组讨论的氛围和基调可能不同:有的小组的气氛比较活跃,比较有挑战性,而有的小组的气氛比较平静,节奏比较缓慢,甚至显得死气沉沉。

这就导致了无领导小组讨论的另一个缺点,即绝对评定标准与相对评定标准的混淆。有人做过研究,将某位应聘者分到一组,对其进行评价得出一个分数;再将这位应聘者与另外几位应聘者分到一组,再对同样的评价要素进行评价,得出的分数是有差异的。这说明,应聘者的评价结果对同组的其他应聘者有依赖性。应聘者在一个测评维度上的得分与测评情境也有关系。一位应聘者的能力和优势在某个测评情境中比较容易发挥,而在另外一些情境中就不容易发挥出来。

(4) 应聘者的行为仍然有伪装的可能性。尽管无领导小组讨论的方法能够引发应聘者较为自然的行为表现,但由于应聘者努力猜测评价者的意图,他们仍有可能故意做出迎合测评目的的行为表现。例如,某位应聘者平时在工作中不愿意与他人合作,但他知道该企业非常注重团队合作精神,于是他会在小组活动中尽可能表现出合作行为。被测评者参加无领导小组讨论的经验也会帮助他们做出较好的表现,因为他们了解其操作方式和原理,或者对讨论的题目比较熟悉,事先有所准备,可能会出现没有表现出真实行为的情况。

 小贴士

无领导小组讨论对求职者的考查要点。

(1) 考查应试者举止仪表,应试者的体格外貌、穿着举止、精神状态。

(2) 考查应试者在团队中与他人发生关系时所表现出的能力,主要有语言和非语言的沟通能力、说服能力、影响力、人际交往的意识与技巧、团队精神等。

(3) 考查应试者在处理实际问题时的思维分析能力,主要包括理解能力、分析能力、综合能力、推理能力、想象力、创新力及信息的检索和利用能力。

(4) 考查应试者的个性特征和行为风格,主要包括动机特征、自信心、独立性、灵活性等特点,还包括思考问题时从大处着眼还是关注细节。

(5) 动机与岗位匹配性,对职位的选择是否源于对事业的追求,是否有奋斗目标、积极努力、尽职尽责。

(6) 应变能力,在实际情景中,解决突发性事件的能力,能否快速妥当地解决棘手问题。

(7) 言语表达,考生言语表达的流畅性、清晰性、组织性、逻辑性和说服性。

(资料来源: http://wenku.baidu.com.view/2a51232fe2bd960590c677ba.html.)

7.3 无领导小组讨论的题目

7.3.1 无领导小组讨论的题目要求

一般而言,对讨论的题目有以下五个方面的要求。

（1）讨论题目的数量。对每一组应聘者而言，至少应有两个讨论题目，以留作备用。因为若只有一个讨论题目，有可能应聘者对此题目过于陌生或过于熟悉，致使讨论不够充分，就不能通过分析问题、讨论问题、争辩问题达到测试应聘者各个方面素质的目的。所以，应该多备一份题目。另外，在组与组之间，题目尽量不要相同，以免由于讨论题目泄密造成评价效果上的不良影响。

（2）讨论题内容。所用的讨论题，在内容上应与应聘者准备担任的岗位相适应，是一个逼真的、与实际有关的问题，即要求讨论题的现实性和典型性都要好。当然，也不排除有时目的仅在于考查一般领导能力而出一些和具体岗位无关的问题。

（3）讨论题难度。讨论题一定要一题多义，一题多解，有适当的难度。无领导小组讨论这种测试方式，重在"讨论"，通过讨论，观察和评价应聘者的各项能力素质。为了能让应聘者依据其所学所能而讨论、争辩起来，论题的结论不能过于简单，更不可以显而易见。也就是说，在每个案例的分析与判断中，均应有几种可供选择的方案和答案，使应聘者的主观能动性得以充分发挥。另一方面，编制的题目也不能过于困难，使应聘者无法讨论下去。所以，讨论题一定要难度适中，使应聘者必须经过周密分析和仔细推敲，才能理出头绪，才能进行争辩，说服别人，这样才能最终使能力强者崭露头角，从而从"无领导"状态下产生出能操纵讨论的真正"领导者"，使不同应聘者的水平和特点真正自然地表现出来。

（4）讨论题立意。所用的讨论题，在立意方面要高，也就是说编制的题目要从大处着眼；讨论的内容一定要具体，即编制的题目要从小处入手，具体、实在、不空谈，避免那些玄妙、抽象、言之无物的争辩，避免给评价带来不便。

（5）角色平等。对于那些适用于角色分工的讨论题，讨论题本身对各个角色要平等，不能造成应聘者之间有等级或者优劣的感觉。只有应聘者的地位平等了，他们才能有发挥自己才能和潜能的同等机会，应聘者之间才会有可比性。

7.3.2 无领导小组讨论论题的形式

无领导小组讨论论题从形式上划分，可以分为以下五种。

（1）开放式问题。所谓开放式问题，是其答案的范围可以很广、很宽，主要考查应聘者思考问题是否全面、是否有针对性、思路是否清晰、是否有新的观点和见解。例如，"你认为应该如何治理中国的环境污染？"关于此问题，应聘者可以从很多方面回答，可以列出很多的办法。开放式问题对于评价者来说，容易出题，但是不容易对应聘者进行评价，因为此类问题不太容易引起应聘者之间的争辩，所以考查应聘者的能力范围较为有限。

（2）两难问题。所谓两难问题，是让应聘者在两种互有利弊的答案中选择其中的一种，主要考查应聘者的分析能力、语言表达能力以及说服能力。例如，"你认为应该重点发展私人轿车还是公共交通？"此类问题对于应聘者而言，通俗易懂，而且能够引起充分的辩论；另一方面，对于评价者而言，不但在编制题目方面比较方便，而且在评价应聘者方面也比较有效。但是，此种类型的题目需要注意的是两种备选答案一定要有同等程度的利弊，不能是其中一个答案比另一个答案有很明显的选择性优势。

（3）多项选择题。此类问题是让应聘者在多种备选答案中选择其中有效的几种或对备选答案的重要性进行排序。主要考查应聘者分析问题实质、抓住问题本质方面的能力。此类问题对于评价者来说，比较难出题，但对于评价应聘者各个方面的能力和人格特点比较有利。

（4）操作性问题。所谓操作性问题，是指给应聘者一些材料、工具或道具，让他们利用这些材料，设计出一个或一些由考官指定的物体。主要考查应聘者的主动性、合作能力以及在一项实际操作任务中所充当的角色。此类问题考查应聘者的操作行为方面多一些，情景模拟的程度也大一些。考官必须准备所能用到的一切材料，对考官的要求和题目的要求都比较高。

（5）资源争夺问题。此类问题适用于指定角色的无领导小组讨论，是让处于同等地位的应聘者就有限的资源进行分配，从而考查应聘者的语言表达能力、分析问题能力、概括或总结能力、发言的积极性和反应的灵敏性等。例如，让应聘者担任各个分部门的经理，并就有限数量的资金进行分配。因为要想获得更多的资源，自己必须有理有据，必须能说服他人。所以此类问题可以引起应聘者的充分辩论，也有利于考官对应聘者的评价，但是对讨论题的要求较高，即讨论题本身必须有角色地位的平等性和准备材料的充分性。

7.3.3 编制无领导小组讨论试题的步骤

（1）工作调查。进行有关的工作分析，了解拟任的岗位所需人员应该具备的特点、技能，根据岗位的这些特点和技能进行有关试题的收集和编制。

（2）案例收集。收集拟任岗位的相关案例，所收集的相关案例应该能充分代表拟任岗位的特点，并且能够让应聘者在处理时有一定的难度。

（3）案例筛选。对收集到的所有原始案例进行甄别、筛选，选出难度适中、内容合适、典型性和现实性均好的案例。

（4）编制讨论题。对所筛选的案例进行加工和整理，使其符合无领导小组讨论的要求。主要应剔除那些不宜公开讨论的部分或者过于琐碎的细节；相应地，根据考查的目的，补充所需要的内容，尤其是要设定一些与岗位相关而又符合特点的情况或者问题，使其真正具备科学性、实用性、可行性、易评性等特点，成为既新颖又典型的讨论题。

（5）讨论题的检验。讨论题编制完成以后，可对相关的一组人（不是应聘者）进行测试，如找几位有经验的管理者或测评题实际测试一下，检查该讨论题的优劣，检查此讨论题能否达到预期的目的。

（6）讨论题的修正。检验完后，对于效果好的讨论题可以直接使用，而对于那些不好的讨论题则要进行修正，直至其达到预期的效果。如果确实达不到应有的效果，要勇于放弃。对于检验有效的测试题，我们也要不断地加工，不断地总结使用的范围、使用的效果、存在的问题。

人物链接

约翰·科特是举世闻名的领导力专家，世界顶级企业领导与变革领域最权威的代言人。他的核心思想是领导与变革。曾服务过的客户包括高级微型设备公司（AMD）、美国运通公司（American Express）、阿科公司（ARCO）、雅芳产品有限公司（Avon）、通用电气公司（General Electric）、国际商业机器公司（IBM）、摩托罗拉公司（Motorola）、壳牌石油公司（Shell Oil）、索尼公司（Sony）等。他出版过《领导究竟应该做什么》、《领导变革》、《松下领导学》、《新规则》、《企业文化与经营业绩》、《变革的力量：领导与管理的差异》、《现代企业的领导艺术》、《总经理》、《权力与影响》、《组织动态学》、《企业成功转型 8 步骤》、《废墟中站起的巨人》、《哈佛 74 年毕业生》等。他因改革哈佛商学院研究生课程设计而受到埃克森奖；因提出企业领导的新观点而获 JSK 奖；因撰写最佳哈佛商业评论文章而两次获麦肯锡奖；因著作《松下领导学》而获《财经时代》的全球商务书籍奖。

7.4 无领导小组讨论的实施过程

7.4.1 准备阶段

指导语：要有统一明确的指导语，以免在组与组之间造成不一致，失去可比性。

分组：应把以前曾经接受过无领导小组讨论训练或者参加过无领导小组讨论，有无领导小组讨论经验的考生放在一组，把没有此类经验的考生放在另一组。

场地安排：无领导小组讨论的施测环境要安静、宽敞、明亮。另外，在无领导小组讨论中，环境中的人际距离应适合从事所应完成的工作任务。如果桌子过大，应聘者围绕在桌子四周，就显得人际距离过远，不容易交流，如果人际距离过近，也给人以不舒服的感觉。

评价者与应聘者之间的位置关系也是应该考虑的一个重要的因素，如果应聘者明显地感觉到自己处在一种被观察的地位，评价者的存在给应聘者造成过大的压力，那么这种环境设置就应当做出适当的改变。目前最理想的测评环境是使用带有单间玻璃和摄像镜头的专业观察室，让应聘者在观察室内活动，评价者通过单向玻璃或监视器进行观察，但目前大多数情况下，评价者和被评价者同在一个房间里。

为了使所有的考生处于同等的地位，无领导小组讨论应该用圆桌，而不要用方桌（使用方桌容易使相对而坐的人有对立感，使坐在两头的人有领导的地位感），可以考虑以下的位置关系，如图 7.1 所示。

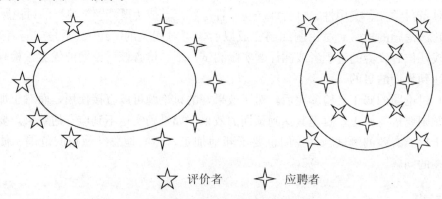

图 7.1 无领导小组讨论评价者与应聘者的位置关系

7.4.2 具体实施阶段

向应聘者宣读的指导语应该事先准备好，保证向每组应聘者宣读的指导语都是一样的。指导语中应该清楚地说明应聘者的工作目标和任务及时间限制。宣读指导语应避免给应聘者暗示，不能给他们指定发言的顺序。

考官在向考生提供必要的资料，交代问题的背景和讨论的要求后，一定不要参与提问、讨论或回答考生的问题，以免给考生暗示。

整个讨论过程可以使用摄像机进行监视。无领导小组讨论的时间一般为30～60分钟，整个讨论可分以下几个阶段。

第一阶段，面试者了解试题，独立思考，列出发言提纲，一般为五分钟左右。

第二阶段，面试者轮流发言阐述自己的观点。

第三阶段，面试者交叉辩论，继续阐明自己的观点，或对别人的观点提出不同的意见。

第四阶段，得出小组的一致性意见，写明报告，小组成员签字、上交。

在全部的考试过程中，考官可以坐在隔壁的一间屋子里、通过闭路电视或玻璃屏观察整个无领导小组讨论的过程，通过扩音器倾听每个小组成员在讨论中发表的意见及意见发表的方式，目的在于看谁善于思考，能够控制整个局面，从而体现出其卓越的领导、组织和管理才能。

7.4.3 评价阶段

在无领导小组讨论的测评方法中，需要确定清晰的测评要素和观察点以对应聘者进行评价。表7-1是一次无领导小组讨论中的评分表格。

按照表7-1中的测评要素分别对每位应聘者进行评价，在每个测评表要素上按照1～10分打分，10分表示非常好，1分表示非常不好，对各测评要素还应提供具体的观察点。例如，对于沟通能力，其观察点可以是清晰简洁地表达自己的意思；善于运用语音、语调、目光和手势；在他人发言时认真倾听；强调自己的观点时有说服力。

表7-1 无领导小组讨论评分表

评价要素	应聘者			
	A	B	C	D
沟通能力				
组织能力				
大局观				
影响力				
分析能力				
成熟度				

被评价者及考官在无领导小组讨论中的注意事项如下。

1. 被评价者

作为被评价者，在进行无领导小组讨论时要注意以下几点。

（1）有足够的自信心。无领导小组讨论是面试者之间的直接竞争，拥有坚定的自信心是在竞争中脱颖而出的重要条件。

（2）态度自然，心态平和。即使在表达不同见解或反驳他人言论时，也不要言语无情，要做到既清楚表明自己的立场，又不令他人难堪。坦荡的胸襟不仅能够赢得对手的支持，而且能够给考官留下良好的印象。

（3）言简意赅，不垄断发言。同时又不能长期保持沉默，使自己处于被动。每次发言都必须要内容充实，有条、有理、有据。

（4）如果有成为小组讨论主席的机会，一定要争取，以展示自己引导讨论及总结的才能，尤其是在对该讨论无主导性见解时。

2. 考官

作为考官，在无领导小组讨论时要注意以下几点。

（1）考官观察被评价者的言谈举止时，不能对被评价者产生偏见，否则会使测评结果失去公平性。

（2）考官对照计分表所列条目仔细观察考生的各项表现，要克服对考生的第一印象，不能带有成见。

（3）考官对考生的评价一定要客观、公正，以事实为依据。

（4）评分时，要求多名考官在对同一被评价者的不同素质要素评分时，取其加权平均值作为最后得分，以保证评价结果的公正性和科学性。

在无领导小组讨论结束后，所有考官都要撰写评定报告，内容包括此次讨论的整体情况、所问问题的内容以及此问题的优缺点，主要说明每位考生的具体表现、最终录用结果和自己的建议。

 知识链接

在面试过程中，注意以下几个细节，将有效提高被录用的可能性。

（1）不要"笑脸盈盈"。面试中过度微笑会被视作紧张和缺乏自信。

（2）不要扯闲话。应聘者的任务是对参加面试的单位有充分了解，片刻间歇的沉默比胡言乱语要好。

（3）不要流汗。面试时多穿了一件衣服或穿了件汗衫可能会失去一份工作。手掌或额头上的汗珠不会给人留下好印象。

（4）不要做拦路石。面试官寻求的是那些渴望接受有挑战性的项目和工作的人员。犹豫和拒绝的心态将会是醒目、消极的信号。

（5）不要琐碎。询问午餐房间或会议室在哪暗示缺乏准备和主动性。做好准备。

（6）不要撒谎。一个谎言会破坏全部面试，有经验的面试者一定会发现谎言。

（7）不要成为糟糕的滑稽演员。幽默往往是十分主观的东西，虽然面试时容易从一个小幽默开始，但是，对笑料的内容一定要小心。

（8）不要太难"伺候"。任何招聘单位都不喜欢对办公地点过分挑剔的人。

(9) 不要浪费时间。每一次面试时,潜在雇员都会有提问的机会。提问时直截了当,同时通过观察对面的面试官来判断提问是否恰当。问太多不相干的问题,会被认为是一个注定要用无足轻重和费时的事情来浪费公司资源的人。

(10) 不要出语伤人。一般来说,出语伤人者被看作一位背后捅刀子的人,通常会领别人工作的功劳。

(资料来源:http://www.citizennews.com.cn/shownews.asp? NewsID=5103&AreaID=59)

本 章 小 结

无领导小组讨论其实是一种测查难度比较大的面试方式,一般是适用于专业性很强、同时对录取人员要求较高的单位面试中,而且很多时候,为了避免测查时拉不开区分度,一般都会结合结构化面试一起来考察

本章通过介绍无领导小组的概念及其操作形式,无领导小组讨论的应用及编制无领导小组讨论的试题步骤,最后阐述了无领导小组讨论的实施过程,最后把握无领导小组讨论的内容。

近些年来,其实研究生入学的复试中,也常常采用无领导小组讨论的方式,并不仅仅局限于公共管理的选拔中,这种方式模拟的是实际的案例讨论,要看的其实不是说谁是最好的,而是要看谁是最有利于集体的,其实这很考察考生在面试过程中的观察能力,你要迅速判断,在这个集体中,究竟更需要的是领导力、查漏补缺的能力还是启发其他组员智慧的能力。

练 习 题

一、思考题

1. 什么是无领导小组讨论? 有哪些优缺点?
2. 简述无领导小组讨论的实施过程。

二、课堂讨论题

1. 是什么决定成败? 有人说细节决定成败,也有人说战略决定成败。

请问:你同意上述哪个观点? 并陈述你的理由。

答题要求:

(1) 主考官提出问题后,第一名考生可用两分钟时间思考,可拟写提纲。

(2) 每位考生按抽签顺序每人限两分钟依次发言阐明自己的基本观点。

(3) 依次发言结束后,考生可进行自由辩论;在辩论过程中考生可更改自己的原始观点,但对新观点必须明确说明。

(4) 辩论结束后,考生将拟写的发言提纲及草稿纸交给考务人员,考生退场。

2. 谈谈你参加无领导小组讨论的经验。

三、课外实践题

深入一家企业进行实地调查，分别作为评价者和应聘者参与无领导小组讨论。

四、案例分析

【导入案例分析】

案例表明：

无领导小组讨论面试给应试者提供一个平等的相互作用的机会，能使应试者有平等的发挥机会，从而很快地表现出个体的差异；能节省时间并且能对竞争同一岗位的应试者的表现在同一时间进行比较，能够涉及应试者的多种能力要素和个性特质；并且应用的领域也比较广泛，能应用于技术领域、非技术领域、管理领域和其他专业领域等，操作起来比较灵活

无领导小组讨论技巧：1. 小组讨论没有固定答案，面试官主要是要考察我们在讨论时所展现的一种思维方式，应变能力，沟通能力等各方面素质。因此，在讨论前，事先必须知道目标公司是什么类型的公司，有怎样的文化。（我们在接到题目时一起问"面试官"这是什么公司，可以看出公司的文化对讨论时标准的确定有较大影响作用）陈述观点时要给出相应的理由，有根有据。2. 观点陈述时，如果害怕自己观点被人讲完自己没话说，那就争取第一个讲，有意识地训练脱稿呈现的能力。可以偶尔看稿，但要眼神交流，总结时必须提醒自己注意这一点。如果没办法第一陈述，则需要仔细聆听，并记下他人一些较合理的观点以示尊重，并在自己陈述时有意识地提及。（最好不要照搬别人的原话，虽是旧酒，但用新瓶）。3. 讨论的结果可能出现跟你之前的观点完全不同的情况。一味追求不同于众人观点的做法，有些公司也许比较欣赏，但一般来讲，固执地坚持己见对自己是无益的。而当你决定追随大队的时候，你又不可以让面试官觉得你特像墙头草，而需要用一些过渡性句子巧妙地与别人的观点连接起来，借此说明你是在衡量了自己和别人的观点，经过缜密的思考之后才舍弃自己观点的。4. 自己可以写个模板。在总结的时候可以用上。下面再根据刚才的题目所做出的结论，重新进行一次总结。

【案例】

假设你是某公司的业务员，现在公司派你去偏远地区销毁一卡车的过期面包（不会致命，无损于身体健康）。在行进的途中，刚好遇到一群饥饿的难民堵住了去路，因为他们坚信你所坐的卡车里有能吃的东西。

这时报道难民动向的记者也刚好赶来。对于难民来说，他们肯定要解决饥饿问题；对于记者来说，他是要报道事实的；对于业务员来说，你是要销毁面包的。

现在要求你既要解决难民的饥饿问题，让他们吃这些过期的面包（不会致命，无损于身体健康），以便销毁这些面包，同时不要让记者报道过期面包这一事实。请问你将如何处理？

说明：①面包不会致命；②不能贿赂记者；③不能损害公司形象。

第8章 心理测验与评价中心

学习目标

学习完本章后，你应该能够：
- 了解心理测验所遵循的原则；
- 掌握心理测验的类型；
- 了解评价中心的特点；
- 掌握评价中心的实施流程。

 导入案例

纽约联合印刷公司的"择人之道"

纽约联合印刷公司的销售经理皮尔森先生，此时正在审核瑞·约翰逊先生的档案材料，这位约翰逊先生申请担任地区销售代表的职务。联合印刷公司是同行业中的最大厂家，经营印刷初级教育直至大学教育的教材用书，系列、完整的商贸性出版物，以及其他非教育类的出版物。

该公司目前正考虑让约翰逊手下的销售成员同大学教授们打交道。约翰逊是由杰丽·纽菲尔德介绍给这家公司的，而纽菲尔德是眼下公司负责西部地区的销售商中工作非常成功的一位。虽然他到公司仅两年，但他的工作表现已清楚地表明其前途无量。

在他到公司的短时期内，就将在自己负责区域内的销售额增加了三倍，他与约翰逊从少年时代就是好朋友，而且一起就读于伊利诺斯州立大学。

从档案看，这位约翰逊先生似乎是一个爱瞎折腾的人。很明显的一点是在其大学毕业后的10年内，没有一份固定的工作。在其工作中，持续时间最长的是在芝加哥做了八个月的招待员。

由于没有足够的钞票，所以不管在哪儿，他都想方设法谋生，鉴于他以往的经历，多数会自动取消考虑他进入公司的资格。但皮尔森先生还是决定对约翰逊的申请给予进一步考虑。这主要是因为公司的一位主要销售商力荐他，尽管这个人很清楚约翰逊的既往。

皮尔森先生在亚利桑那州的菲尼克斯花了两天时间，同纽菲尔德及其一位朋友、顾问，一道会见了约翰逊先生。三人一致认为问题的关键在于约翰逊先生能否安顿下来，为生活而认真工作。

约翰逊对这个问题抱诚恳的态度，并承认自己没料到会有这种答复，他清楚自己以前的工作情况，可他似乎觉得想得到这份预想的工作。约翰逊先生似乎有优越的素质胜任，他的父亲是东部一所具有相当规模的大学的教授，他在学术氛围中成长起来，因而，充分地了解向教授们推销教材过程中所需解决

的各种问题。他是一个有能力、知进取的人。

在会见后，皮尔森先生和顾问都认为，如果他能安顿下来投入工作，他会成为一名杰出的销售人员。但是两人也意识到还有危险存在，那就是约翰逊先生可能会再次变得不耐烦而离开这个工作去某个更好的地方。不过，皮尔森决定暂时雇用约翰逊。

公司挑选程序要求在对人员最后雇佣之前对每一位应聘者进行一系列心理测试。一些测试表明，约翰逊先生充满智慧又具有相当熟练的社会技能。然而，其余几项关于个性和兴趣的测试，则显现出了令公司难以接受的一个侧面。测试报告显示，约翰逊先生有高度的个人创造力，这将使他不可能接受权威，不可能安顿下来投入一个大的部门所要求的工作中去。关于他的个性评估了许多，但是所有一切都归于一个事实：他不是公司想雇佣的那类人。依据测试结果皮尔森先生还拿不定主意是否向总裁建议公司雇用他。

(资料来源：http://www.chinahrd.net.)

8.1 心理测验

人的心理也可以测量，因为它是人脑对客观事实的反映。这是一种比较先进的测试方法，在国外广泛应用。所谓心理测试，就是指运用一定的手段将人的某些心理特征数量化，以此来衡量应聘人员智力和个性的科学方法。

8.1.1 心理测验概述

1. 心理测验的起源与发展

心理测验起源于实验心理学中个别差异研究的需要。1879年，德国心理学家威廉·冯特在德国莱比锡大学设立了第一所心理实验室，实验中发现个体的行为相互间存在个别差异。个别差异的存在引起心理测量的需要。心理测验的发展大致可以分为萌芽时期、成熟时期、昌盛时期和完善发展时期四段。

(1) 萌芽时期(1869—1904年)。这一时期，心理测验尚未形成自己的体系，依附于实验心理学与个别差异的研究而存在。测验的内容大都限于感觉、动作或简单反应时间的测量，属于简单身体素质测评。

(2) 成熟时期(1905—1915年)。这一时期，心理测验已步入独立发展的轨道，出现了较为成熟的比奈－西蒙智力测验。该测验用于低能儿童的鉴别。

(3) 昌盛时期(1916—1940年)。这一时期，不仅智力测验在广度与深度上有了突破性的发展，而且一般能力测验、特殊能力测验、人格测验相继出现。特别是在第一次世界大战期间，美国应用智力测验挑选士兵，防止低能和不合格的人进入部队，后又广泛应用于军队官员的选拔与安置。第二次世界大战期间，美国又编制了一般分类测验(简称CO)借以预测军人的潜能。第二次世界大战结束后，美国则把测验推广应用到服务行业，开始了心理测验在非军事领域的广泛应用。

心理测验不仅在理论上得到完善，而且在应用上也得到了空前的发展。测验的形式由个体扩展至团体；测验的客体由儿童扩展至成人；测验的表现形式由文字扩展至图形、操作等非文字的智力测验，由直接的测量扩展至投射与预测的测验；测验的功能由研究走向社会服务。

（4）完善发展时期(1941年至今)。这一时期，心理测验一方面接受教育评价运动的挑战，另一方面，测验的理论与编制方法方面都取得了并正在取得更大的进步。

人物链接

威廉·冯特将内省实验法引入了心理学。他请对方向内反省自己，然后描写他们自己对自己的心理工作方法的看法。他创造了特殊的方法来训练对方，让他们更仔细和完善地看待自己，但不过分地解释自己的心理。这种工作方式与当时的心理学非常不同。当时的心理学更多的是哲学的一个分支。冯特的功绩并不在于他的内容心理学本身，而在于他为心理科学做出的不朽的贡献，一是创建了世界第一个心理实验室，使心理学从数千年来附属于其他学科的状态彻底地分离、独立出来，二是总结、创立了一门崭新的心理学——实验心理学；三是利用创建的心理实验室，培养了一支国际心理学专业队伍，有力地推动了各国心理学的建设和发展。为此，正如美国著名心理学家赫尔在一次大学的演讲中所说的："冯特到任何时候都将作为伟大的里程碑而永垂不朽。"

2. 心理测验的定义

给心理测验准确、完整地下定义，甚至单单透彻地理解心理学家所下的定义，对从事心理学专业研究的人来说都是件相当困难的事情。对于如何定义心理测验，学者们的想法、说法各不相同。在众多的定义中，阿纳斯塔西·安妮所下的定义被公认为比较确切，本教材采用此定义。

这位1908年出生于纽约的美国女性心理学家，在21岁时便获得了哥伦比亚大学哲学博士学位，她认为："心理测验实质上是行为样组的客观的和标准化的测量。"据此定义，心理测验有五个要素：行为样组、标准化、难度客观测量、信度、效度。

（1）行为样组。行为样组要典型，具有代表性。每个心理测验都有一组或多组测验题目，由这些测验题测试被试者的行为反应，根据被试者的行为反应来推断其心理特性。要正确、可靠地推断被试者的某个心理特性，必须有能代表某一心理特性的典型行为样组。测验题的目的、性质和数量要有代表性，能获得所要预测的心理行为。例如，音乐能力测试中，音高、音色、音量、节拍的辨别判断等题目能代表音乐的基本能力。

（2）标准化。测验的编制、实施过程，记分，对测验结果的解释都要有严格的标准，必须一致，要保证测验的条件对所有的被试者相同、公正，还要给测验分数提供比较的标准，从而对测验分数进行解释。

（3）难度客观测量。测验题目乃至整个测验的难度水平决定必须客观。目前的心理测验在正式使用之前一般都要经过试测，以试测中通过项目的人数多少来确定难度。通过的人数多，题目就是容易的；通过的人数少，题目就是较难的。把太容易和太难的题目删除，以保证测验的区分度。

（4）信度。测验要可靠，同一组被试者使用同一测验施测两次后得到的分数应该一致，或者同组被试者经过一次测验以后再经一个等同形式的测验测一次，两次所得的分数应该一致。一致性程度越高，信度就越高。

(5) 效度。测验是有效的，测验应该确实能测量到它所要测量的东西。要保证效度，必须严格按照测量目标选择测验材料。测验的内容要丰富，难度要适当，要排除无关因素的影响。

3. 心理测验的特点

与其他人员招聘选拔方法相比，心理测验具有以下优点和缺点。

(1) 优点：第一，使用方法简单，操作便利，测验的效度高。第二，测验内容集中，测验标准和成绩客观性强。第三，可以借助电子计算机等现代化仪器设备，快速反馈结果。第四，操作成本低。

(2) 缺点：第一，开发心理测验工具耗费大量的人力、物力、财力。第二，测量信度较差，即可靠性低。如管理能力、创新能力、诚实性、社会责任感等能力的测量信度差，结果不可靠。第三，测验过程易受环境的影响。第四，变通性较差，操作人员一般无法因地制宜地对测验内容加以调整。

4. 心理测验的一般原理

心理测验方法得以创立、运用是建立在对其所测验对象最一般规律的认识基础之上的，这种认识也被称为进行心理测验的一般原理。具体可以表述为以下几点。

1) 差异性

个体之间存在差异是进行人事测评的前提，而心理测验也起源于实验心理学对个体差异的研究。人与人之间，心理品质的各方面都存在着水平上的差异。例如在表达能力上，有的条理分明，优美流畅；有的却颠三倒四，语无伦次。

每个人类个体，由于其生长、生活与工作的环境不同，所具有的生理特点与遗传基因不同，接受的教育程度与形成的素质也不同，因此，所形成的个性因素也就不尽相同。正是这种个体差异，才使得人事测评显得有意义：如果测评对象之间存在较小的差异，那么，人事测评将无法获得有决策意义的结果，最终将失去其存在的价值，正因为个体素质之间存在着千差万别，作为反映这种差别的人事测评的活动才会成为人力资源管理的重要内容。

2) 可测性

心理学认为：人的心理特征是可以测量的。虽然心理特征是无形的、内在的，但是通过对外显行为的测量可以实现对心理特征的客观反映。这些要测量的行为不是单个行为，而是一组有代表性的行为；不一定是真实的行为，而往往是概括化了的模拟行为。对于个体不同的行为表现，我们可以按照一定的法则，指派不同的数字，使各种行为特点均可通过不同的数字表示出来。再根据行为与心理特征的对应关系得出要测量的心理特征。因此，根据这一原理，心理测验是对人的心理特征进行测量的一种有效方法，而且，目前心理测验已发展到相当科学和规范的水平。

测验时要严格按照事先规定的程序进行，保证所有被测者在完全相同的条件下接受测评，尽量减少无关的偶然因素对测验结果的影响；要按照统一的客观标准给予计分，以减少评分者个人主观偏见的影响；测评的量表都要具有一定的信度和效度，等等，做好这些都会有效地提高心理测验的可测性。

3）结构性

心理学认为，人的心理品质的各个方面在每个人的身上都不是任意堆积的，而是一个依据一定结构组合而成的有机整体。要全面、准确地了解一个人的素质，就必须以心理学的理论为依据，从个性心理品质的结构入手，确定所要考查的内容及其表现形式，对心理测验和相关的人事测评进行科学的总体设计。

5. 心理测验的分类

心理测验依据不同的标准，可以划分出不同的类别。

根据测验的目的，可以将心理测验划分为描述性、预测性、诊断咨询性、挑选配置性、计划性、研究性等形式。

根据测验的材料特点，可以将心理测验划分为文字测验与非文字测验。文字测验即以文字表述、被试者用文字作答。典型的文字测验即纸笔测验；非文字测验包括图形辨认、图形排列、实物操作等方式。

根据测验的质量要求，有标准化和非标准化心理测验。

根据测验的实施对象，有个别测验与团体测验。

根据测验中是否有时间限制，有速度测验、难度测验、最佳行为测验、典型行为测验。

根据测验应用的具体领域，有教育测验、职业测验、临床测验、研究测验。

按测验的目的与意图表现的程度，有结构明确的问卷法与结构不明确的投射法。前者表现为一系列具体明确的问题，它们是从不同方面了解被测评者的素质情况，要求被测评者按实际情况作答；后者所表现的刺激则为意义不明确的各种图形、墨迹、词语，让被测者在不受限制的情境下，自由地做出反应，通过分析反应结果推断测验的结果。

从问卷问题的回答内容由被试者自己做出还是选择看，有自陈量表与非自陈量表。

根据测验时被测者反应的自由性看，有限制反应型与自由反应型。投射测验属于自由反应型，而强迫选择属于限制反应型。

按测验作答结果的评定形式，有主观型与客观型。

从作答方式看，有纸笔测验、口头测验、操作测验、文字测验与图形、符号、实践等测验形式。

从测验反应场所看，有一般测验、情境测验与观察评定测验。一般测验是对被测者在行为样组中反应的测评；情境测验是对被测者在模拟情境中反应的测评；观察评定是对被测者在日常实际情况下行为表现的测评。

最常见的分类是根据测验的具体对象将心理测验划分为认知测验、人格测验与心理健康测验。认知测验测评的是认知行为，而人格测验测评的是社会行为。认知测验又可以按其具体的测验对象，分为成就测验、智力测验与能力倾向测验。成就测验主要测评人的知识与技能，这是对认知活动结果的测评；智力测验主要测评认知活动中较为稳定的行为特征，是对人的认知潜在能力的深层次测评；能力倾向测验介于成就测验与智力测验之间，测量经过教育训练深层次的智力发展成为具有使用价值的各种倾向性的能力。人格测验技能及其具体的对象可以分成态度、兴趣、性格与道德等测验。

小贴士

中国古代心理测试
(1) 公元 6 世纪初，南朝人刘勰的著作《新论·专学》中提到了类似现代"分心测试"的思想。
(2) 在中国古代，"七巧板"是很常见的一种儿童玩具，其实它可以作为创造力测量的工具。
(3) 中国古代心理测量的思想中包含着典型的东方文化特点：定性描述及带有道德判断色彩。

8.1.2 心理测验的编制程序

1. 心理测验的编制原则

1) 有效性和实用性相结合的原则

科学有效是心理测验编制的首要原则，也是其有效进行的根本前提。遵循这一原则，人事测评和心理测验人员要做到科学有效。心理测验是力求通过一系列的手段和方法，采用多元化的指标体系进行相关测评。这些技术性措施必须符合统计学原理，在效度、信度和区分度等方面要经得起考验。在选择使用的时候，也应该确保测到的结果正是自己想要的东西。另外，还有一些方向并不能或还未能有定量的选拔技术，只能进行定性评估，这些更要注意其标准的科学性。测验技术的关键是要有鉴别力。其结果要能揭示出个体间、职业间的差异性和区分性，这是心理测验得以有效进行的直接保证。一般来说，心理测验的工具多是选用一些经典的、在实践中经过反复验证的心理测验量表，这些量表通常具有较高的信度和效度，而对于某些自编程序，则需在测验编制、实施、记分及测验分数解释程序上实现标准化，建立可靠的常模，才能确保测验的可靠性和有效性。

在确保有效性的前提下，心理测验还应做到经济、简便、省时，也就是要遵循实用性原则。随着心理测验在人事测评中的广泛应用，这一具体工作越来越成为企业人力资源管理部门的日常事务之一，这一方面需要各企业配备专门的心理工作者或经过专业心理学培训的工作人员；另一方面也要求心理测验工作本身条件不可过高，难度不可太大，历时不可太久，这样才有利于心理测验的普及和推广。

2) 整体性和独立性相结合的原则

心理测验是整个人事测评工作的组成部分之一。一定的职业活动对就业者不只是有一定的心理要求，而且还有其他如文化程度、身体健康水平、政治觉悟等方面的要求。心理测验的结果也是在综合多方面材料的基础上获得的。心理测验并不能以一代全，也不能和其他方面的测试完全割裂开来孤立进行，而是要进行必要的综合平衡。

但是，心理测验在人事测评中的独特意义和作用也是不容忽视的。特别是随着科学技术的进步和管理体制的完善，对职业主体——人的要求越来越高，给予的重视越来越多。人的独特性的内部决定因素——个性心理品质便也应该日益突出其对人的活动的重大影响，从而也决定了心理测验的独特意义。

3) 稳定性与动态性相结合的原则

此原则的理论依据是个性是相对稳定和不断发展的，而其现实依据是职业要求的相对一致性和不断变化的原理。正是遵循着稳定性原则，才能使心理测验有一些相对固定的出发点、依据、程序、工具、手段和评判标准，使其具有可重复性。此外，由于个体心理品质的可塑性和发展性，使得心理测验的工作不仅应揭示个体当前的职业心理品质及其发展水平，还应对其将来的发展趋势有所预测。同时心理测验也应随着社会分工和社会进步的发展而具有时代性。由于时代、社会、科技等的飞速发展，整个社会对人的心理品质与结构的要求正在发生着根本性的变化。现代化的社会对员工的要求已经不是单纯的感觉——运动反应的能力了，而是要求员工有更强的创造力、信息加工与处理能力，以及对内、外环境的应变能力等。因此，心理测验的具体内容、措施和标准等也要因需而变，具有动态性。

2. 心理测验的编制步骤

心理测验的编制方法、步骤依测验的性质和内容不同而异，这里只介绍编制心理测验的一般程序。编制心理测验的一般程序是确定测验目的，分解测量目标；选择测验材料，制订编题计划；编制测验题目；题目的试测和分析；编排和合成测验；测验的标准化；测验基本特征的鉴定；编写测验说明书。

（1）确定测验目的，分解测量目标。在测验编制开始前，首先要明确测量对象、测量内容，并将测量目标转化成可操作的概念，之后要明确所编出的测验是要对被试者进行描述、诊断还是选拔和预测。测验的目的确定后，再分解测量的目标。例如，要测量视知觉速度，可以将视知觉划分为对文字、数字、图像、立体、运动的知觉等因素。

（2）选择测验材料，制订编题计划。根据各个测验的分目标，选择符合目标的测验材料，以保证测验材料的有效性。不同内容的测验，其材料的选择原则和方法都不一样。例如，专业知识考试，材料要能够代表该学科专业的内容，要有普遍性，要切合岗位需要，要能鉴别被试者的专业水平等。而人格测验的材料选择，不仅要依据一定的人格理论，又要依据实际经验，还要符合因素分析的结果。选择好测验材料后，还要事先设计编制题目的蓝图与编题计划。编题计划通常是一张双栏细目表，指出测验所包含的内容和要测定的各种技能，以及对每一项内容、技能的相对重视程度。

（3）编制测验题目。根据编题计划编制测验题，即命题，这是最关键的一步，要讲究命题的方法和技术。一般来说，命题要遵循以下几个原则：一是测题的取样要有代表性。二是测题的难度要有一定的分布范围，保证能够鉴别被试者的水平高低。三是文字叙述要严密，力求浅显易懂，简洁明了。四是各测题相互独立，不彼此影响。五是测题答案要确切，无异议。六是题目的数量要比最后需要的数目至少多出一倍以上，以备淘汰。具体的编制过程要经过编写、编辑、预试、修改等一系列的步骤。

（4）题目的试测和分析。将初步选出的项目结合成一种或几种预备测验，经过实际的试测获得客观性的材料，然后对项目的难度、区分度进行统计分析，判断出每个项目的性能优劣，从而进一步筛选题目。

（5）编排与合成测验。根据项目分析的结果，选择鉴别力较高、符合难度分布要求的题目，再结合测验的目的、性质和性能，最终选出合适的项目组成测验。项目的编排通常有两种方式：一是并列直进式，即将测验按试题材料、性质分成若干分测验。同一分测验中的测题按其难度由易到难排列。二是混合螺旋式。这种方式是将测题依难度分为若干不同的层次，再将不同性质的测题予以组合，作交叉排列，其难度渐次升进。

（6）测验的标准化。严格说明如何控制与得分步骤有关的各个要素，以尽量减少无关因素对测验目的的影响，减少误差。具体包括测验内容、指导语、测验时限、施测过程、评分过程和常模制定等几个方向。

（7）测验基本特征的鉴定。测验编好后，必须考验其测量的可靠性和有效性，为此要收集信度和效度资料。在心理测量学上，有一整套计算信度、效度的方法。只有具有了一定的信度和效度，才可能成为一种优秀的测量工尺。另外，还要根据制定常模参照量表。将原始分转化为拟定的量表分。常用的心理测验量表有力分量表、标准分数量表、发展量表、商数等。

（8）编写测验说明书。为保证测验的正确使用，每个测验必须配上相应的说明书，其内容包括测验的目的、功用，编制测验的理论和实践根据，测验的实施方法、时限及注意事项，测验的标准答案和评价方法，测验的信度、效度资料，关于如何应用测验的提示等。

经过这八个步骤，一个自编的测验就可以正式交付使用了。

3. 使用心理测验的注意事项

心理测验应用于人事测评可以增进人事测评的科学性和公正性，提高测评的效率。但是要达到这样的效果还必须有一个前提条件，即正确使用心理测验。心理测验与其他的科学工具一样，必须加以适当地运用才能发挥其良好的功能。如果由不够资格的人员来实施、解释，或被滥用，则会带来相反的结果。在人事测评中正确使用心理测验必须做到以下几点。

（1）只有合格的心理测验工作者才能从事心理测验。在许多国家，从事心理测验的人员必须是具有专业水平、具有认证资格的人士，这与医学领域从事检验、诊断、治疗的人必须是经过资格认证、取得专业资格的专业人士一样；心理测验是专业技术很强的工作，无论是测验的选择，还是具体的实施、记分及对结果做出解释，只有训练有素的心理测验工作者才能胜任。例如，人格测验、心理健康诊断测验的使用，必须掌握心理测验的专业理论和与该测验相关的理论，而且经过实际训练才有可能胜任。即使是专业的心理测验工作者，也必须十分慎重，不可以随意使用自己不够熟悉的心理测评量表。

（2）慎重选择具体的心理测验工具。一方面要根据人事测评的目的来确定人事测评指标；另一方面要考虑各个心理测验量表的信度、效度、常模的代表性等因素来选择符合人事测评需要的心理测验量表。选择信度和效度高的量表和适合的常模。常模是某一标准化样组在一定的时空中实现的平均成绩。地区不同，常模也往往不同。人们的心理水平会随着社会的发展变化而变化，常模也要重新修订；引进国外的量表，要把测题、常模等本土化，对量表进行修订。不能过于随便地使用某一测验，更不能不分时间、地点、年龄、性别乱用常模。

（3）注意尊重和保护个人隐私。尊重、保护员工和应聘者的隐私，并为他们的个人信息保密，不能轻易给无关的人员阅读了解测验结果，这也是心理测验工作人员的基本职业道德。有的测验结果含有负面的评价，一旦公开，对个体的影响是极其恶劣的，而且有些测验结果可能自身存在偏差。每个被试者的测验结果都属于他的个人隐私，企业有义务为其保密。这个原则和测验进行过程中公正和公平的原则并不矛盾，它涉及的是收集信息的种类、信息的使用和信息向他人公开的程度问题，也就是说，信息的收集、使用和公开都必须得到当事人的认可。

（4）要慎重对待测验结果。任何心理测验都有误差，而且人的心理水平是会变化的。因而，不要把测验结果绝对化，不要仅仅因为某次智力测验被试者 A 的智商比被试者 B 高出 3 分，就轻易得出被试者 A 比被试者 B 聪明，被试者 A 比被试者 B 更有发展潜力的结论。甚至不能仅仅依据心理测验结果评判，而是要参照其他考核标准和评价方法共同评判，然后下结论。测验结果的解释必须用词准确，不能含糊其辞、模棱两可，不能让人产生误解、引起歧义。

（5）认真做好测验的准备、实施、结果解释等工作。要对被试者在测验中的反应和行为进行详细和切实的记录，注意测试情景、被试者焦虑、测验中的某些细小环节等因素对被试者成绩的影响，尽量使测验标准化，使测验对每个被试者都公平，使测验能衡量被试者的真实水平。

8.1.3 常用心理测验

心理测试可以了解一个人的潜力，及其心理活动规律。在企业界，心理测试主要用在招聘、人事安排和职业咨询方面。当前的市场竞争，归根结底是人才的竞争，很重要的一点，就是使每个人都发挥出他的潜在能力。而心理测试正是可以了解潜在能力的一种科学方法。因此，心理测试在招聘中运用，可以了解一个人是否符合该企业某一岗位的需要，可以了解一个人的实际能力，这样，决策者可以把适当的人安排在适当的岗位上。心理测试一般有以下几种类型。

1. 智力测验

智力测验是通过测验衡量人的智力水平的一种科学方法。智力测验是心理测验中产生最早也最为引人关注的测验。由于人们常把智力看成是各种基本能力的综合，所以智力测验又被称为普通能力测验。目前企业中常用的智力测验方法有以下几种。

1）韦克斯勒智力测验

此测验是由美国心理学家大卫·韦克斯勒(D. Wechsler)研制的成套智力测验。这套测验包括 1949 年发表的韦氏儿童智力量表(WISC)，适用于测试 6～16 岁的儿童智力；1955 年发表的韦氏成人智力量表(WAIS)，适用测试 16 岁以上的成年人智力；1967 年发表的韦氏幼儿智力量表(WPP-SI)，适用于评定 4～6 岁的幼儿智力。编制的依据是韦氏独特的智力概念，智力是人合理地思考、有目的地行动、有效地应付环境聚合成的整体能力。它的主要特点包括：第一，测验结构复杂。不仅包括语言测验，还包括操作测验，整个测验可以得出三个智商分数和 10 个分测验分数，能对人的智力整体水平和各个能力层面做出全面的评定。第二，测验内容按一定的排列法将同一种能力的测验集中起来组成分测验，不仅可以系统地对各种能力进行测定比较，同时还可以指导测验的时间。第三，测验适用范围广。三个量表既可以独立，也可以相互衔接，适用于 4～74 岁的被试者。第四，用离差智商代替了比率智商,适合进行跟踪研究,克服了计算成人智商的困难,又解决了智商在变异性上长期困扰人的问题。第五,韦克斯勒智力测验的缺点是施测复杂、费时,只能单独施测,对智力极高或极低的个体不太适用。

韦克斯勒智力量表的内容根据不同的适用对象而有所变化,以成人智力量表的主要内容为例,按其施测顺序依次是常识(V)、填图(P)、数字广度(V)、图片排列(P)、词汇(V)、积木图案(R)、算术(V)、物体拼凑(P)、领悟(V)、数字符号(P)、相似性(V)。V代表语音测验,P代表操作测验。

2) 瑞文标准推理测验

瑞文标准推理测验(Ravens Standard Progressive Matrices,SPM)是由英国心理学家瑞文(J. c. Raven)设计的一套非文字型智力测验。这套测验包括三个具体测验:一个是1938年出版的标准推理测验,它适用于施测5岁半以上的儿童至成人。另外两个测验编制于1947年,一个是适用于年龄更小的儿童与智力落后者的彩色推理测验(CPS);另一个是适用于高智力水平者的高级伦理测验(APM)。其中,标准推理测验应用最为广泛。该测验的编制在理论上依据英国心理学家斯皮尔曼(C. Spearman)的智力二因素论,主要测量智力的一般因素中的引发能力,即那种超越已知条件、应用敏锐的创造力和洞察力、触类旁通地解决问题的能力。SPM自从有了中国常模之后就成为我国智力测验中的常用工具。

SPM的主要特点包括:第一,该测验适用范围广,适用于5岁半以上的儿童与成人的施测。第二,该测验能较好地测量人的流体智力。第三,该测验为文化公平测验,不受文化、种族与语言的限制,并且适用于一些生理缺陷者,可以进行跨文化的测量与研究。第四,该测验既可以个别进行,也可以团体实施。第五,该测验使用方便、省时省力,整个测验一般在40分钟左右即可完成。结果解释直观、简单,具有较高的信度与效度。

SPM内容由60个题图组成,按由易到难的顺序分为A、B、C、D、E五个系列。A系列测试个体的知觉辨别力、图形比较能力和图形想象力等;B系列测试类同能力、比较能力和图形组合能力等;C系列测试比较能力、推理能力和图形组合能力等;D系列测试系列关系、图形套合能力等;E系列测试套合、互换等抽象推理能力。每个系列有12个题图。测验的具体形式是每个题图上面有2×2或3×3的图案矩阵,其中缺失一个图案,要求被试者选择最合理的一个图案选项,并把该图案的序号填入答卷纸内相应题号下面。

3) 其他智力测验

(1) 奥蒂斯自我管理心理测验。适用于筛选工作职责范围广泛且智力要求水平较低的申请人,如办公室的办事员、一般操作人员等。该测验是集体进行的,不必花费很多时间。但不能在较高的智力范围内很好地进行鉴别,所以,在专业性强和高级管理职位中不大有效。

(2) 旺德利克人员测验。这项测验包含50个项目,分别测量言语、数字和空间管理能力,难度逐步提高。其测试程序比较简单,效率较高,并能用于团体测验。这项测验有很多种形式。普遍适用于企业挑选工作人员,特别是对办事员一类人员,在预测成就方面特别有效。

(3) 韦斯曼人员分类测验。这是一种团体测验，适用于挑选基层管理人员。它是特别为工业企业所设计的测验，具有很严格的时间限制。总分以在限定时间内写出正确答案的总数来计算，内容包括两个方面：语文能力和数学能力，且分别记分。

2. 能力倾向测验

1）职业能力倾向测验

职业能力倾向测验是从满足职业需要的角度测验人们所具备的能力。

(1) 特殊性倾向测验。这个测验是系列式的，包括四大类多个小测验，是国外企业经常使用的能力倾向性测验。这四类测验，一是机械倾向性测验，主要测量人们对机械原理的理解和判断空间形象的速度、准确性及手眼协调的运动能力。该测验应用最广，确实有效的对象是机械工、设计师、修理工、工程师和技工等。典型的有"明尼苏达空间关系测验"、"贝内特机械理解测验"等。二是文书能力测验，是专门了解个人打字、速记、处理文书和联系工作的能力，适合于科室和文职人员能力测量，常用的是"明尼苏达文书测验"和"一般文书测验"两种测验。三是心理运动能力测验，主要测验工业中许多工作所需的肌肉协调、手指灵巧等技能。四是视觉测验，利用双目镜或美国鲍希罗眼镜公司设计的视力分类机等，对视力的多种特征进行测验，以评定其是否符合一定的工作要求。

(2) 多重能力倾向测验。主要用来测量与某些活动有关的一系列心理潜能的考试，能同时测定多种能力倾向。其中普通能力成套测验（GATB）具有代表性并且较常用，GATB由八次纸笔测验和四次仪器测验组成，可以测量九个因素：言语能力倾向（V），要求被试者在词汇测验中指出每组词中哪两个词是意义相同或相反的；数字能力倾向（N），要求被试者进行计算和算术推理；空间能力倾向（S），包括理解三维物体的二维表示和想象三维运动的结果；一般学习能力（C），由测量V、S、N因素的三次测验的分数相加而得；形状知觉（P），包括两次测验，一个是匹配画有同样工具的图画；另一个是匹配同样的几何形状；文书知觉（Q），与P类似，但要求匹配名称，而不是匹配图画或形状；运动协调（K），由一次简单的纸笔测验来测量，要求被试者在一系列方框或圆中，用铅笔做出特定的记号；手指灵巧性（F），由装配和拆卸铆钉与垫圈的两次测验来测量；手的敏捷性（M），要求被试者完成在一个木板上传递扣翻转短木桩测验。

全套测验实施需要2.5个小时。这九个因素中不同的因素组合代表着不同的职业能力倾向，如数字能力、空间能力和手的敏捷性较好的人适合从事设计、制图作业及电器职业。因此GATB也常用来测定应征者的职业倾向，从而进行职业辅导。

2）一般职业多种能力测验

以下是日本劳动省编制的一般职业的多种能力测验。测验测试10种因素包括智力（G）、言语能力（V）、算术能力（N）、书写的能力（Q）、空间判断力（S）、形态知觉（R）、协同动作（A）、运动速度（T）、手指灵巧度（F）、手的灵巧度（M）。测验测试的因素及意义见表8-1。

表 8-1 测验测试的因素及意义

测试因素	意 义
智力(G)	一般学习能力,对各种原理的理解力,推理判断能力,对新环境迅速的适应能力
言语能力(V)	对意义及与其相关联的思想的理解和使用能力,对话与话之间的相互关系和意义的理解能力
算术能力(N)	对数字的正确而迅速的运算能力
书写能力(Q)	对言语和传票类的细节识别,发现错字和正确地校对言语和数字的能力
空间判断力(S)	对立体图形和平面图形的理解能力,对见到的一级或二级形态的想象和思考能力
形态知觉(P)	对物体或图解的细节正确的知觉能力
协同动作(A)	手眼协调动作速度的调整能力
运动速度(T)	迅速而正确地确定运动的能力
手指的灵巧度(F)	手指灵巧而迅速的活动能力
手的灵巧度(M)	手灵巧而迅速的活动能力

3. 社会能力倾向测验

随着社会的发展和进步,每一项工作的完成都需要多人的共同努力,所以人员之间的沟通和团队合作精神就显得尤为重要,企业应当重视和培养员工的社会能力。社会能力包括人际交往能力、社会适应力、人际问题处理能力、谈判能力、团队合作能力等多种能力。

1) 人际交往能力

人际交往能力是人们在交往过程中所形成的一种互相表达某种信息和情感的能力。其首要功能是传达信息,然后根据这些信息随时对自己的生活、工作、学习进行调整和改善,从而以更加和谐的状态适应社会的要求。与此同时,个体也在对社会施加影响,通过人际交往将自己的人生态度、意见、知识、经验传播给他人,从而对他人产生一定的影响。

人际交往能力是人们社会生活的基本能力,也是一种状况适应能力,即一种愉快地调整与周围环境关系的能力。

各种职业都需要从业人员具备一定的人际交往能力,教师、行政管理人员、外交人员、推销员、采购员、服务员、公共关系工作者、咨询人员、人力资源管理者、律师、导游、社会服务工作者、心理学和教育学等研究人员则要求具有较高的人际交往能力。下面是一道人际交往能力测试题:

每到一个新的场合,我对那里不认识的人总是(   )。
A. 能很快记住他们的名字,并成为朋友
B. 尽管也想记住他们的名字并成为朋友,但是很难做到
C. 喜欢一个人消磨时光,不大想结交朋友

2）社会适应力

社会适应力是人的一种综合心理特征，是个体适应周围环境的能力。适应能力强的人，在遇到各种复杂、紧急、令人恐惧或危险情况时能发挥自己原有的能力，具有摆脱困境的力量。适应能力弱的人，遇到特殊情况容易紧张，不知所措，发挥失常。

适应能力强的人一般具备以下特征：独立自主的个性；能借鉴过去成功与失败的经验教训；具有明确的人生目标并且深知取胜之道；有稳定的性格，且确立了一定的价值尺度；具有较强的判断力和自制力；善于体察他人的利害关系和有关情况。下面是一道这样的测试题：

假如你的朋友突然带来了一个你最不喜欢的人到你家里，你会（　　）。

A. 表示惊奇

B. 把你的感觉完全隐蔽起来

C. 暂时忍耐，以后再把实情告诉你的朋友

3）人际问题处理能力

人际问题处理能力是人处理人际间突发冲突的能力。工作中由于利益相悖、沟通误会等原因会产生冲突，形成人际问题，能否圆滑地解决此类问题对从事任何工作都很重要。下面是一道这样的测试题：

你感到上个月工作完成得相当不错，可到发奖金时，你却只得到了三等，你的一位知心朋友告诉你，那是因为同事李云在上司面前说了你的坏话。你听以后的第一反应是（　　）。

A. 很生气、要找经理讲清楚

B. 首先对自己上个月的工作进行反思

C. 生闷气，借酒消愁

4）谈判能力

每个人几乎每天都会面对各种不同的谈判，不管喜欢与否，每个人都是谈判者。谈判能力是从事推销、采购、公关、教育、咨询、管理等工作的必备素质。下面是一道这样的测试题：

你对于他人的动机和愿望的敏感程度如何？（　　）

A. 高度敏感

B. 相当敏感

C. 大约普近程度

D. 比大部分人敏感程度低

5）团队合作能力

团队精神强调的不仅仅是一般意义上的合作与齐心协力，要发挥团队的优势，其核心在于团队成员要在工作上加强沟通，利用个性和能力差异，在团结协作中实现优势互补，发挥积极协同效应。社会学实验表明，在团队成员对团队事务的态度上，团队精神表现为团队成员在自己的岗位尽心尽力，主动为整体的和谐而甘当配角，自愿为团队的利益放弃自己的利益。这在日益提倡个性化、讲究个人能力的今天，绝不是一件说说就能做到的事。这需要一种奉献精神。

日本社会在强调忠诚、社会贡献的东方群体本位文化的底蕴上，吸收西方民主管理思想，形成了日本经营成功的奇迹——团队精神。而欧美国家缺乏东方文化的传统，但他们在个体本位文化的传统上，强调民主，通过调动个人的积极性、创造性同时吸收东方文化中强调忠诚与社会责任的做法，也培育出了具有独特文化特色的团队精神。可见，不管是东方的团队精神还是西方的团队精神，都包含了相同的内容——忠诚与民主。

团队总是有其明确的目标，实现这些目标不可能总是一帆风顺的。因此，具有团队精神的人，为了确保完成团队赋予的使命，总是以一种强烈的责任感和饱满的热情，和同事们努力奋斗，积极进取，创造性地工作。下面是一道测试人们团队合作精神的典型试题：

如果某位重要的客户在周末下午5：30打来电话，说他们购买的设备出了故障，要求紧急更换零部件，但主管人员及维修师傅均下班。此时，你选择：（　　）。

A. 亲自驾车到30公里以外的地方送货

B. 打电话给维修师傅，要求他立即处理此事

C. 告诉客户下周才能解决

4. 人格测验

人格测验是用测验方法对人格进行测量，测出一个人在一定情景下，经常表现出来的典型行为和人格品质，如动机、兴趣、爱好、情感、性格、气质、价值观等。人格测验的方法主要有问卷法和投射法两大类。

人格测验的问卷量表很多，如明尼苏达多相人格量表（MMPI）、加州心理量表（CPI）、爱德华个人爱好量表（EPPS）、艾森克人格问卷（EPQ）等。而更常用的人格测验方法是投射测验的方法。投射测验是一种结构不明确的测验，其优点是在被测者未觉察测验目的的情况下，通过个人的经验和主观意愿给以解释，从而推断该人的态度、冲动、动机和人格的方法。投射测验主要有罗夏墨迹测验和主题统觉测验两种方法。

1）需要与动机测验

需要来源于外界现实，是人格积极性的源泉。同时，这种积极性的刺激，还受到社会环境的影响。对个体需要的分类以马斯洛的需求层次最有代表性，他把人的需要分为五个层次，并且这些层次由低向高发展。其五个层次分别如下。

第一层次，也是最基层的需要。指食物、性、母爱等生理需要。它比其他需要都占优势，成为其他需要的基础。

第二层次是安全需要。当生理需要得到相当满足之后，便随之产生安全的需要。

第三层次是爱与群体归属需要。当生理和安全的需要得到一定程度满足时，个体就开始渴求与他人接触，并和他人发生亲密关系。

第四层次是尊重的需要。人生活在社会中，渴望力量、成就、自强、自信、自立、胜任、支配、承认等个人自我价值的实现，受到社会和他人的尊重。

第五层次是自我实现的需要。具有自我实现的个体，将努力发展和实现崇高的潜能或需要。

动机是在需要刺激下直接推动个体进行活动以达到一定目的的内部动力。

主题统觉测验是需要与动机的典型测验。

第一，主题统觉测验（TAT）是美国心理学家默瑞（H. A. Murry）和摩尔根（C. D. Morgan）等人共同编制的。TAT 共有 30 张印有黑白的人物、风景的图片，另外一张空白卡片。30 张图片显示的人物和景物都是暧昧不明、模棱两可的，可作各种不同的解释。施测时，检测者从 30 张图片中抽出 20 张，每次观看一张，以其所看到的主题进行联想，并依据联想编成故事。测试者根据对图的知觉，会不知不觉地把自己的需要、愿望通过编造的故事情节投射在故事中。故事中的主人公就是被试者假定为自己的化身，可以从这些主人公的需要和压力中了解测试者的个性。

第二，爱德华个人爱好量表（EPPS）是美国心理学家爱德华（L. Edwars）于 1953 年根据莫瑞提出的需要理论编制的自陈式问卷。通过它可以测量个人在莫瑞理论中 15 种心理需要倾向。全量表包括 225 项，其中有 15 个重复项目是用来检验反应一致性的，实际上只有 210 项。每个项目包括两个第一人称的陈述句，让被试者按自己的个性偏好或倾向与感觉在这两个陈述句中选择其一。

2）兴趣测验

兴趣是人积极地接触、认识与探究某种事物的心理倾向，这种心理倾向总是使人神往，对某种事物给予优先注意，并且在兴趣发生的同时总是伴有对该事物满意、愉快、振奋等肯定情绪。例如，对足球运动有兴趣的人，在同时存在诸多活动的情况下，不仅选择观看足球比赛，而且在观看时会全神贯注或情绪激昂，并对运动员的精彩表演拍手叫绝。正是在他的推动下人们才全神投入到该项活动中，创造性、出色地完成工作。大量事实表明：个体的兴趣取向与年龄、性别及能力有关。因此在兴趣的测评时，应充分考虑到被测的其他因素的影响。

（1）库德兴趣量表。美国心理学家库德（C. P. Kuder）曾编制测查兴趣的量表，后人称它为库德兴趣量表，并参照此表编制了大量的兴趣量表。库德把职业兴趣分成 10 类：室外活动的；对机械的；对计算的；对科学的；对宣传的；对艺术的；对文艺的；对音乐的；社会服务的；对文书的。

此测验含有 168 个项目，每个项目列有三种活动，要求被试者从中选出最喜欢的一种活动和最不喜欢的一种活动，对第三种活动不做选择，从而得出被试者最感兴趣的职业。

（2）兴趣记录表。关于读书兴趣水平的量化表见表 8-2。

表 8-2 关于读书兴趣水平的量化表

分　值	行　为　表　现
-5	什么也做不成，什么也不愿意做
-4	什么也学不进去，总在寻找更有趣的事情
-3	课程学的很吃力
-2	做功课时，经常被别的事情所打断，脑子里经常出现与功课无关的想法
-1	需要一定的意志力，才能使自己安下心来做功课
0	对功课的态度淡漠

续表

分　　值	行 为 表 现
+1	不需要做自己的功课
+2	做起功课来专心致志，不知道时间是怎样过去的
+3	总想把功课学得更好些
+4	想用更多的时间来学习
+5	产生了想把功课学得更好的想法

3）价值观测验

价值观是人们对事、对人、对社会重要性的评价标准和尺度。价值观不是静态的，它不仅有对客观事物意义的判断、评估和看法，也具备发动、推动、调整行为，使其向着有价值的或更有价值的目标迈进的动力。而职业价值观是通过职业观、生活态度、人生目标等方面的调查概括出来的。日本学者将职业价值观分为九类。

（1）独立经营型，也称非工资生活者型，具有这种职业价值观的人不愿受他人指使，也不愿受他人干涉，只靠自己的力量，尽情发挥自己的才能，独立完成工作。

（2）经济型，又称金钱型，具有这种职业价值观的人确信世界上的一切幸福都能用金钱买到，把赚钱作为人生的目标。

（3）支配型，也称独断专行型，这种人认为能支配人的职业是最佳职业，把追求权力、社会地位作为人生目标。此类人无视他人的意见，以坚持己见为乐。

（4）自尊型。具有这种价值观的人渴望得到他人尊重，追求虚荣，他们渴望得到社会地位和荣誉。

（5）自我实现型。具有这种价值观的人不关心通常的幸福和一般惯例，一心一意追求个性、探索真理，对收入、地位乃至他人全然不顾，喜欢向自己能力及可能性的极限挑战，并把它看成是生存的最大意义。

（6）志愿型。具有这种价值观的人富于同情心，把他人的痛苦视做自己的痛苦，乐于帮助别人，为大众服务。

（7）家庭型。具有这种价值观的人常以自家为中心，喜欢平凡、安定的生活，注重与家人的团聚，生活态度保守而稳重，不愿冒险。

（8）才能型。具有这种价值观的人单纯、爱戴高帽子，把他人的欢迎、赞扬视为乐趣，常以能说会道博得众人好感。

（9）自由型。具有这种价值观的人办事既无目的也无计划，而是时时随机应变。这种人不愿负责任，不给他人添麻烦，也不想受任何约束，愿意随心所欲地生活。

通过一定的测量量表就可测出被试者的价值取向属于上述的哪一种。另外应注意的是，某个人的价值观有可能不是纯粹的一种类型，而是多种类型的复合体。

4）气质测验

气质就是通常人们所说的"脾气"、"性情"，是指一个人典型的表现与心理活动的速度、强度、稳定性和指向性等动力方面的特点，它是在生理基础上形成的稳定的心理特征。例如，在感觉、知觉速度上有人快有人慢，在情绪的反应上有人强有人弱，在注意力上有人稳定有人不稳定等。

关于气质的类型，人们对四种气质类型即胆汁质、多血质、黏液质、抑郁质的分类已经习以为常。本书介绍另一种职业气质分类类型，把职业气质分为如下10类：

(1) 变化型。这些人在新的和意外的活动或工作情境中感到愉快，他们喜欢工作内容经常有些变化，在有压力的情况下他们工作得很出色。他们追求多样化的工作，善于将注意力从一件事转到另一件事上。典型的职业如记者、推销员、演员、消防员等。

(2) 重复型。这些人适合连续不停地从事同样的工作，他们喜欢按照机械的或他人安排好的计划或进度办事，爱好重复、有规则、有标准的工作。典型的职业如纺织工、印刷工、装配工、电影放映员、机床工等。

(3) 服从型。这些人喜欢按他人的指示办事，他们不愿自己独立做出决策，而喜欢让他人对自己的工作负起责任。典型的职业如秘书、办公室职员、翻译人员等。

(4) 独立型。这些人喜欢计划自己的活动和指导他人的活动。他们在独立的和负有职责的工作情境中感到愉快，喜欢对将来发生的事情做出决定。典型的职业如管理人员、律师、警察等。

(5) 协作型。这些人在与人协同工作时感到愉快，他们善于使他人按照他们的意愿来办事，他们想得到同事们的喜欢。典型的职业如政治辅导员、行政人员、宣传工作者、作家等。

(6) 机智型。这些人在紧张的情景下能很好地执行任务，在危险的状况下能自我控制、镇定自如，在意外发生时工作出色。典型的职业如驾驶员、飞行员、警察、救生员、潜水员等。

(7) 经验决策型。这些人喜欢根据自己的经验做出判断，当他人犹豫不决时，他们能当机立断做出决定，喜欢处理那些能直接经历或直觉到的事情，必要时他们用直接经验和直觉来解决问题。典型的职业如采购、供应、批发、推销、个体摊贩等。

(8) 事实决策型。这些人喜欢根据事实来做决策，他们要求根据充分的证据下结论。喜欢使用调查、测验、统计数据说明问题，引出结论。典型的职业如化验员、检验员、自然科学研究等。

(9) 自我表现型。这些人喜欢能表现自己的爱好和个性的工作情景，他们根据自己的感情做出选择，喜欢通过自己的工作来表达自己的理想。典型的职业如演员、诗人、画家等艺术门类。

(10) 严谨型。这些人喜欢注重细节的精确，他们按一套规则和步骤将工作尽可能做到完美，他们倾向于严格、认真地工作，以便能看到自己保质、保量地完成工作。典型的职业如会计、计账员、出纳员、统计员、校对员、档案管理员、打字员等。

气质的测量方法有以下几种。

(1) 问卷法。问卷法是测量气质的有效方法之一。给被试者提出一系列标准化的问题，然后分析他们对问题的回答，从中做出气质特征的判断。

(2) 行为评定法。即在自然情况下，通过观察、了解个体的行为举止，对一个人的气质做出鉴定。例如，教师在和所教学生的日常接触中，可观察学生的作业完成得是否认真、细致、准确；当人们在工作中受到表扬或批评时，情绪上的变化特点如何；对已经开始的工作，个体能否首尾一贯、坚持到底，等等。

(3) 实验法。即通过在实验室利用特定仪器，排除被试者的兴趣、动机、期望等因素，掌握其神经系统基本特征，有效地确定人的气质。

5) 性格测验

性格是个人在对现实的态度和行为方式中表现出来的稳定的个性心理特征，体现了个人的独特风格。

19 世纪，英国心理学家 A. 陪因和法国心理学家 T. 查理把人的性格划分为理智型、情绪型和意志型三种。

瑞士心理学家 C.G. 荣格根据倾向于外向还是内向，把性格分为外倾型和内倾型两大类。

5. 心理健康测验

现代企业越来越关注员工的心理健康状况，这不仅是企业正常运行的重要保证，而且关系到企业的长远发展和前景，常用的心理健康测验有心理健康测验(UPI)、焦虑自评量表和心理健康临床症状自评测验。

1) 心理健康临床症状自我测验

此测验简称 SCL-90，是在美国著名精神卫生学家狄罗盖蒂斯(Derogatis)编制的霍普金斯(Hopkins)症状清单的基础上编制而成。它的主要特点：第一，测验方式是自评测验，既适合个别测验，又适用于团体测验，通过对临床症状的自我评定，达到临床诊断的目的。第二，主要用于临床神经症的诊断。与其他自评测验(如 SDS、SAS)相比，测评内容多，反映症状丰富，为心理健康综合测验。第三，省时、省力、操作简单，能在 20 分钟左右迅速、准确地评判出心理问题者的自觉症状特点。第四，效度良好。国内外临床应用此量表的研究表明，该测验能较好地反映心理问题者在临床上的病情程度及问题层面。第五，本测验的测题适用于初中、高中、大学生及成年人。

2) 状态—特质焦虑问卷(State-Trait Anxiety Inventory, STAI-Form Y)

20 世纪 50 年代，卡特尔(Cattell)和斯普兰格(E. Spanger)提出状态焦虑(State Anxiety)和特质焦虑(Trait Anxiety)的概念。前者指一种不愉快的情绪体验，如紧张、恐惧和神经质，伴有植物神经系统的功能亢进，一般为短暂性的。特质焦虑则用来描述相对稳定的、作为一种人格特质且具有个体差异的焦虑倾向。在此概念的基础上，斯普兰格等人编制了特质焦虑问卷(STAI)，1970 年 Form X 问世，1979 年修订为 Form Y，1988 年译成中文。

该量表的内容由指导语和两个分量表共 40 项描述题组成，内容简明，易被接受和掌握。其中 1~20 项是状态焦虑量表，半数为描述负性情绪的条目，半数为正性情绪或感受，可用来评价应激状况下的状态焦虑；21~40 项是特质焦虑量表，用于评定人们经常的情绪体验。其中 11 项是描述负性情绪条目，9 项是正性条目。可广泛应用于临床诊断和研究多种职业人群的有关焦虑的问题。该量表是自评的测验方式，操作方便。被试者根据指导语逐题圈出答案，可用于个人或集体测试，被试者一般需具有初中以上的文化水平。

测验无时间限制，一般 10～20 分钟可完成整个量表的回答。评分时有正向和负向两种，要注意反序记分的项目，防止评分错误。经实践应用，发现该量表可以分别评定状态焦虑与特质焦虑，优于其他焦虑量表，且 STAI 中译本信度和效度都较高，适用于我国。

 案例链接

心理测试是人才招聘试金石

这两年企业招聘，性格测定、压力测试等心理测评在招聘过程中运用得越来越多。特别是 IT 企业、金融、房地产和一些高薪企业。浙江千里马人力信息服务中心的资深"猎头"沈敏跃说，在招聘中高级人才时，心理测试是应用比较普遍的一种方式。"性格是天生的，如果领导的性格是老虎型的（即控制型性格），招个助理也是老虎的话，一山就不容二虎。而技能可以通过后天的培训来掌握。"

事实上，除了招聘环节，不少企业已经将测试工作运用到了日常的人力资源管理中。"比如定期对员工进行工作期望、压力测试等测试，可以了解当前在岗员工的工作状态，然后做相应的调整。"一位企业的负责人说。

在浙江财经学院人力资源管理研究中心副主任吴道友博士看来，性格在招聘当中的重要程度有时候的确会超过技能，也能真正体现人本管理的理念。"不过测试工具是否精准是一个值得探讨的问题。"吴道友说，目前运用得比较多的测评工具的有效度只有 60% 左右。所以测试只是对性格做初步的判断，而不是唯一的根据。

"另外，在测试的过程中还存在一定的主观因素。例如，如果应聘者应聘的是营销类的岗位，在测试时他会有意识地往个性开朗、善于交际等答案上去靠，这样做出来的结果就没什么参考意义。"

（资料来源：http://finance.sina.com.cn/roll/20100705/06568232069.html.）

8.2 评价中心

8.2.1 评价中心的含义与内容

1. 评价中心的含义

评价中心是一种综合性的人员测评与选拔方法，而不是一个部门或地理概念。它通过评估参加者在相对照离的环境中做出的一系列活动，以团队作业的方式客观地测评其专业技术和管理能力，为企业发展选择和储备所需的人才。评价中心综合使用了各种测评技术，包括心理测验和面试以及最具特点的情景模拟方法。通过这些方法，评价中心不仅可以从个体的角度对被评价者进行测评，还能够从群体活动中对个体的行为进行考查。

"评价中心是用来识别员工或工作候选人未来潜能的评价过程。它包括对被评价者从事各种个体的和群体活动中的观察，这种方法是系统、有效和可靠的。它使人事工作者、职业顾问尤其是部门经理能够决定哪些品质对于成功的工作表现是重要的，同时能够对人进行评价并识别其未来的潜能。"这是国外一位著名专家对评价中心的描述。由此，评价中心不仅可以用于人员招聘选拔，还可以用于员工培训和职业生涯规划等工作中。

2. 评价中心的内容

评价中心综合应用了各种人员测评技术，但这些方法并不是评价中心的主要组成部分。评价中心的一个重要特征就是在情境性的测验中对被评价者的行为进行观察和评价。情境性测验通常是将被评价者置于一个模拟的工作情境中，采用多种评价技术。有多个评价者观察和评价被评价者在这种模拟工作情境中的行为表现。情境性测评方法有各种各样不同的形式，其中最普遍使用的方法类型有无领导小组讨论、文件筐或公文处理测验、管理游戏、模拟面谈等。

8.2.2 评价中心的特点

许多研究者和实际应用者都认为评价中心具有突出的特点，这些特点中有其他测评方法不可比拟的一些优点，同时也具有一定的局限性。

1. 评价中心的优点

（1）评价中心综合使用多种评价技术，由多位评价人员进行评价，能从多个角度对被评价者的行为做出观察和评价，能够得到大量的信息，因而比较客观公正。评价中心综合了多种测评手段的优越之处，各种工具之间可以相互验证，对被评价者来说也更为公平。

（2）使用评价中心进行测评时，很多情境是与拟任工作相关的情境。在这种情况下，被评价者的表现比较接近真实的情况，并且也不易伪装。所以情境模拟测试中被评价者的表现在实际工作中有较大的可迁移性，因而对其未来的发展潜力能够进行很好的预测。

（3）评价中心多采取的情境测评方法是一种动态的测评方法，在被评价者与他人进行交往和解决问题的过程中，可以对其较为复杂的行为进行评价；而且，在这种相互作用下，被评价者的某些特征会得到更加清晰的暴露，更有利于对其进行评价。

（4）评价中心能够及时提供实际、具体的行为观察和评估反馈，因而能及时发现能力发展中的问题，加快人才培养的速度。正是最后两个特点使得评价中心被越来越多的企业用于高潜力管理人才的早期识别，并对他们的管理能力进行有计划的重点培养和发展。

2. 评价中心的缺陷

（1）在评价中心技术所采用的情境性测验中，评价的主观性程度较高，制定统一、标准化的评价标准比较困难。并且由于这种测验形式的复杂程度较高，因此在设计和实施中的控制也就比较困难。

（2）评价中心的使用成本较高。首先，对空间、货币和时间投入较大；其次，该方法对人员的要求也比较高。尤其是要对评价者进行相关的培训。应该说，评价中心的应用前景是乐观的，因为它明显具有信度高和效度高的特点。在西方管理学家对评价中心的效果调查中发现，由企业领导随意选拔的管理人员，按照使用效果，其正确性只有15%；经过各级经理层层提名推荐的，其正确性达到35%；而通过评价中心测验选拔的，其正确性在70%以上。但是，由于评价中心的使用条件要求较高，因此并不适合大规模的推广，在员工招聘中一般局限于高层次管理者或特殊人员。

8.2.3 评价中心的实施流程

评价中心综合应用了各种人员测评技术,但这些方法并不是评价中心的主要组成部分。评价中心的一个重要特征就是在情境性的测验中对被评价者的行为进行观察和评价。情境性测评通常是将被评价者置于一个模拟的工作情境中,采用多种评价技术,有多个评价者观察和评价被评价者在这种模拟工作情境中的行为表现。情境性测评方法有各种各样不同的形式,其中最普遍使用的方法类型有无领导小组讨论、文件筐或公文处理测验、管理游戏、模拟面谈等。

评价中心在实践中的具体操作一般遵循的流程如图8.1所示。

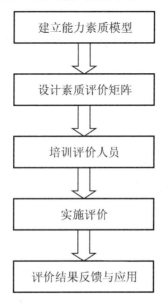

图8.1 评价中心操作流程

(1) 建立能力素质模型。评估之前首先要有能力素质模型,以明确目标岗位的能力素质要求。通常评价中心所要测评的能力素质包括:人际沟通能力、计划组织能力、辅导与激励能力、分析与决策能力等。

(2) 根据能力素质模型设计素质评价矩阵。能力素质评价矩阵包括测试工具和能力素质维度部分。针对每一项指标选择和设计测试工具,要确保与测评的能力素质维度直接相关,具有合理的信度和效度。通常使用最频繁的情景模拟包括:公文筐处理、角色扮演、案例分析与演讲等。

(3) 对负责观察和评价测试者行为的评价人员进行培训。培训的内容一般包括:熟悉能力素质模型,以便清晰了解每一个能力素质维度的定义及其与工作绩效的关系;掌握如何在测评过程中对测试者的行为进行观察、如何进行分类和记录等技术;掌握评分标准,明确评分方法;掌握整合各评估来源的信息、撰写评估报告的方法。

(4) 实施评价。每一个评估人员要仔细观察并及时记录测试者的行为,做出精确而详细的行为记录。在观察行为的同时,评估人员要将测试者的各种行为进行归类。测试结束后评估人员要马上整理观察到的行为,与其他评估人员进行交流并整合各方信息,对每一个测试者的表现进行分析，并根据评分标准打分后撰写评估报告。

（5）评价结果反馈与应用。在评价中心实施之后，应根据具体情况给予测试者或需要知情的管理者以适当程度的评估结果反馈。

本章小结

最常见的心理测验分类：根据测验的具体对象划分为认知测验、人格测验与心理健康测验。

编制心理测验的一般程序是确定测验目的，分解测量目标；选择测验材料，制订编题计划；编制测验题目；题目的试测和分析；编排和合成测验；测验的标准化；测验基本特征的鉴定；编写测验说明书。

练 习 题

一、思考题

1. 什么是心理测验？
2. 简述心理测验应该遵循的原则。
3. 心理测验有哪些类型？
4. 什么是评价中心？有哪些特点？
5. 简述评价中心的实施流程。

二、课堂讨论题

1. 讨论心理测验有哪些优点和缺点。
2. 谈谈个人对心理测验的感受。

三、课外实践题

深入一家企业进行实地调查，了解该企业的评价中心，并参与评价中心的工作。

第 9 章 员工录用

学习目标

学习完本章后,你应该能够:
- 掌握员工录用的原则;
- 了解员工录用的策略;
- 熟练掌握员工录用的程序;
- 了解劳动合同的内容;
- 了解新员工培训的内容和意义。

 导入案例

迪士尼如何培训员工

随着香港迪士尼乐园的建成,研究迪士尼(以下简称迪士尼)对新员工的培训,对改进主题公园和人文景现的经营管理与服务,具有十分重要的借鉴意义。

自从 1955 年沃尔特·迪士尼在美国洛杉矶创建第一个主题公园——迪士尼乐园以来,迪士尼公司已经成为集卡通设计、电视网络、电影、主题公园、文化用品、服装服饰等为一体的大型娱乐性企业集团。

面对激烈的旅游市场竞争,是什么力量使得迪士尼经久不衰,执主题公园之牛耳呢?实际上,迪士尼成功的秘密武器就是为游客提供优质、高效、细致的服务,而这种服务品牌的形成则得力于迪士尼严格、系统的员工培训。

迪士尼现有雇员 50 000 人,其中公司每天大约要雇用新员工 100 名左右。对于这些新员工,迪士尼有自己的一套培训"宝典"。

为了顺利地招聘到合适员工,迪士尼提倡在专门的装饰豪华的面试中心里舒心招聘。面试中心有有趣的圆形大厅和弯路,弯路的两边镶嵌着各式壁画,介绍公司的历史及主要特点。中心的人力资源部代表格雷·斯托科说:"我们希望这能够让应聘者感受到一点迪士尼的神秘和舒心感,有利于放松心情,正常发挥。"

通常,面试中心每天要接待 150~200 名初试合格的应聘者,这些应聘者中大约有 30% 是由公司原有员工推荐来的。在应聘者前来应聘之际,公司会主动向他们发放详细列有公司雇员工作条件及规章制度的文件,还有列有公司的全部职务的小册子,应聘者还可以使用幻灯片、可视电话等设备,与公司相关人员沟通。

经过这一路的精心安排，通过层层面试的新员工在进入公司工作之前就基本了解了迪士尼的企业文化。

迪士尼对新员工的培训首先不是着眼于其素质和水平的提高，而是把它作为企业精神教育的一种重要手段。

迪士尼要求每一位新员工都要接受由迪士尼大学教授团进行的新员工企业文化训练课，以便让他们认识迪士尼的历史传统、成就、经营宗旨与方法、管理理念和风格等。除了这些，迪士尼专为新员工制订了为期三天特色的个性培训计划。

第一天上午学扫地。有三种扫把：一种是用来扒树叶的；一种是用来刮纸屑的；一种是用来掸灰尘的。让员工学习怎样扫树叶不会让树叶飞起来、怎样刮纸屑才能把纸屑刮的很好、怎样掸灰才不会让灰尘飘起来。而扫地还另有规定：开门时、关门时、午饭时、距离客人15米以内等情况下都不能扫。

第一天下午学照相。因为客人会请员工帮忙照相。如果员工不会照相，就不能照顾好顾客。十几台世界最先进的数码相机摆在一起，各种不同的品牌，每台都要学。

第二天上午学包尿布。孩子的妈妈可能会请员工帮忙抱一下小孩，但如果员工不会抱小孩，就会增添顾客的麻烦。员工不但要学会抱小孩，还要学会替小孩换尿布。

第三天下午学辨识方向。有人要上洗手间，有人要喝可乐，有人要买邮票，顾客会问各种各样的问题，所以每一名员工要把整个迪士尼的地图都熟记在脑子里，对迪士尼的每一个方向和位置都要明确。

第三天上午学怎样与小孩讲话。迪士尼有很多小孩，这些小孩要跟大人讲话。迪士尼的员工碰到小孩问话，都要蹲下，眼睛与小孩的眼睛要保持一个高度，不能让小孩子抬头和员工讲话。

第三天下午学习怎样送货。迪士尼规定在客人游玩的地区是不准送货的，送货都在围墙外面。迪士尼的地下像一个隧道网一样，一切食物、饮料都在围墙的外面的地道中运送，然后再通过电梯送上来。

在迪士尼，顾客站在最上层，员工在中间面对客户，经理站在员工底层支持员工，员工比经理重要，客户比员工重要。

（资料来源：http：//wenku.baidu.com/view/618820620b1c59eef8c7b4a2.html.）

9.1 员工录用决策

当应聘者经过了各种筛选关后，最后一个步骤就是录用与就职。这个阶段的主要任务就是通过对甄选、评价过程中产生的信息进行综合评价和分析，确定每一位应聘者的素质和能力特点，根据预先确定的人员录用标准和录用计划进行录用决策。这项工作看上去似乎无关紧要，实际上它是能否激发员工工作热情的关键。有不少企业由于不重视录用与就职工作，新员工在录用后对企业和本职工作连起码的认识都没有就直接走上了工作岗位，这不仅会给员工今后的工作造成一定的困难，而且会使员工产生一种陌生的感觉，难以唤起新员工的工作热情，这对企业是不利的，为此，企业应认真做好这项工作。

招聘工作的最后一个环节就是录用决策，即最终决定雇用申请者并分配给他们职位的过程。因此录用是招聘过程的一个总结，是给招聘工作划上的一个句号。前面所进行的所有工作，都是为这个决策过程做铺垫。应该说，这一决策也常常是最难做出的。

9.1.1 员工录用概述

1. 员工录用计划

录用管理是根据录用计划，而且是基于长期的经营计划和长期的要员计划进行的。

长期的经营计划内容是通过预测长期的经济增长率和需要等,制订资金筹措、开发、销售等计划。

此外,长期的员工录用计划是依据长期的经营计划,对将来企业的活动所必需的恰当人员的质和量进行预测和核定。

长期的要员计划中包括三年计划和五年计划等。将现在的人员按照部门、性别、年龄分开,在掌握这个数据的同时,预测三年间、五年间的退休预计数,并核定三年、五年后的定员。

核定要员的方法有多种,主要有依据人事费和每个人的生产量、销售额等方法,例如,在依据五年后的人事费的总和,可按照以下方式确定要员总数,并加上预测退休预计确定录用数。

计划要员总数＝五年后人事费预算/五年后平均每人每年的工资津贴

（1）劳动者的质的确定。必须确认录用劳动者的基本特征,即有关学历、能力、技能、资格、人品等录用的一定基准的设定。

（2）招工、招募方法的确定。公开招募,方法是利用报纸、报纸广告、杂志等,根据招聘的不同需要而登载。学校推荐,访问学校并向其宣传本企业的特点,或请在本企业工作的该校毕业生报告最近情况。利用各种社会关系,以公司内部出版物为载体,充分传递公司的情况。

（3）录用计划的实行和修正。根据企业经营状况的变动,修正人员计划。

（4）短工、临时工、计时工的录用。这具有在满足工人希望的同时,又能根据企业的生产规模和事业活动灵活调整雇佣量的机能。要求有恰当的人员的质和量。为了满足这个要求,必须在长期预测的基础上,并且基于企业的经营方针有计划地确定人员计划。

2. 员工录用的原则

（1）公开原则。指将招考单位、招考的种类和数量、招考的资格条件,考试的方法、科目和时间,均面向社会公告周知,公开进行。一是可使考试录用工作置于社会的公开监督之下,防止不正之风;二是有利于给予社会上人才以公平竞争的机会,达到广招人才的目的。

（2）平等原则。指对待所有报考者,应当一视同仁,不得人为地制造各种不平等的限制（如性别歧视）,努力为有志之士提供平等竞争的机会,不拘一格地选拔录用各方面的优秀人才。

（3）竞争原则。通过考试竞争和考核鉴别,以确定成绩的优劣。"伯乐相马",靠公司领导的直觉、印象来选人,往往带有很大的主观片面性。因此,必须有严格统一的考试、考核程序,比较科学地决定录用人员。竞争原则还有另外一层含义,即动员和吸引应聘的人越多,竞争越激烈,就越容易选择优秀的人才。所以招聘范围应广泛些,招聘广告的制作应有吸引力。

（4）全面原则。指录用前的考试和考核应该兼顾德、智、体诸多方面,对知识、能力、思想品德进行全面考核。这是因为劳动者、各类管理人员的素质,不仅取决于文化程度,还有智力、能力、人格、思想上的差异,而且往往非智力素质对日后的作为起决定作用。

（5）择优原则。这是考试录用的核心，择优是广揽人才、选贤任能，为各个岗位选择第一流的工作人员。因此，录用过程应是深入了解、全面考核、认真比较、谨慎筛选的过程。做到"择优"必须依"法"办事，用纪律约束一切人，特别是有关领导必须注意。

（6）量才原则。招聘录用时，必须考虑有关人选的专长，量才录用，做到"人尽其才"、"才尽其用"、"职适其人"。这有利于人才、劳务市场的成熟发育。

人物链接

沃尔特·迪士尼(1901—1966)美国著名导演、制片人、编剧、配音演员和卡通设计者，并且和其兄洛伊·迪士尼一同创办了世界著名的迪士尼公司。沃尔特·迪士尼是一位成功的故事讲述者，一位实践能力很强的制片人和一个很普通的艺人。他和他的职员一起创造了许多最受欢迎的角色，包括经常被提及的称得上是沃尔特好友的米老鼠。

沃尔特·迪士尼的很多作品让他成为全球著名的人，如《白雪公主》、《木偶奇遇记》等很多知名的电影，还有米老鼠等动画角色；也是他，让迪士尼乐园成为可能，开创了主题乐园这种形式，而且他在电视节目《迪士尼奇妙世界》的主持让无数美国人民无法忘怀。他获得了48次奥斯卡奖提名和7次艾美奖，是世界上获得奥斯卡奖最多的人。

9.1.2 员工录用的策略

1. 人员录用决策

人员录用决策，是指通过科学的精确测算，对岗位和所招聘的人选相互之间进行权衡，实现人适其岗、岗得其人的合理匹配的过程。人员录用决策做得成功与否，对招聘有着极其重要的影响，如果决策失误，则可能使整个招聘过程功亏一篑，不仅企业蒙受重大的经济损失，还会因此延误企业的发展。

如果招聘的岗位只是2~3个，合适的人选有着极强的对应性，人员录用决策就比较简单，很可能一目了然。但当招聘岗位较多，岗位与招聘人选的对应性较差时，也就是说，每个招聘岗位都有多个合适人选，招聘人选又能够适应多个岗位，且招聘人选相互之间差异不明显，此时人员录用决策就比较复杂，不是能够用眼睛可以看出来，需要通过系列的步骤和权衡比较才能完成，有时还要借助数学方法和计算机手段。一般来说，人员录用的主要策略包括以下几种。

（1）多重淘汰式。即每种测试方法都是淘汰性的，应聘者必须在每种测试中都达到一定水平，方能合格。该方法是将多种考核与测验项目依次实施，每次淘汰若干低分者。对全部考核项目全部通过者，再按最后面试或测验的实得分数、排出名次，择优确定录用名单。

（2）补偿式。即不同测试的成绩可以互为补充，最后根据应聘者在所有测试中的总成绩做出录用决策。例如，分别对应聘者进行笔试与面试选择，再按照规定的笔试与面试的权重比例，综合算出应聘者的总成绩，决定录用人选。值得注意的是，由于权重比例不一样，录用人选也会有差别。假设在甲、乙两人中录用一人，两人的基本情况与考核评分情况差不多，到底谁当选，最后的录用决策是谁，这里关键要看不同项目的权重系数。

（3）结合式。在这种情况下，有些测试是淘汰性的，有些是可以互为补偿的，应聘者通过淘汰性的测试后，才能参加其他测试。

2. 录用决策的标准

在全面了解所有应聘人员的情况后，人员录用的标准是衡量应聘者能否被组织选中的一个标尺。从理论上讲，应以工作描述与工作说明书为依据制定录用标准，又称因事择人。这应该是录用效果最佳的方法。但在现实中，它将随着招聘情况的不同而有所改变，有可能出现人选工作和人与工作双向选择现象。

假设在一次招聘中分别测定众多求职者，并将他们安排到多种不同性质的职位。这是职位和人之间进行相匹配的过程，既包括对人员的选择，也包括对人员进行合理的安置，适用于同时招聘多人，此方法成本也较低。多位应聘者的综合测试得分见表9-1。

表9-1 多位应聘者的综合测试得分表

应聘者 职位	A	B	C	D	E	F	G	H	I	J
1	4.5	3.5	2.0	2.0	1.5	1.5	4.0	2.5	2.0	1.0
2	3.5	3.0	2.5	2.5	2.5	2.0	3.5	2.0	2.5	0.5
3	4.0	2.0	3.5	3.0	0.5	2.5	3.0	3.0	1.0	1.5
4	3.0	2.0	2.5	2.5	2.0	2.0	3.5	2.0	0.5	0.5
5	3.5	4.5	2.5	1.0	2.0	2.0	1.5	1.5	1.0	0.5

如果假设职位1、职位2、职位3、职位4、职位5所需的最低测试分数分别为3.5、2.5、2.5、3.0、3.5，要从这10个人中选出5人担当不同的职位，有多种方法，由于其录用决策依据不同，录用结果也不同。

(1) 以人为标准。即从人的角度，按每人得分最高的一项给其安排职位，这样做可能出现同时多人在该项职位上得分都最高，结果只能选择一人而使其他优秀人才被拒之门外的现象。按照表9-1的数据资料，其结果只能是A(4.5)从事职位1，E(2.5)或I(2.5)从事职位2，c(3.5)从事职位3，B(4.5)从事职位5，职位4空缺，分数计为0，则其录用人员的平均分数为3.0。(如果不考虑空缺职位的影响，则平均分数为3.75。)

(2) 以职位为标准。即从职位的角度出发，每样职位挑选最优秀的人来做，但这样做可能会导致一个人同时被几个职位选中。尽管这样做的组织效率最高，但只有在允许职位空缺的前提下才能实现，因此常常是不可能的。按照表9-1的数据资料，其结果只能是职位1或职位3由A做，职位2由G(3.5)(略去候选对象A)做，职位4由C(3.5)做，职位5由B(4.5)做，则其录用人员的平均分数为3.2(空缺职位计为0)。如果不考虑空缺职位的影响，则录用人员的平均分数为4.0。

(3) 以双向选择为标准。由于单纯以人为标准和单纯以职位为标准，均有欠缺，因此结合使用这两种方法，即从职位和人双向选择的角度出发，合理配置人员。这样的结果有可能并不是最优秀的人去做每一项工作，也不是每个人都安排到其得分最高的职位上去，但因其平衡了两方面的因素，又是现实的，从总体的效率看是好的。按照表9-1的数据资料，其结果只能是职位1由A(4.5)做，职位2由E(2.5)或I(2.5)做，职位3由C(3.5)做，职位4由G(3.5)做，职位5由D(4.5)做，则其录用人员的平均分数为3.7。

3. 做出录用决策的注意事项

（1）使用全面衡量的方法。用人单位要录用的人员必然是符合单位需要的全面人才，因此必须根据单位和岗位的需要对不同的才能给予不同的权重，然后录用那些得分最高的应聘者。

（2）尽量减少做出录用决策的人员。在决定录用人选时，必须坚持少而精的原则，选择直接负责考查应聘者工作表现的人，以及那些会与应聘者共事的人进行决策。如果参与的人太多，会增加录用决策的困难，争论不休或浪费时间和精力。

（3）不能求全责备。人不是十全十美的，在录用决策时也不要吹毛求疵，挑小毛病，总也不满意。必须分辨主要问题及主要方面，分辨哪些能力对于完成这项工作是不可缺少的，这样才能录用到合适的人选。

小提示

（1）劳动合同期限的确定。《劳动合同规定》第十六条规定：劳动合同可以约定试用期限。劳动合同期限在6个月以内的试用期不得超过15日；劳动合同期限在6个月以上1年以内的，试用期不得超过30日；劳动合同期限在1年以上2年以内的，试用期不得超过60日；劳动合同期限在2年以上的，试用期不得超过6个月。试用期超过上述规定的，劳动者可以要求变更相应的劳动合同期限，或者要求用人单位对超过的期限按非试用期工资标准支付工资。同时《劳动合同规定》第二十三条对未与劳动者签订劳动合同的用人单位做出了强制性规定，规定合同期限从签字之日起不得少于一年。

（2）约定提前解除劳动合同应注意的问题。《劳动合同规定》第十八条规定：用人单位在与按照岗位要求需要保守用人单位商业秘密的劳动者订立劳动合同时，可以协商约定解除劳动合同的提前通知期。提前通知期最长不得超过6个月，在劳动合同终止前或该职工提出解除劳动合同的一定时间内(不超过6个月)，调整其工作岗位，变更劳动合同。《劳动合同规定》第十九条指出：订立劳动合同可以约定劳动者提前解除劳动合同的违约责任，劳动者向用人单位支付的违约金最多不得超过本人解除劳动合同前12个月的工资总额。但劳动者与用人单位协商一致解除劳动合同的除外。

(资料来源：http://www.chinalawedu.com)

9.2 员工录用的程序和签订劳动合同

9.2.1 员工录用的程序

1. 做出初步录用决策

在招聘者运用面试、心理测验、评价中心、简历筛选等手段对应聘者进行测试筛选之后，就可以获得关于他们的胜任力的信息，根据这些信息，可以做出初步的录用决策。在对职位候选人进行选拔评价的全过程中，通常有来自各个方面的评价者参加，有用人部门的主管，也有人力资源部门的专业人员，在进行录用决策时由他们集体讨论做出决定。

2. 背景调查

1) 背景调查的重要性

在整个招聘选拔过程中,许多关于应聘者自身的信息都是通过应聘者当面获得的,这些信息十分重要,但是也不能排除应聘者其他背景信息的重要性。

背景调查就是对应聘者与工作有关的一些背景信息进行查证,以确定其任职资格。通过背景调查,可以发现应聘者过去是否有不良记录,还可以考察应聘者的诚实性等。例如,某位应聘者在简历中填报说自己是某个部门的主管,负责部门的全面管理工作,经调查,实际上这个主管职位只是一个头衔;另一位应聘者声称自己是某国外名牌大学的毕业生,而核实结果却是他只学习了该学校的远程教育课程。背景调查所获得的这些诚信度信息会有更大的价值。

目前国内人才市场求职者简历造假已屡见不鲜。常见的有虚报职位、提供假文凭和假职称证书、隐瞒过去的经济问题等。例如,某企业招聘一个高管人员,经过背景调查后却发现他背地里运作着一个公司,从事着与招聘企业具有竞争关系的业务,多数人不知情。糟糕的是,一些"猎头"公司在为客户做背景调查时,往往只是走形式,有的甚至帮助候选人制作假简历,进行欺骗式包装。所以企业招聘工作人员在招聘员工时,必须练就一双"火眼金睛",以高度的责任感将背景调查进行到底。

2) 背景调查的主要内容

(1) 学历学位。应聘中最常见的一种撒谎方式就是在受教育程度上作假。很多招聘的职位都会对学历提出要求,没有达到学历要求的应聘者就有可能对此进行虚报。比如,一个只具有大专文凭的应聘者伪造了一本假的本科毕业证,因为他想应聘的是一个要求至少具有本科学历的职位。目前,我国大学的毕业证书信息已经开始输入教育管理部门的计算机系统中进行管理,这为招聘单位利用互联网进行有关的背景调查提供了便利的条件。

(2) 工作经历。背景调查的另一个重要方面就是调查工作经历。工作经历调查侧重了解的是应聘者的受聘时间、职位和职责、离职原因、薪酬等。了解工作经历最直接的方式就是向应聘者现在或过去的雇主了解。此外,还可以向其过去的同事、客户了解情况。

(3) 不良记录。主要是调查应聘者过去是否有违法犯罪或违纪等不良行为。掌握这些记录以及掌握应聘者对待过去行为的方式仍然十分重要。

一般来说,背景调查通常要出浅入深,从进行电话咨询到实施问卷调查再到面对面访谈。必要时,用人企业还要向学校的学籍管理部门、历任雇佣公司的人事部门、档案管理部门进行公函式的调查,分辨文凭和职称的真假,确认应聘者的表现及所获的奖惩是否属实等。

3. 确定薪酬

在初步决定录用某位候选人之后,招聘人员应该向应聘者提供未来可能的薪酬福利信息,与该候选人讨论薪酬福利等有关待遇问题。薪酬福利由两部分组成:薪酬和福利。薪酬包括工资、奖金、津贴等。一个职位的薪酬往往属于一个范围,讨论的目的是根据候选人的胜任力水平决定具体的薪酬水平。

4. 身体检查

录用员工前往指定医院进行身体检查，并将体检结果交到人力资源部门，以确保身体条件符合相关要求。

5. 办理入职

（1）人力资源部门与录用员工签订《聘用意向书》，双方签字后，人力资源部门保存原件，录用员工留存复印件。

（2）录用员工前往原单位开具离职证明，并加盖原单位的公章或人事章。

（3）录用员工到人力资源部门领取入职介绍信，前往人才交流中心开具档案转移的商调函，并回到原存档单位将人事档案转移到公司指定的档案管理机构。有的公司有自己的档案管理部门，有的公司人事档案委托专业机构保管，无论采取哪种形式，新员工的人事档案都应该转入公司统一的档案管理机构。

（4）人力资源管理部门把将要正式入职的员工信息录入员工信息管理系统，与新员工预先约定时间到公司正式入职。

（5）填写档案登记表，并与新员工签订劳动合同。

6. 新员工入职培训

对新员工进行内容包括企业文化、企业规章制度、意志培训、认知培训、技能培训等方面。

9.2.2 签订劳动合同

签订劳动合同是招聘的重要环节。所有通过招聘方式进入组织的新职员，都必须同组织签订劳动合同。

1. 劳动合同的定义

劳动合同是用人单位和劳动者之间确定劳动关系，明确双方的责任、权利和义务的协议。也可称为劳动协议、劳动契约或劳动合约。

劳动合同是确立劳动关系的法律依据，凡是建立劳动关系都应订立劳动合同。而合同条款一经签订就具有法律效力，并成为当事人的行为准则。

2. 劳动合同的形式与内容

《中华人民共和国劳动法》（以下简称《劳动法》）第十条明确规定："劳动合同应当以书面形式订立，并具备以下条款：（一）劳动合同期限；（二）工作内容；（三）劳动保护和劳动条件；（四）劳动报酬；（五）劳动纪律；（六）劳动合同终止的条件；（七）违反劳动合同的责任。劳动合同除前款规定的必要条款外，当事人可以协商约定其他内容。"根据这一规定，劳动合同内容可分为法定内容和商定内容两部分。

法定内容是指劳动法律规范规定的，劳动合同当事人必须遵照执行的内容。具体包括：工作时间和休息休假、劳动保护和劳动条件、劳动待遇。

商定内容是指劳动合同当事人双方协商规定的内容。商定内容分为两种类型：必要内容，即劳动合同必须具备的内容，缺少了它劳动合同就不能成立，具体包括劳动合同期限、工作内容和劳动待遇等。补充内容，即并非劳动合同成立必须具备的内容，缺少了它劳动合同依然成立。

3. 劳动合同的无效

《劳动法》第十八条规定："下列劳动合同无效：（一）违反法律、行政法规的劳动合同；（二）采取欺诈、威胁等手段订立的劳动合同。"

无效劳动合同又分为全部无效和部分无效两类。全部无效劳动合同，是指劳动合同当事人和基本内容违反法律、行政法规的禁止性规定，劳动合同条款全部无效。部分无效劳动合同，是指劳动合同部分条款违反法律、行政法规的规定，但不影响劳动合同基本内容的，违反法律、行政法规的那部分条款无效，其余条款仍然具有法律效力。因此，《劳动法》第十八条还规定："无效的劳动合同，从订立的时候起，就没有法律约束力。确认劳动合同部分无效的，如果不影响其余部分的效力，其余部分仍然有效。"

无效劳动合同确认权，是指确认劳动合同为无效的权力。《劳动法》第十八条第三款规定："劳动合同的无效，由劳动争议仲裁委员会或者人民法院确认。"

4. 劳动合同的变更

劳动合同的变更，指劳动合同当事人对已订立的合同条款达成修改补充协议的法律行为。变更劳动合同，应当遵循平等自愿、协商一致的原则，不得违反法律、行政法规的规定。变更劳动合同的程序，一般分为以下三个步骤：第一，及时提出变更合同的建议；第二，按期做出答复，可以依法表示同意、不完全同意或不同意；第三，双方达成书面协议。

5. 劳动合同解除

《关于贯彻执行〈中华人民共和国劳动法〉若干问题的意见》第二十六条规定："劳动合同的解除是指劳动合同订立后，尚未全部履行以前，由于某种原因导致劳动合同一方或双方当事人提前消灭劳动关系的法律行为。"劳动合同的解除分为协商解除、法定解除和约定解除三种；根据《劳动法》的规定，劳动合同既可以由单方依法解除，也可以双方协商解除；法定解除是指出现国家法律、法规或合同规定的可以解除劳动合同的情况时，不需要双方当事人一致同意，合同效力可以自然或单方提前终止；约定解除是指合同双方当事人因某种原因，在完全自愿的情况下，互相协商，在彼此达成一致的基础上提前终止劳动合同的效力。

解除劳动合同是劳动合同从订立到履行过程中可以预见的中间环节，依法解除劳动合同是维护劳动合同双方当事人正当权益的重要保证。

劳动合同的解除具有以下特征。

（1）被解除的劳动合同是依法成立的有效的劳动合同。

（2）解除劳动合同的行为必须是在被解除的劳动合同依法订立生效之后、尚未全部履行之前进行。

(3) 用人单位与劳动者均有权依法提出解除劳动合同的请求。

(4) 用人单位和劳动者双方协商解除劳动合同，可以不受劳动合同中约定的终止条件的限制。

案例链接

劳动合同争议——提前解除劳动合同

丁某系某安装公司职工，后因公司放长假一直没有上班。2000年8月公司重新签订劳动合同，丁某要求与单位签订劳动合同，但公司以丁某在放假期间从事了有收入的劳动，拒绝与其签订劳动合同。丁某不服用人单位的决定，申诉到劳动争议仲裁委员会，要求用人单位依法与其签订劳动合同。劳动仲裁委员会经调解无效，裁决用人单位依法与丁某签订劳动合同。

评析：劳动合同是用人单位和职工劳动关系的凭证，必须严格按照法律规定进行订立，任何违背法律法规的行为都是没有法律效力的，因此，订立劳动合同一定要依法进行。《北京市劳动合同规定》对用人单位和劳动者在订立劳动合同时怎样确立双方的权利义务作了明确规定，只有正确适用该规定，才能有效保护双方的合法权益。

（资料来源：http://www.chinalawedu.com/news/1900/23/2003/li136819563412221300228449 8＿78913.html.）

9.3 新员工培训

新员工培训是指为企业的新雇员提供有关企业的基本背景信息，使员工了解所从事的工作的基本内容与方法，使他们明确自己工作的职责、程序、标准，并向他们初步灌输企业及其部门所期望的态度、规范、价值观和行为模式等，从而帮助他们顺利地适应企业环境和新的工作岗位，使他们尽快进入角色。

9.3.1 新员工培训的概述

劳动合同的签订，基本给招聘工作画上了句号。但是到这里，招聘工作还没有完全结束，企业还要对新员工进行岗前适应性培训，使之适应企业文化，并学习工作所必需的技术和技能。

新员工培训是使新员工熟悉企业、适应环境和形势的过程，所以又称岗前适应性培训。新员工进入企业会面临"文化冲击"，有效的适应性培训可以减轻这种冲击的负面影响。新员工在组织中最初的经历对其职业生涯具有极其重要的影响。新员工处于企业的边界上，他们不再是局外人，但是也没有有机地融入企业当中，因此会有很大的心理压力。他们希望尽快地被企业接纳，因此，这一时期雇员比以后的任何时期都更容易接受来自企业环境的各种暗示。这些暗示的来源包括企业的正式新闻公报、上司所作的示范、同事所作的示范、自己努力所带来的奖惩、自己问题所得到的回复和任务的挑战程度等。

1. 了解岗前适应性培训

新员工刚刚进入一个企业时，他最关心的是如何做好自己的工作以及如何与自己的角色相适应。岗前适应性培训是员工在企业发展自己职业生涯的起点。适应性培训意味着员工必须放弃某些理念、价值观念和行为方式，适应新企业的要求和目标，学习新的工作准则和有效的工作行为。公司在这一阶段的工作是要帮助新员工融洽地处理与同事和工作团队的关系，建立符合实际的期望和积极的态度。岗前适应性培训的目的是消除员工新进公司产生的焦虑，具体而言，适应性培训的作用有以下几个方面。

（1）新员工与职位之间肯定存在许多不适应的地方，当新员工与所分配的角色之间存在差异的时候，应该缩小这种差距，通过熟悉和领悟，成为理想的角色。如果职位有特殊的技术和人际关系方面的要求，还应该对此进行特殊的培训。

（2）适应性培训是新员工进入群体过程的需要。新的环境可能会给员工一种不确定感。一名新员工可能会担心他是否会被企业的其他成员接受，其他成员是否会主动与他交往并告知如何达到作业标准，企业给自己的第一项任务是如何分配的及其原因，以及是否要加班工作。只有解决了这些问题，他才可能感到心情舒畅并表现出较高的生产率。

（3）使员工了解工作的情况。员工了解企业的信息越多就越能有效地开展工作。新员工对企业的了解往往只局限于通过媒体了解的信息及在面试中由面试者介绍的信息。如果他们能够更多地了解企业的发展历史、企业的业务、企业的未来发展方向和目标等信息，一方面他们会增强荣誉感，另一方面，他们会明确自己努力的方向。

（4）新员工对新的工作环境可能有不切实际的期望。在招聘过程中，公司求贤若渴，应征者也急于给企业留下良好印象，因此，双方都会产生一些不切实际的信息。结果，面谈人员让应聘者为自己设立了不现实的前程目标，而应聘者也会对公司的情况存在过高的幻想。但是当发现实际上不是这样时，就会感到不适应。真实工作的预览可避免新员工的失望，并提高他们的工作绩效。

（5）使员工融合到企业文化中去。员工只有在意识和行为上都融入企业的文化中，才意味着他真正加入企业。每个企业都有自己独特的企业文化，员工必须首先要认同企业的使命和文化，才能为公司做出比较大的贡献，他的努力方向与企业的发展方向才能保持一致。

（6）使员工掌握工作所需要的规则和工具。首先，员工要想顺利地在公司中开展工作，必须要遵守相应的规章制度。因此，在新员工培训中，要让员工了解企业对工作行为的一些约束，以便在以后的工作中更好地遵守。其次，员工在工作中会遇到一些特定的工作流程，员工需要了解各类事件的办事程序。另外，在办公过程中，员工可能会使用到一些特定的工具，如电脑程序、办公设备等，对此也需要进行相关培训。

2. 岗前适应性培训的内容

新员工的岗前培训主要有两个任务：第一是让新员工适应企业，第二是让新员工适应特定的职位。一般来说，新员工的岗前适应性培训主要包括以下几个方面的内容。

（1）公司介绍。包括公司的发展历程、公司的发展方向和目标、公司的业务介绍、公司的使命与价值观、公司的组织结构等。

（2）公司文化训练。包括理解公司的企业文化、行为标准、礼仪规范等。

（3）制度、程序与工具。包括公司的基本管理制度、公司的人事管理制度、公司的财务管理制度、公司的行政管理制度、公司的信息系统管理制度、有关管理工作流程、管理信息系统的使用、办公设备的使用、各种工作表单的使用等。

3. 新员工岗前适应性培训的形式

（1）讲授式。即由讲师进行课堂讲授的形式，如由各个部门经理介绍部门的业务情况。

（2）讨论式。在讲师的指导下由员工进行讨论，如开展关于企业文化的讨论，或者与老员工进行讨论交流等。

（3）参观式。参观公司的工作现场，加深直观印象。

（4）演练式。对一些行为规范和工具使用进行现场的演练操作，增强实际运用技能。

（5）活动式。采用游戏、团队活动、竞赛等多样化的方式进行团队精神的训练、企业文化的培养等。

（6）多媒体式。运用录像等多媒体的方式展示公司的发展历程和业务。

4. 岗前适应性培训的程序

（1）培训开始时，高层经理人员应向新员工介绍公司的信念和期望以及员工可以对公司具有的期望和公司对雇员的要求，然后由人力资源部门进行一般性的指导。在这一过程中，人力资源部门的代表应该和新员工一起讨论一些共同性的问题，包括介绍企业的概况、政策与规定等。

这一步的培训主要包括以下三个方面的内容。

① 企业文化精神层次的培训。参观企业史展览，或请先进人物宣讲企业传统；请企业负责人讲解企业目的、企业宗旨、企业哲学、企业精神、企业作风、企业道德。让新员工清楚地了解，企业提倡什么，反对什么，应以什么样的精神面貌投入工作，以什么样的态度接人待物，怎样看待荣辱得失，怎样做一名优秀员工。

② 企业文化制度层次的培训。组织新员工认真学习企业的一系列规章制度，即考勤制度、请假制度、奖励制度、惩罚条例、福利制度、财务报销制度、人员进出制度、人员培训制度、人员考核制度、职称评定制度、晋升制度、岗位责任制度等；与生产经营有关的业务制度和行为规范，如怎样接电话、怎样接待客户、怎样站立、怎样行走、礼貌用语的使用、文明公约等。

③ 企业文化物质层次的培训。让新员工了解企业的内外环境、厂容厂貌、部门和单位的地点和性质；了解企业的主要产品、设备、品牌、商标，以及荣誉和含义；了解厂旗、厂标、厂徽、厂服及其含义；了解企业环境内的纪念建筑（塑像、纪念塔、纪念碑等）和纪念品（有纪念意义的奖杯、礼品杯、纪念册、锦旗）及其反映的企业精神和企业传统。

通过企业文化培训，使新员工形成一种与企业文化相一致的心理定式，以便在工作中较快地与共同价值观相协调。

（2）由新员工的直属上司执行特定性的指导，包括介绍部门的功能、新员工的工作职责、工作地点、安全规定、绩效检查标准及合作的同事等。对新员工业务的培训可以通过以下三种方式来进行。

① 参观企业生产的全过程,请熟练技师讲解主要生产工艺和流程。

② 请企业的总工程师给新员工上课,讲解企业生产中最基本的理论和知识。

③ 根据各人不同的岗位,分类学习本企业有关业务知识、工作流程、工作要求和操作要领。

除了统一的培训外,在工作上还可以建立辅导关系,即让新员工的直属上司或同事成为其师傅,对新员工给予具体、细致、系统的辅导和指导,不仅教技术、教工艺、教操作、教服务技巧、教办事方法,而且要教思想、教作风、讲传统。另外,通过正式或非正式的方式将员工的工作告知给新员工,有助于新员工有所依据,减少他们的焦虑感。

(3) 举行新进员工座谈会,鼓励新进员工提问,进一步使员工了解公司工作的各种信息。这一过程在促进新员工的社会化方面具有重要作用。例如,美国得克萨斯设备公司发现其新员工有很强的焦虑感时,举办了一次特殊的讨论会,重点放在提供有关企业和工作的信息上,并使新员工有很多提问的机会。讨论会还告知新员工听信老员工的谣传会导致的后果,告知新员工他们在自己的工作中很可能获得成功。事实证明这些特殊讨论是十分有效的。在进入企业第一个月的月底,参加讨论会的新员工比没有参加讨论会的员工的表现要好得多。

适应性培训活动需要公司和部门两个层次配合进行。人力资源部门对适应性培训活动的计划和追踪负有总体的责任,而人力资源部门和直线经理人应该明确各自的职责,以免发生信息传达的重复和遗漏。

9.3.2 新员工培训的内容和意义

1. 企业对新进人员培训的内容

(1) 介绍企业的经营历史、宗旨、规模和发展前景,激励员工积极工作,为企业的繁荣作贡献。

(2) 介绍公司的规章制度和岗位职责,使员工在工作中自觉地遵守公司的规章,一切工作按公司制定的规则、标准、程序、制度办理。包括工资、奖金、津贴、保险、休假、医疗、晋升与调动、交通、事故、申诉等人事规定;福利方案、工作描述、职务说明、劳动条件、作业规范、绩效标准、工作考评机制、劳动秩序等工作要求。

(3) 介绍企业内部的组织结构、权力系统,各部门之间的服务协调网络及流程,有关部门的处理反馈机制。使新员工明确在企业中进行信息沟通、提交建议的渠道,了解和熟悉各个部门的职能,以便在今后工作中能准确地与各个有关部门进行联系,并随时能够就工作中的问题提出建议或申诉。

(4) 业务培训,使新员工熟悉并掌握完成各自本职工作所需的主要技能和相关信息,从而迅速胜任工作。

(5) 介绍企业的经营范围、主要产品、市场定位、目标顾客、竞争环境等,增强新员工的市场意识。

（6）介绍企业的安全措施，让员工了解安全工作包括哪些内容，如何做好安全工作，如何发现和处理安全工作中发生的一般问题，提高他们的安全意识。

（7）企业的文化、价值观和目标的传达。让新员工知道企业反对什么、鼓励什么、追求什么。

（8）介绍企业对员工行为和举止的规范，如关于职业道德、环境秩序、作息制度、开支规定、接洽和服务用语、仪表仪容、精神面貌、谈吐、着装等的要求。

2. 新员工培训的意义

1）新员工培训对企业的意义

如果说招聘是对新员工管理的开始，那么新员工培训是企业对新员工管理的继续。这种管理的重要性在于通过将企业的发展历史、发展战略、经营特点及企业文化和管理制度介绍给新员工，对员工进入工作岗位产生激励作用。新员工明确了企业的各项规章制度后，可以实现自我管理，节约管理成本。

通过岗位要求的培训，新员工能够很快胜任岗位工作，提高工作效率，取得较好的工作业绩，达到事半功倍的效果。通过新员工培训，管理者对新员工更加熟悉，为今后的管理打下了基础。

2）新员工培训对个人的意义

新员工培训对于个人来说是对企业进一步了解和熟悉的过程，一方面可以缓解新员工对新环境的陌生感和由此产生的心理压力，另一方面可以降低新员工对企业不切合实际的期望程度，正确看待企业的工作标准、工作要求和待遇，顺利通过磨合期，在企业长期工作下去。

新员工培训是新员工职业生涯的新起点，新员工培训意味着新员工必须放弃原有的与现在的企业格格不入的价值观、行为准则和行为方式，适应新组织的行为目标和工作方式。

案例链接

员工培训是福利，还是投资

有一家服装销售公司，以专卖店经营模式生存，在武汉市约有数十家店面。近日公司进行了一次员工培训与拓展方面的训练，即委托顾问公司在户外对员工进行相关的训练和培训，时间三天，另有一些要求：受培对象是精英骨干，每店一至两人；员工自带泳衣和运动鞋；因培训费要千元以上，每个员工要交纳500元，其余的公司出；培训完后，若是员工在两年之后离开（辞职）公司，公司交纳的钱就不用员工再承担，若员工在一年之内离开（辞职）公司，公司交纳的培训款就要由员工承担，扣除后才能办离职手续。此培训要求一出，众员工纷纷议论，反对意见很大。

如今的企业，一方面人才严重不足，另一方面企业又要快速发展，几乎所有公司都进行培训。基本形式是公司内部的日常培训，由专人负责，组织多样，时间不限，有的公司还指定人事部门人员兼任培训专员，总之，这是一个热门。

（资料来源：http://www.exam8.com/zige/special.renli/anli/200808/381548.html）

本章小结

当应聘者经过了各种筛选关后,最后一个步骤就是录用与就职。这个阶段的主要任务就是通过对甄选、评价过程中产生的信息进行综合评价和分析,确定每一位应聘者的素质和能力特点,根据预先确定的人员录用标准和录用计划进行录用决策。这项工作是能否激发员工工作热情的关键。企业应认真做好这项工作。

练 习 题

一、思考题

1. 简述员工录用的原则。
2. 试述员工录用的策略。
3. 员工录用的程序是什么?
4. 员工培训包括哪些内容?
5. 员工培训的意义是什么?

二、课堂讨论题

1. 一想到明天就要到公司正式报到上班了,王亮别提多高兴了。这家公司是业内很有实力的"新生企业",名牌大学毕业的他要到该公司网络中心开始自己人生的第一份工作。王亮认为公司明天肯定会为他们这几个新招来的大学毕业生安排一些"精彩节目",如高层管理者的接见与祝贺、同事的欢迎、人事部对公司各种情况的详细介绍和完整的员工手册等。

然而,第一天却令他非常失望。他首先来到人事部,人事部确认王亮已经来到公司,就电话通知网络中心的张经理过来带王亮到自己的工作岗位。过了好大一会儿,张经理才派自己的助手小陈过来,小陈客气地伸出手,说:"欢迎你加入我们的公司,张经理有急事不能来,我会安排你的一些事情。"

来到网络中心,小陈指着一个堆满纸张和办公用品的桌子对他说:"你的前任前些天辞职走了,我们还没有来得及收拾桌子,你自己先整理一下吧。"说完,小陈自顾忙起了自己的工作。到中午,小陈带王亮去餐厅用餐,告诉他下午自己去相关部门办一些手续,领一些办公用品。在午饭时,王亮从小陈那里了解了公司的一些情况,午休时与办公室里的一些同事又谈了一会儿,但他感到很失望,公司并没有像他想象的那样热情地接待他、重视他。

第二天,张经理见到王亮,把他叫到自己的办公室开始分派他的任务。当张经理说完之后,王亮刚想就自己的一些想法同他谈一谈,一个电话打来,王亮只好回到自己的电脑前开始构思自己的工作。他的工作是网页制作与维护。他知道,他需要同不少人打交道,但他还不知道谁是谁，只好自己打开局面了。

就在第三天，王亮被张经理"教训"了几句。原来，张经理让王亮送一份材料到楼上的财务部，王亮送去之后，就又继续自己的工作了。过了一会儿，张经理走了过来，问他："交给财务了吗？是谁接过去的？"王亮回答："交去了，是一位女士接的，她告诉我放那儿好了。"张经理一脸不悦地说："交给你工作，你一定要向我汇报结果，知道吗？"王亮虽然嘴上说"知道了"，但脸上却露出了不满的神情。张经理问他有什么意见，王亮说："张经理教导得很对，希望你以后多多指导！"王亮认为，这些细节也太多余了，自己把工作完成就行了，无非是张经理想显示一下自己是领导。

这几天里，让王亮感到好受一点的是另外两个同事对自己还算很热情，一个女孩是自己前两届的校友，另一个男孩是那种爱开玩笑、颇能"造"气氛的人。王亮曾经问过他俩："难道公司总是这样接待新员工？"校友对他说："公司就是这种风格，让员工自己慢慢适应，逐步融入公司。公司的创始人是几个工程方面的博士，他们认为过多的花样没多大用处，适应的就留下来，不适应的就走人。不少人留下来是因为公司的薪水还不错。"

到了周末，王亮约了同学出来吃饭，谈起自己的第一周工作。王亮望着窗外明媚的阳光、川流不息的车辆，茫然地说："糟糕极了。"

讨论：结合案例，试讨论为什么要重视新员工培训？你认为新员工王亮面临的问题有哪些？请给出解决的建议。试为王亮所在公司的人力资源管理部门设计一套行之有效的新员工培训计划。

2. 谈谈签订劳动合同在员工录用中的作用。

三、课外实践题

深入一家企业进行实地调查，分析该企业的员工录用策略、新员工培训，同时了解该企业劳动合同的签订状况。

四、案例分析

【导入案例分析】

案例表明：新员工培训是指为企业的新雇员提供有关企业的基本背景信息，使员工了解所从事的工作的基本内容与方法，使他们明确自己工作的职责、程序、标准，并向他们初步灌输企业及其部门所期望的态度、规范、价值观和行为模式等，从而帮助他们顺利地适应企业环境和新的工作岗位，尽快进入角色。

【案例】

健力宝集团培训中心组织新进应届大学生入职培训。新员工培训突破以往新员工入职培训的模式，采用课堂学习（两天）与户外体验式培训（一天）相结合的方式。学员在三天的快乐学习之旅中，获得了前所未有的新感觉、新动力和新收获。

第一站：打开自己，主动成就自己

一句"打开自己，主动成就自己"使学员茅塞顿开，受益终生。当心灵之门紧闭着的时候，人常常生活在对过去小有所成的沾沾自喜中，生活在对外面世界的草率戒备中，就连胜利女神的眷顾也置之不理。人生靠自己来完善，首先要打开自己，以一颗开放的心看待芸芸众生、世界万物，以一颗有准备的积极的心迎接挑战，迎接胜利的到来。唯一持久的竞争优势，就是具备比竞争对手学习得更快的能力。

第二站：锻炼自己，融合高效团队

项目可以分为地面项目和高空项目两类。地面项目主要考验的是团队的协作精神和执行能力。在"蜘蛛网"项目中，学员要在最短的时间内通过一张纵横交错、网眼有限的蜘蛛网，每个学员从一个网眼通过但身体任何部位不能触网。每个人只有一次选择，每个机会只有一次。学会统筹，学会协调，学会沟通，学会尊重别人，是"蜘蛛网"给学员的启发。

在"梅花桩"项目中，一个团队要全部站在大小不一、高低不一、距离不一的梅花桩上，按照一定的规则从一端移动到另一端。在这一项目中学员体会到了团队的骄人业绩是靠集体的智慧与个人的责任感成就的，用心沟通，善于聆听，服从领导，是成功的关键。

在"过河抽板"项目中，一个团队利用两块木板、三个油桶，在任何木板不能触地的前提下，移动木板及油桶走向设定的目标。在这一项目中，队员体会到的是没有动脑，没有绝密的计划与方案，很多即使看起来简单的事情做起来都不容易。换位思考，集思广益，把握时间和效率，困难迎刃而解。

在"盲人摸号"项目中，教练分别发给每个学员一个数字号码，并把同组的学员分散在不同的区域，在蒙住双眼并不能说话的情况下，每组的学员会通过团队特定的沟通方式找到自己的同伴，并按照数字大小重新排列顺序。这一项目让学员充分体会到团队之间智慧、沟通和合作的重要性。

学员通过完成这些项目，充分感受到一个团队在完成一项大型工作时所表现出来的团队精神与力量。入职培训教导学员如何学做人，融入团队，融入公司；从"大事敢想，小事肯做，乐在事中"三个方面，教导学员如何学做事，开创一生的事业。

【思考题】

1. 健力宝集团职前培训的目的和内容是什么？
2. 户外拓展培训的目的是什么？对你有何启示？

第10章 员工招聘评估

学习目标

学习完本章后,你应该能够:
- 了解招聘评估的作用;
- 掌握招聘评估的内容;
- 掌握计算招聘成本的方法;
- 了解影响招聘成本的因素;
- 掌握招聘成本控制的内容。

 导入案例

东莞某机械制造公司案例

东莞某机械制造公司因业务扩大急需增加两条生产线设备和50名有工作经验的电焊工。人力资源部沈经理制订了招聘计划,多种渠道招人,最后通过中介机构和现场招聘一共面试了100余人,但能过关的寥寥无几。于是,他只好亲自带着下属分赴湖南等劳务输出地,甚至不惜重金向当地中介机构"买"人。但经过近一个半月的奔波,该公司仅招聘到近20名电焊工。不知不觉,此次招聘,仅广告费、现场招聘费、差旅费等费用就已经上升到8万元了。

此时,他又碰到了新问题:新来的一些员工或因工作能力差被生产部辞退,或由于各种原因要离职,有些老员工还因不堪加班重任而要求劳动仲裁。另外,年底要决定一些合同即将到期员工的去留……

生产部的责备,下属的抱怨让沈经理头痛,总经理更责问他为何招工成本急剧上升却没招到多少人,最后下达命令必须一个月内解决用人需求。

一边是忙着四处招人,为新来的员工办理入职手续、上岗培训,另一边是忙着跟老员工谈判、做思想工作、办离职手续、解决劳动纠纷……烦琐的人事让沈经理焦头烂额。眼看着最后的期限就要来临,仍有几十个人没到位,一部分员工要流失,心力交瘁的沈经理甚至面临被辞退的尴尬。

(资料来源:http://info.jobems.com.)

10.1 招聘评估概述

招聘评估主要指对招聘的结果、招聘的成本和招聘的方法等方面进行评估。一般在一

次招聘工作结束之后，要对整个评估工作进行总结和评价，目的是进一步提高下次招聘工作的效率。

10.1.1 招聘评估的含义和作用

1. 招聘评估的含义

招聘过程结束以后，应该对招聘活动进行评估，这是被许多企业忽视的一个环节。

评估招聘工作的成绩可以采用多种方法。但是归根结底，所有的评估方法都要落实到在招聘的资源的限定下，为工作岗位招到的申请人的适用性上来。这种适用性可以用全部申请人不合格的数量所占的比重、合格申请人的数量与工作空缺的比率、实际录用到的数量与计划招聘数量的比率、录用后的新员工的绩效水平、新员工总体的辞职率及从各种招聘来源得到的新员工的辞职率等指标来衡量。

当然，不管使用什么方法，都需要考虑招聘的成本，其中包括整个招聘工作的成本和所使用的各种招聘方式的成本；不仅要计算各种招聘方式的总成本，也要计算各种招聘方式招聘到的每位新员工的平均成本。

在评估过程结束以后，还应撰写招聘小结，作为重要资料存档。

通过这样一个评估的过程，可以发现企业招聘工作中的不足以及使用的招聘手段的优缺点，从而提高以后招聘工作的效率。

2. 招聘评估的作用

招聘评估的作用，具体体现在以下几方面。

1) 有利于组织节省开支

招聘评估包括招聘结果的成效评估（具体包括招聘成本与效益评估、录用员工数量与质量评估）和招聘方法的成效评估（具体包括招聘的信度与效度评估），因而通过招聘评估中的成本与效益核算，就能够使招聘人员清楚费用支出情况，对于其中非应支项目，在今后招聘中加以去除，因而有利于节约将来的招聘支出。

2) 检验招聘工作的有效性

通过招聘评估中录用员工数量评估，可以分析招聘数量是否满足原定的招聘要求，及时总结经验（当能满足时）和找出原因（当不能满足时），从而有利于改进今后的招聘工作和为人力资源规划修订提供依据。

3) 检验招聘工作成果与方法的有效性程度

通过对录用员工质量评估，可以了解员工的工作绩效、行为、实际能力、工作潜力与招聘岗位要求的符合程度，从而为改进招聘方法、实施员工培训和为绩效评估提供必要的、有用的信息。

4) 有利于提高招聘工作质量

通过招聘评估中招聘信度和效度的评估，可以了解招聘过程中所使用的方法的正确性与有效性，从而不断积累招聘工作的经验与修正不足，提高招聘工作质量。

10.1.2 招聘效果的影响因素

企业进行招聘，是否能够取得理想的效果，常常受多种情况制约。影响招聘效果的因素可分两大部分：一是内部因素；二是外部因素。

1. 影响招聘效果的内部因素

内部因素指企业自身的各种条件对招聘效果带来的影响。内部因素主要是指企业声望、招聘政策、福利待遇、成本时间等。

（1）企业的声望。企业是否在应聘者心中树立了良好的形象及是否具有强大的号召力，将从精神方面影响着招聘活动。如美国的通用、3M、西南航空及日本的松下等大公司，以其在公众中的声望，就能很容易地吸引大批的应聘者。

（2）企业的现实状况。显然，人力资源管理职能的相对重要性是随着企业所处的发展阶段而变化的。由于产品或服务范围的扩大需要增设新的岗位和更多的人员，所以，处于增长和发展阶段的企业比处于成熟或下降阶段的企业需要招聘更多的员工。除了改变招聘规范和重点以外，处于发展阶段、还在迅速扩大的企业可以在招聘信息中强调员工：有发展和晋升的机会，而一个成熟的企业可以强调其工作岗位的稳定性和所提供的高工资及福利。

（3）企业的招聘政策。企业的招聘政策影响着招聘人员选择的招聘方法。例如，对于要求较高业务水平和技能的工作，企业可以利用不同的来源和招聘方法，这取决于企业高层管理者是喜欢从内部招聘还是外部招聘。不同的招聘渠道与方法会有不同的招聘效果。

（4）福利待遇。企业内部的工资制度是员工劳动报酬是否公正的主要体现，企业的福利措施是企业关心员工的反映，将从物质方面影响着招聘活动。

（5）成本和时间。由于招聘目标包括成本和效益两个方面，同时各种招聘方法取得效果的时间也不一致。所以，成本和时间上的限制明显地影响招聘效果。招聘资金充足的企业在招聘方法上可以有更多的选择，它们可以花大量费用做广告，所选择的传播媒体可以是在全国范围内发行的报纸、杂志和电视等。此外，它们还可以去大学或其他地区招聘。时间也制约和影响着招聘方法的选择。如某一企业正面临着扩大产品或服务所带来的突发性需求，那么它几乎没有时间去大学等单位招聘，因为学生毕业时间有一定的季节性，而且完成招聘需要较长的过程。因此，企业或组织必须尽快地满足对新员工的需求。

2. 影响招聘效果的外部因素

影响招聘效果的因素，除以上所述企业内部因素外，还有一些社会性的因素，如国家政策与法律法规、劳动力市场状况、行业的发展等。

（1）国家的政策与法律法规。国家的政策与法律法规从客观上界定了企业招聘对象选择和限制的条件。例如，西方国家中的人权法规定在招聘信息中不能有优先招聘哪类性别、种族、年龄、宗教信仰的人员倾向，除非这些人员是因为工作岗位的真实需要。再如，在美国，如果企业或其他组织在联邦政府管辖的范围内招聘 100 名以上的员工，那么，企业的招聘计划和目标将受到法律的约束。也就是说，企业的招聘计划和办法必须在

第10章 员工招聘评估

特定的人口结构内吸引有资格的应聘人,应包括如妇女、本地人、外裔和残疾人等。

(2)劳动力市场状况。劳动力市场状况影响招聘计划、招聘范围、招聘来源、招聘方法和所必需的费用。为了有效地开展工作,招聘人员必须密切关注劳动力市场条件的变化。

第一,劳动力市场的地理位置。劳动力市场状况对招聘具有重要影响,其中一个因素是劳动力市场的地理位置。根据某一特定类型的劳动力供给和需求,劳动力市场的地理区域可以是局部性的、区域性的、国家性的和国际性的。通常,那些不需要很高技能的人员可以在局部劳动力市场招聘;而区域性劳动入市场可以用来招聘那些具有更高技能的人员;专业高级管理人员应在全国性的劳动力市场招聘。对某类特殊人员,加宇航员、物理学家和化学家等,除了在国内招聘外,还可在国际市场招聘。

第二,劳动力市场的供求状况。我们把供给小于需求的市场称为短缺市场,而把劳动力供给充足的市场称为过剩市场。一般来说,当失业率比较高时,在外部招聘人员比较容易。相反,某类人员的短缺可能引起价格的上升并迫使企业扩大招聘范围,从而使招聘工作变得错综复杂。

第三,行业的发展状况。如果企业所属的行业具有巨大发展潜力,就能吸引大量的人才涌入这个行业,从而使企业选择人才的余地较大,如近几年的会计、法律、电脑等行业。相反,当企业所属行业远景欠佳时,企业就难以有充裕的人才可供选择,如现在的纺织、钢铁等行业。

 人物链接

克里斯·祖克(Chris Zook),毕业于哈佛大学,思想专长是战略性扩张。哈佛商学院技术与经营管理和综合管理的双料教授,是全球著名战略咨询公司——贝恩公司的董事,兼任公司全球战略实施部总经理,领导该公司全球战略业务。著有《回归核心》,被誉为管理界第一部对战略性扩张行动进行深入研究的著作,它清楚地阐述了多元化战略和从核心扩张战略的区别及优劣,深入分析了企业如何以核心业务为基础向相邻领域扩张,如何评估扩张战略,如何确保扩张战略能够赢利,如何打造可重复运用的扩张模式,执行扩张计划时必须考虑哪些因素,如何通过扩张实现业务和企业的转型等企业成长战略中最为重要的问题。

(资料来源:http://zx.china-b.com/)

10.1.3 招聘评估的内容及总结

一个完整的招聘过程的最后,应该有一个评估阶段。招聘评估包括以下三个方面。

1. 招聘成本效益评估

招聘成本效益评估是指对招聘中的费用进行调查、核实、并对照预算进行评价的过程。它是鉴定招聘效率的一个重要指标。

招聘单价=总经费(元)/录用人数(人)

做招聘成本评估之前,应该制定招聘预算。每年的招聘预算应该是全年人力资源开发与管理总预算的一部分。招聘预算中主要包括招聘广告预算、招聘测试预算、体格检查预算、其他预算，其中招聘广告预算占据相当大的比例，一般来说按 4∶3∶2∶1 的比例分配预算较为合理。

2. 录用人员评估

录用人员评估是指根据招聘计划对录用人员的质量和数量进行评价的过程。录用人员的数量可用以下几个数据来表示。

1）录用比公式

$$录用比＝（录用人数/应聘人数）×100\%$$

如果录用比越小，相对来说，录用者的素质越高，反之，则可能录用者的素质较低。

2）招聘完成比公式

$$招聘完成比＝（录用人数/计划招聘人数）×100\%$$

如果招聘完成比等于或大于100%则说明在数量上全面或超额完成招聘计划。

3）应聘比公式

$$应聘比＝应聘人数/计划招聘人数$$

如果应聘比越大，说明发布招聘信息效果越好，同时说明录用人员素质可能较高。

4）录用人员的质量

除了运用录用比和应聘比这两个数据来反映录用人员的质量外，也可以根据招聘的要求或工作分析中的要求对录用人员进行等级排列来确定其质量。

3. 撰写招聘小结

评估工作完成之后，最后一项工作就是对招聘工作进行总结，对招聘的实施、招聘工作中的优缺点等进行仔细回顾分析，撰写招聘报告，并把招聘总结作为一项重要的资料存档，为以后的招聘工作提供参考。

（1）招聘工作总结撰写的原则：由招聘主要负责人撰写，真实地反映招聘的全过程，明确指出成功之处和不足之处。

（2）招聘小结的主要内容，包括招聘计划、招聘进程、招聘结果、招聘经费、招聘评定等。

 案例链接

如何进行招聘评估

A公司因生产和业务的需要，计划招聘中级技术和管理人员50人，其中包括班组长10人、机械维修技工20人、储备干部10人。人力资源部在当地的主流报纸上登载了招聘广告，一星期后收到了45份求职申请。由于公司正赶上生产旺季，董事会和总经理都要求人力资源部在规定的时间内完成招聘任务。人力资源部急忙组织面试，最后的招聘结果是招聘了7名班组长、18名技工和20名储备干部。面试结束的第二天，人力资源部到当地的人才市场招到3名班组长和2名技工。新员工上岗后两周内就有5名技工、3名班组长和9名储备干部离职。请你评估这次招聘活动。如果你是该公司人力资源部经理，你应该如何组织这次招聘活动？

（资料来源：http://bbs.hr369.com/thread-51726-1-1.html.）

10.2 招聘成本效益评估

对招聘工作的成功与否进行考核是十分重要的,因为只有通过这种考核,才能发现有关工作在时间和花费上是否符合控制成本的原则。可以从招聘成本和录用人员两个方面进行评估。

10.2.1 招聘的直接成本

招聘成本效益评估是指对招聘中的费用进行调查、核实,并对照预算进行评价的过程。招聘成本是鉴定招聘效率的一项重要指标。如果成本低,录用人员质量高,就意味着招聘效率高;反之,则意味着招聘效率低。

企业每年在进行全年人力资源开发与管理的总预算时,必须认真考虑招聘工作的预算。招聘预算主要包括招聘公告预算、招聘测试预算、体格检查预算、其他预算等,其中招聘广告预算占据相当大的比例,每个企业可以根据自己的实际情况来决定招聘预算。

招聘工作结束之后,要对招聘工作进行核算。通过核算,可以了解招聘中经费的精确使用情况及主要问题出现在哪个环节上。在招聘过程中发生的各种费用,可以称之为招聘成本。对招聘进行核算的过程,实际上就是对招聘成本的核算过程。

1. 招募费用

招募费用包括广告费用、中介费用等。招聘成本包括在招聘和录取员工的过程中发生的招聘、选拔、录用、安置及适应性培训的成本,招聘成本是为吸引和确定企业所需要的内外人力资源而发生费用。主要包括招聘人员的直接劳务费用、直接业务费用、间接费用等。招聘成本既包括在企业内部或外部招聘人员的费用,又包括吸引本来可能成为企业成员的人选的费用,如为吸引高校研究生与本科生所预先支付的委托代培费。其计算公式为

$$招聘成本 = 直接劳务费 + 直接业务费 + 间接业务费 + 预付费用$$

2. 选拔费用

选拔费用包括处理和回复简历等行政管理开支,对内部应聘者需要计算其暂时停止工作参加面试所造成的损失。核算体检和其他核查应聘者背景资料的费用,这在外部招聘的情况下尤其必要,招聘过程中可能采用各种测试手段帮助评估应聘者的技术、能力、性格倾向、价值观和行为,这些测试的费用需要计算在招聘成本内。

选拔成本是由对应聘人员进行鉴别选择,以做出决定录用或不录用这些人员所支付的费用构成。选拔成本随着应聘人员所需从事的工作的不同而异,一般来说,选拔外部人员比选择内部人员的成本要高,选择技术人员比选择操作人员的成本要高,选择管理人员比选择一般人员的成本要高。总之,选择人员的职位越高,选拔成本越高。

在一般情况下,选拔成本主要包括以下几个方面工作的费用:①初步口头测谈,进行人员初选。②填写申请表,并汇总候选人员资料。③进行各种书面或口头测试,评定成

绩。④进行各种调查和比较分析，提出评论意见。⑤根据候选人员资料、考核成绩、调查分析评论意见，召开负责人会议时讨论决策录用方案。⑥最后的面试，与候选人讨论录用后的职位、待遇等条件。⑦获取有关证明材料，通知候选人体检。⑧体检。在体检后通知候选人录取与否。

3. 录取费用

录取费用包括录用决策、发录用通知书、办理录用手续所花的费用等。录用成本是指经过招聘选拔后，把合适的人员录用到企业所发生的费用。录用成本包括录取手续费、调动补偿费、搬迁费和旅途补助费等由录用引起的有关费用。录用成本的计算公式为

$$录用成本＝录取手续费＋调动补偿费＋搬迁费＋旅途补助费$$

4. 安置成本

安置成本是为安置已被录取的员工到具体的工作岗位所发生的费用。安置成本由为安排新员工的工作所必须发生的各种行政管理费用、为新员工提供工作所需要的装备条件及录用部门因安置人员所损失的时间成本而发生的费用构成。其计算公式为

$$安置成本＝各种安置行政管理费用＋必要装备费＋时间成本$$

5. 离职成本与重置成本

招聘的成本还应包括因招聘不慎，使得员工离职而给企业带来的损失(即离职成本)及重新再招聘时所花销的费用(即重置成本)。

(1) 员工离职成本可以分为直接成本和间接成本两部分：直接成本是那些通过检查记录和准确估计时间和资源可以被量化的成本，如支付给员工的离职费用。间接成本有时很难准确衡量，但确实存在，主要包括：员工离职前工作效率下降、员工离职后保留下来的员工生产力降低、替补人员学习过程中的低效成本、现金或资产的潜在损失、顾客或企业交易的损失、留下来的员工士气降低、销售量下降。

(2) 重置成本。除了招聘过程的成本和离职成本外，重置成本还包括人力资源开发的成本及医疗保健费用。人力资源开发成本包括在职培训成本、特殊培训成本、培训者时间损失、劳动生产率损失等；医疗保健费用包括医疗保险与卫生保健费用、养老保险和改善环境与生产质量的费用。

10.2.2 招聘的间接成本

间接成本应包括内部成本、外部成本和机会成本。

1. 内部成本

内部成本包括企业内招聘专员的工资、福利、差旅费支出和其他管理费用。内部招聘成本是企业进行招聘成本核算时最容易忽略的部分，而实际上它占有相当比重。通过模拟一次简单的中级职员筛选、面试流程，可以粗略地估算其内部招聘成本。在实际工作中有时一次流程并不能招聘到适合的人选，需要重复两三次，则内部招聘成本更加不容忽视。

单位招聘成本把内、外部成本包含进来不仅是人力资源会计的要求，也是出于把招聘工作当做一种系统的动态工作流程考虑，它使得人力资源招聘与员工薪酬、人力资源规划联系起来。

2. 外部成本

外部成本指招聘外地员工（异地招聘）或派遣员工去异地工作所发生的搬家费、安置费、探亲费、交通补贴等。

3. 机会成本

这是一笔可观的费用，它包括如果招聘到一名适合空缺职位的员工能够给公司创造的利益；它还应该包括因关键员工离职造成的生产率下降造成的损失、关键员工离职对企业形象的影响、关键员工离职造成的业务分流的损失、关键员工离职对企业技术和管理秘诀的流失造成的损失，以及另外找一名员工所需要的招聘费用等。

10.2.3 招聘的录用人员评估

在大型招聘活动中，录用人员评价显得十分重要。如果录用人员不合格，那么招聘过程中所花的时间、精力和金钱都浪费了，只有全部招聘到合格的人员才算圆满完成了招聘任务。

录用人员评估是指根据招聘计划，从应聘人员的质量、数量及用于填补空缺职位所用的时间三个角度来进行的评价。

（1）应聘者的数量。由于一个好的招聘计划的目的是引来大量可供选择的申请人，因此申请人数量应作为评价招聘工作的基础。应考核的问题是申请人的数量是否足以填满全部工作空缺。

（2）应聘者的质量。除了数量以外，另一个应关注的事项是应聘者中符合工作规范要求者是否足以填满职务空缺。这方面应考核这些申请人是否符合工作细则的要求以及他们是否有能力从事这些职务，是否与岗位相匹配。

（3）用于职位空缺所需的时间。用于填补空缺职位所花费的时间是评价招聘工作的另一个重要尺度。应该考核的是合格的应聘者是否及时填补了职位空缺，使得企业的工作和生产计划并未因空缺而延误，而是得以照常进行。

在实际的招聘评价过程中，可以利用一些客观因素，包括不同来源申请人的招聘成本、不同来源申请人的素质、不同来源的新员工的业绩、不同来源的员工离职率以及不同的招聘者招聘来的员工的业绩的差异等评估指标。

小贴士

美国人力资源管理协会在其1997年年会时介绍了一种"标准驱动招聘模式"（Metrics-Driven Staffing Model），该模式提出一种构想，认为招聘流程应该由一套标准所驱动，而不该是随意的、不计代价的，任何职位的人力资源购置成本都应该由这套标准控制。

这套标准模式不仅可以用来评价招聘的投入产出比，还能为招聘决策提供支持。例如，企业内部招聘要比对外公开招聘节省成本，且接受率较高。如果单位招聘成本计算模式中考虑进了这两部分因素，反映在计算公式中可以表现为赋予内部成本较小的系数，如100%的外部招聘成本＋25%的内部偿付成本。这样，该计算模式明确地提示招聘专员优先采用内部招聘可使单位招聘成本降低。

（资料来源：http：//www.0757rc.com/）

10.3 招聘成本管理

10.3.1 影响招聘成本的因素

1. 招聘对象多元化对单位招聘成本的影响

企业对人才的需求是多种多样的，主要表现在：职务类别的不同、职位级别的不同、地理分布的不同、填补空缺的紧迫性不同。

单位招聘成本不能在不同级别间比较，高级经理的单位招聘成本不可能同普通职员同一水平；即使级别相同，因招聘的地理位置或工作类型不同，人力资源供求状况不同，其成本自然不等。

2. 招聘渠道多元化对单位招聘成本的影响

目前，企业的招聘渠道主要包括：招聘会、报刊广告、猎头公司、人才中介机构、校园招聘、员工推荐、网络招聘、内部招聘、岗位轮换等。而候选人资格要求不同，招聘时限不同，所采用的招聘渠道也应不同。例如，北方地区总经理多由猎头公司推荐，而后勤人员的招聘采用到普通职业介绍所查询的方式则最为经济便捷。单位招聘成本必须在选择合适的招聘渠道的情况下方具有可比性，不同的渠道选择导致的单位招聘成本不同，因为每种招聘渠道的招聘成本构成不同。

3. 影响企业招聘成本核算模式的人力资源指标

目前发达国家正在使用以下一些新的人力资源指标，这些指标从动态和全局的角度出发，成为企业招聘成本核算模式的重要系数。其应用比较广泛的指标主要有：

该职位的平均流动率——招聘重复率估算；
该职位的招聘工作量——数量、难度考查；
该职位的未来年薪——招聘难度和渠道考查；
该职位的平均接受率——招聘有效性考查；
该职位的平均填补时间——招聘效率及时性考查；
该职位的安置成本——招聘复杂性考查。

其中，安置成本是由异地招聘或员工派遣异地工作而发生的补偿费用，如搬家费、置家费、探亲费、交通补贴等。

10.3.2 招聘成本控制

企业应该开多高的价格来招聘人才，才能做到既吸引优秀人才又不致使企业人力资源成本过高呢？怎样用有效的资金招聘到和企业相匹配的员工就是下面要介绍的内容。

1. 确定招聘需求

确定招聘需求是招聘的第一步。通常人力资源部会预先收到部门经理的书面招聘需求，但是仍然需要进行职位空缺的识别工作，以确定是否真的存在空缺职位。一般情况下，工作空缺可以分为以下两种情形：不招人就可弥补的空缺；需要招人来弥补的空缺。

对于第一种情形，可以通过加班、工作再设计等方法来解决。第二种需要进行招聘，在此，又可根据空缺职位的不同分为两种情况。

（1）应急职位可以考虑聘用临时工，租用某公司的人或者把工作完全外包出去，这些方法可以迅速解决问题，又可以节约大量经费。

（2）核心职位可以采用内部招聘和外部招聘。当空缺出现时，应提前3～7天通知内部员工，使其能够拥有优先应聘的机会，体现"以人为本"的原则。因为先采用外部招聘的方式，传递给公司内部员工的信息相当于表示晋升无望，因此，会造成人员流失率的提高。所以，建议宁愿损失3～7天时间，把空缺职位在内部公开，采取内部招聘的方式，让合适的人来应聘。实在没有合适的人选，再采用外部招聘。

2. 选用适当的招聘方式

由于招聘费用是计算在提出招聘需求部门的预算内，所以，部门经理都希望招聘时费用很少，人招得又快又好。但做到以上两点并不容易，为此，可以率先做好招聘成本控制表，把所需职务、空缺职位数、采取招聘方式、预算费用均列入表内，并由人力资源部和总经理审批。在控制招聘成本的众多方案中，有最节省招聘成本的"员工推荐"的方法，和最通用的既能招揽人才又能为公司做宣传的招聘会形式，以及时下最流行的网上招聘，而花钱最多的方法首推"猎头"。这种方法适用于某些关键的职位，各种招聘方式的选择要和企业的招聘成本、招聘时间、招聘对象、招聘人员自身素质和工作安排相匹配，不能一味追求低成本或一掷千金。

3. 规范招聘流程

招聘方式，无论我们选择其中的哪一种，都要有一个规范的招聘流程，否则招聘工作将功亏一篑。规范的招聘流程是指从浏览简历、面试、结束面试、心理测评到取证的全过程。

（1）招聘前应进行必要的沟通。第一，告知公司的主营业务，提供有关事实和数据，但在招聘过程中，甚至在面试过程中，有些人的目的并不单纯，可能会有竞争对手和客户混入其中，希望借此来得到对自己有用的信息。因此，最好只介绍一些基本情况的相关数据，在问到其他资料的时候可以通过委婉的方式加以拒绝，否则得不偿失。第二，实事求是描述公司情况，描述空缺职位，如实告知其职业生涯发展机会，在职业生涯发展机会的描述上，不能轻易许诺，刻意夸大。因为一旦承诺无法兑现、条件降低的时候，应聘者会对公司的信誉产生怀疑，极易造成人员流失。

（2）招聘中应避免一些误区。第一，避免思维定式，在招聘人才时不能依据招聘人员的习惯性思维。例如，许多人会认为女生比男生适合人力资源工作，男生比女生客观公正，适合行政工作。而实际上并非如此，如果招聘者在面试时依此"定式"排除了适合的人选，定会追悔莫及，因为关键的人才不仅是人力资源，还是真正能为企业创造财富的人力资本。第二，不要轻易相信介绍信或介绍人。第三，不要忽视情商因素。第四，不要寻找完美人才。第五，维护应聘者的自尊，即便应聘人没有得到这个职位，也会对这个公司存有好感，为公司树立良好的口碑。

（3）招聘后还要对一些关键职位进行取证。防止假人才有可乘之机，为公司带来损失。

预算的理由

在一个大型会议室里，某公司的高层管理者正在参加一年一度的计划会议。在回顾了过去一年取得的成就后，每位职能副总裁都提出本部门下一年度的预算。当市场营销副总裁说完预算要求后，他被告知因为公司利润下降下年度广告预算将被削减。接着是人力资源副总裁发言："各位，我不想占用你们太多的时间，因为会议已经开了一整天。你们应该知道人力资源部为公司所做的一切。我们负责招聘、培训、支付工资、提供福利、咨询等工作。人力资源部不想增加太多的预算。我只要去年的预算加上由于通货膨胀增加的6%。有问题吗？"话音刚落，市场营销副总裁提出了异议："等一下。我的预算已经被削减，而你却要求比去年多6%。我承认我们是需要一个人力资源部，但为什么不能是我的广告预算增加而你的预算减少呢？毕竟，广告吸引了顾客并帮助我们赚钱。而人力资源管理对我们的赢利和亏损有什么作用？人力资源管理是如何使我们达到成长和获利的目标呢？"市场营销副总裁无意中提出了人力资源审计的目的。因此，除非人力资源副总裁已经系统评估了人力资源管理工作，并对消除市场营销副总裁的质疑早已胸有成竹，而且还有一些令人信服的理由，否则人力资源部的预算将被削减。

（资料来源：http://wenku.baidu.com/view/fa1a4a5f31263169a45c9.html.）

本 章 小 结

招聘评估是招聘过程必不可少的一个环节。招聘评估通过成本与效益核算能够使招聘人员清楚地了解费用的支出情况，区分哪些是应支出项目，哪些是不应支出项目，这有利于降低今后招聘的费用，有利于为组织节省开支。招聘评估通过对录用员工的绩效、实际能力、工作潜力的评估即通过录用员工质量的评估，检验招聘工作成果与方法的有效性，有利于招聘方法的改进。

练 习 题

一、思考题

1. 简述员工招聘评估的作用。

2. 招聘评估有哪些内容？
3. 什么是招聘效益评估？
4. 招聘总成本包括哪些方面？
5. 影响招聘成本的因素有哪些？
6. 如何进行招聘成本的控制？

二、课堂讨论题

1. 连冷集团公司要招聘一名高级制冷工程师，他们已经对很多应聘者进行了测评，最后要录用的人集中在两位候选人付凯和赵亮身上，于是负责招聘的主管人员就对这两名候选人争论不休。

林主管说："我看付凯更好一些，因为他踏实沉稳，显得比较实在，工作起来非常稳定。"

张主管反驳道："踏实也不一定就能做好工作，做这个职位关键还得看谁的技术水平更高一些。"

王主管反问道："但心理测验显示赵亮不太愿意和他人交往。现在即使是做技术工作也需要不断与他人沟通，更何况他是高级工程师，更需要将自己的技术与更多的人分享！"

张主管不同意了："可我觉得赵亮能很好地和他人交流，他在小组讨论中虽然讲的话不多，但讲的都是比较关键的，所以如果让他与别人交流的话，他能交流得很好。"

就这样，争论了一个多小时也没有得出结果。到底怎么样才能尽快得出录用的结论呢？

讨论：如果你是人事主管，你的意见如何？你认为招聘高级制冷工程师还需要考虑哪些因素？

2. 讨论如何有效的控制企业的招聘成本。

三、课外实践题

深入一家企业进行实地调查，分析该企业是如何进行招聘评估的，其招聘成本来源于哪些方面。

四、案例分析

【导入案例分析】

案例表明：招聘评估是招聘过程中必不可少的一个环节，招聘评估通过成本与效益核算能够使招聘人员了解费用的支出情况，区分哪些为应支出部分，哪些是不应支出部分，有利于降低今后的招聘费用，为组织节省开支。招聘评估通过对录用员工的绩效、实际能力、工作潜力的评估，检验招聘工作成果与方法的有效性，有利于招聘方法的改进。

【案例】

深圳某电子集团公开招聘一名战略研发经理，该企业采用传统的"简历+面试"方式，淘汰了大部分的应聘者，剩下的五名候选人当中他们特别看好王先生。王先生是所有应聘者中唯一的"海归"，他在美国获得了工商管理硕士（MBA）学位，还曾在国际知名公司工作过。面试中他也表现得十分出色，最终，该企业让他出任战略主管一职。该企业正处于转型期，市场开拓很依赖于战略研发部的调研与决策，然而，王先生上任半年多时间内，该公司的战略研发部战略意识不到位，战斗力薄弱，对市场业务部门的支持更显得捉襟见肘。

该集团领导甚为不解，责成人力资源部门调查王先生的任职资历。人力资源部门多方调查，发现王先生的工作经历与资历并没有造假，那么问题到底出在哪里呢？

锐旗人力银行人才测评中心了解到该企业的需求后，建议借助该中心先进的测评系统为王先生做一次全面的人才测评。测评报告很快出来了，虽然王先生的理论素养和工作经历很丰富，但他的逻辑分析能力和战略规划能力仅勉强及格。显然，这些都是一个战略研究人才必备的能力模型。测评结果同时还显示出一个很重要的信息，王先生属于社会型人才素质模型，适合于市场销售部门的管理工作，而战略研发部门的负责人，研究型人才显然是最吻合的。做完测评，该集团人力资源部招聘负责人不禁倒抽了一口冷气："没有人才测评，看似很严谨的招聘，也不过如盲人摸象啊！"

【思考题】
1. 该集团招聘失败的原因是什么？如何改进？
2. 员工招聘评估在企业的招聘中有什么作用？

第 11 章 员工流动管理

学习目标

学习完本章后，你应该能够：
- 了解员工流动管理的基本内容；
- 掌握员工流动管理的理论基础；
- 识记员工的流动形式；
- 了解员工流失的原因；
- 掌握员工流失的成本；
- 掌握员工流失的对策和方法。

你能不能进联想？

一个企业需要什么样的人才跟企业目前所处的行业、企业本行业自身的发展速度及规模都密切相关。联想集团（以下简称联想）所在的 IT 行业具有非常明显的特色，就是知识、技术更新速度非常快，联想要在这个行业立住脚，求得生存与发展，人才储备、更新尤为重要。另一方面，联想经过多年的发展，目前处于不断上升的阶段，必须不断提出新的要求。除了最基本的专业背景层面，联想更关注一个人的特质、素质。因为企业发展到一定阶段，不会只是跟在别人后面走，它要确立自己的发展之路，就会对人的学习能力、总结能力提出一定的要求。不只是考虑这个人招来以后能不能用，而更关注公司能不能发展，这个人是不是有利于公司的发展。此外还有人品、道德层面，也是对一个人最高层次的要求，如正直、诚实等。

加盟联想是否一定要具备计算机相关专业背景？

联想对学习计算机相关专业的人可能会"情有独钟"，但不是全部。一方面是因为学习计算机相关专业的人数有限，人才市场上的竞争又非常激烈；另一方面，从联想内部来说，目前也出现了各个方向上的需求高潮，如业务管理、经营管理、财务管理、人才资源管理等方方面面，尤其是物流管理、运作管理都很缺人。招聘时联想在销售、研发方面通常会要求计算机相关专业，而其他方面没有严格的专业限制。

联想如何把握一个人除技能之外的深层特质？

一个人就好比一座冰山，他的潜质、动机、个人需求及价值观这些东西，都潜藏在水面以下。联想会通过某些手段，如测试，尽量把握一个人深层的一些内容。通过这些人才甄选手段，有效地把握深层次的内心动向，如这个人的人品、个人兴趣倾向及性格特点等。目前这个手段对应届毕业生已经开始全面使用。面试的时候会更多地采用一些面试题板，由原来发散式、随机式的提问向逻辑化、规范化转变，不再停留于"你觉得你是不是非常上进"、"你觉得你是不是善于与人相处"这些极主观的问题上，而是诸如"你认为在大学四年中最能反映你领导才能的一件事是什么"这样一些能通过行为分析内心的问题，判断的标准性会比笼统的发问高得多。

哪些人在联想发展最快？

各个层面上善于学习与总结，对新知识、新理念很敏感，并不懈为之努力的人在联想发展最快。有些文科背景的人问联想的人力资源总裁他们要进联想，在联想发展有没有希望，他说当然有希望。但前提是要客观地看待联想，客观地看待自己，看到自己的长处和短处。只要善于不断学习、提高，那就一定有自己的发展机会。只要肯学习，新手往往会比那些有丰富经验的人更容易进步，因为他总是能接触到最新的一些东西，而很多有专业背景的人自恃有经验，只知道守着原有的那些老东西，容易故步自封。

联想是不是要求所有员工都有"干一番事业"的雄心壮志？

联想员工和联想人是两个概念。联想通常用两个维度来分析人：一个维度是他是否认同联想价值观，认同企业文化，另一个是他是否做出业绩。从这两个维度判断，联想把员工分成四类，一类是既认可联想价值观又出业绩的，这当然是最好的；第二类是能力非常强，能不断出业绩，但未必认可企业文化的，对这类人联想在人才合理开发方面要考虑不同的策略；第三类是很认可联想价值，但做不出业绩来，是联想要着力加强培养培训的群体；第四类是又不认同联想价值观又不出业绩。联想不会要求所有人都把公司的事业当成自己的事业，但上进心是普遍要求的。联想希望每个人都抱着干一番"事业"的上进心，只不过这个"事业"有的可能是沿着自己的发展方向走。当然，如果这个方向和公司的发展方向相一致最好，即使不是最好，只要两者都没有利益冲突，联想对所有的人才都是本着好好培养的原则进行配置和利用；一旦两者发生明显冲突，企业也不是慈善机构，只能请他去干自己的事业。

是否介意一个人曾频繁跳槽？

联想基本上是看跳槽原因，而不是看次数，当然也会考虑到次数。其实每次面试之前都有初选，以大致了解他到底是怎么个跳法，如果在此过程一直没什么发展，可能初选就会被淘汰掉。而在这之中只要能看出一些成长和变化，哪怕是跌宕起伏，可能联想更感兴趣。尤其是跳槽多的人，只要他能进入面试，联想就会关注他的每一次起跳。

（资料来源：http://www.byszp.com/ziliao/40/58/200404261673.html。）

11.1 员工流动管理概述

合理的员工流动应在把握组织效率的基础上兼顾公平性和一致性，有利于提高员工的能力，增强员工发展和提高的动力，有利于员工满意程度的提高和投入感的增强。

11.1.1 员工流动管理的含义及原则

1. 员工流动的含义及特点

所谓员工流动是指人们被一个组织雇佣或离开这个组织的行为。

员工流动是一个企业和员工个体自主双向选择的过程。对员工个人而言，他会在各种机会(稳定与流动)之间追求个人效用的最大化，流动即职业的变化，就是其实现个体价值增加的手段之一。而对于企业组织来说，员工流动也是一把"双刃剑"。"流水不腐，户枢不蠹"，现代企业需要不断改善人员的结构和素质。员工流动是人力资源在企业及社会范围内谋求最佳配置的手段之一，是社会发展和员工进步的必然趋势，也是企业组织保持生机和活力的基本途径，对企业和个人发展都有着积极的意义。同时，无序和盲目的流动也会给企业和个人带来巨大的成本损耗，甚至是资源的浪费，尤其是对企业的负面影响更为严重。因此，对员工的流动进行管理，实现人员的合理、科学流动，是满足企业与个人共同需求的必要手段。

2. 员工流动的类型

就社会范围内的人力资源流动看，可以分为地理流动、职业流动和社会流动三种流动类型。其中，按照流动的地理范围可以将流动分为国际流动和国内流动两种；而在国内流动中，又可以将其分为企业之间和企业内部两种。按照流动的意愿，则可以将流动分为自愿流动和非自愿流动。按照流动的社会方向，可以将其分为垂直流动和水平流动两种。而企业层次的员工流动，则可以分为流入、流出和内部流动三种形式，这是本章将要重点讨论的流动形式。

3. 员工流动管理的内涵

员工流动管理是指从社会资本的角度出发，对人力资源的流入、内部流动和流出进行计划、组织、协调和控制，以确保组织人力资源的可获得性，满足组织现在和未来的人力资源需要和员工职业生涯的需要。随着企业员工队伍中知识型员工的增多，劳动力市场职能作用的完善，复杂的组织、文化问题及政府的介入，员工流动管理日益成为人力资源管理中一个重要和复杂的问题。它同时关系着员工的职业生涯发展、组织的竞争力及社会的稳定三个方面，为此，员工流动管理应当能够实现如下组织目标。

（1）具备所需才能的适当数量员工的可获得性。
（2）发展符合组织未来需要的人才储备。
（3）所提供的进步和发展机会与员工的需要相一致。
（4）员工可以感觉到不会因为自身的不可控因素而被解雇。
（5）员工认为选人、安置、晋升和解雇都是公平的。
（6）薪酬、筛选、考核等人力资源管理制度都为上述目标服务。

4. 员工流动管理的原则

为了实现员工的合理流动，必须为员工流动规定一些基本原则。

1）用人所长原则

尺有所短，寸有所长。所有的员工都是人才，关键在于他所处的岗位和职务是否适宜。很多组织都存在这样的现象：一方面，许多职位得不到合格的人员，形成人员短缺；另一方面，又有许多人员专业不对口，用非所长，形成人员浪费。人员短缺与人员积压并存，人员的合理流动和优化配置就成为解决问题的关键。

2) 合理流动原则

由于各地区、各企业、各部门的事业发展不平衡，人的素质和能力的发展也不可能同步。因此，各地区、企业和部门在一定时期对人员的需求和所能获得的人员供给并不平衡。这种不平衡既有数量上的，也有结构上的。所谓合理流动就是人员从富余的地方向短缺的地方流动，从效益低的地方向效益高的地方流动，以促进人员供需关系的平衡。

3) 最佳社会综合效益原则

人员流动应该从全社会的需要出发，最大限度地发挥现有人员的经济效益和社会效益。组织内部的员工流动也应参照这一原则，以谋求整体效益和效率的最大化。当然，经济效益也有短期效益与长远效益、局部效益与整体效益的区分，要获得协调发展，就必须通过合理的规划和管理使之能够最大程度地兼顾。

4) 自主原则

在人员流动中要坚持自主原则，允许企业根据需要选择人员的范围内自主择业，双方利益的"双赢"将是最佳状态。

人物链接

汤姆·彼得斯(Tom Peters)，曾获美国康奈尔大学土木工程学士及硕士学位，斯坦福大学工商管理硕士和博士学位。思想专长：面向市场、面向顾客。目前他积极参与国际管理学会、世界生产力协会和国际客户服务协会等国际组织的研讨活动，同时任汤姆·彼得斯公司董事长。他每年参加的研讨会近百场之多，还为各种出版物撰写了数百篇文章。

汤姆·彼得斯在管理学界的地位无人能及。《经济学人》杂志称他为管理大师中的大师，《商业周刊》因他打破了传统的管理理念而称其为"商务的最佳伙伴和最恐怖的梦魇"，《洛杉矶时报》称"彼得斯是后现代企业之父"，《财富》杂志则干脆声称"我们生活在一个汤姆·彼得斯时代"。曾任白宫药品滥用问题高级顾问、麦肯锡公司顾问。代表作有《成功之路》、《寻求企业最佳管理法》、《探索企业成功之路》、《致富秘诀》、《卓越的浪潮》、《乱中取胜》等。

（资料来源：http：//zx.china-b.com/）

11.1.2 员工流动管理的实施条件及视角

1. 员工流动管理的实施条件

员工流动需要具备一系列的实施条件，没有这些条件的支持，实现员工在企业内部和企业之间的流动是不可能的。

1) 劳动力具有个人所有权

劳动者对自身劳动力有自由支配的权利，可以在使用与不使用或转让的时间、地点等方面进行选择，而不受非经济因素的制约。在我国，长期以来的户籍制度、行政计划式的劳动人事制度等都对劳动力的个人所有权构成了很大限制，这也是长期以来我国的劳动力流动率低于世界平均水平的重要原因。

2) 劳动力存在就业压力

当社会不向劳动者提供就业保障时，运用劳动力市场上的竞争机制，劳动者就会存在就业的压力。劳动力市场利用这种压力达成人力资源的合理配置，促成人员流动。

3) 职业之间存在差异

在职业之间存在着就业机会、工作条件、经济收入、职业声望和社会地位等方面的差异，这些差异会使劳动者根据自身的条件去选择对其来说个人效用最大化的工作岗位。

4) 劳动能力专业化和劳动力市场需求专业化

劳动者自身所具备的技能和专业知识对劳动者的流动决策起着重要的作用。也就是说，不是劳动者想从事什么样的工作就能从事什么样的工作，社会对劳动者的专业知识和技能要求是劳动者实现有序流动的条件。

上述四个条件是员工流动的社会条件，如果缺少其中的一个或者几个条件，流动的程度就会相应的降低。但是，在四个条件都具备时，员工对流动的个人偏好、具备的专业特长、从事的专业和工作技能的实用性以及对该专业的需求状况等也都间接地影响着员工流动。另外，政府的管制、劳动力市场的完善程度也影响着员工流动的速度和结构。以上条件也都构成员工流动管理的实施条件。

2. 员工流动管理的视角

员工流动理所应当从组织的角度出发进行管理，以达到上述流动管理的目标。但这些管理活动又往往反映着另外两个利益相关者，即社会与员工。政府作为宏观环境的重要构成因素之一，往往通过立法或行政的手段对组织的员工流动问题进行干预或影响；而员工作为流动管理的直接对象，其主客观条件都会影响到流动管理的最终效果。

1) 员工角度

员工在其职业生涯中所做出的流动选择可以分为两种情况。一种情况是由潜在选择进入现实选择形成的流动，即初始职业选择阶段。劳动者在正式进入劳动力市场之前，已经做出了部分职业选择并为此进行了必要的人力资本投资，这可称为潜在的职业选择。在进入劳动力市场后，由于市场上职业需求及机会的限制，以及职业准备与现实需求之间的差异，劳动者的现实选择与预先的设计就会产生不一致。面对这种矛盾，部分劳动者通过流动来实现原来的选择，而另一部分则根据组织提供的机会调整原来的想法，以适应现实。另一种情况是再选择引起的流动，即就业后的职业变更为一个更高报酬、更多发展前途、更优越的社会地位的工作机会，会使那些具有一定工作经历和拥有良好自身条件的员工重新选择，而流动也就很有可能发生了。在这两种情况下，劳动者所在组织的流动管理都会影响到他的最终决策。

目前，知识型员工越来越受到欢迎，而他们对自我实现的欲望和要求也不断增加。这些员工在他们的整个工作生活过程中期望能够给予更多的自我控制，因而在制定员工流动政策和实施管理时就必须对其个人职业生涯的需求与组织要求之间进行持续的匹配。

2) 社会角度

产业结构、人口结构、社会制度等都影响着劳动力流动的可能性，它们作为整体构成了允许员工流动的可能性和机会程度的外在因素。从流动管理看，可以将它们对组织的影响分为三个方面。

(1) 员工价值观的转变。社会价值观的变化促使员工流动管理复杂化，员工不再把工作当成生活中唯一重要的事情，而是仅仅将其作为生活中许多方面的一部分。在考虑员工流动决策时，组织越来越强调员工自我发展和家庭发展的重要性，因为当工作安排与个人和家庭安排的需要相冲突时，员工已经不再无条件地接受这样的工作安排了。

（2）外部机构的影响力度加大。由于组织对知识型员工需求的增加，使得组织更加依赖教育机构。实质上，这些机构不仅控制着组织获得人才的数量和结构，也常常创造和设计着人才的价值观念和职业生涯道路。组织的流动政策应当与教育现实相配合，并且对教育机构给予相应的支持和帮助。

（3）政府立法与行政手段对组织的影响。越来越多的研究成果证明，过高的员工流动比率会导致失业的增加，同时给社会成员造成精神上的压力和社会资源配置的失调。而失去工作更可能会增加贫困家庭的数量，给社会保障体系带来压力，甚至会增加酗酒、吸毒、精神失常以致自杀的可能。因而，政府正在采取各种措施限制对员工的解雇，或者提高解雇员工的成本。在这样的情况下，企业要保证员工流动与政府的政策法规相协调，所制定的流动政策和措施就更复杂且重要。

3. 员工流动管理的目标

员工流动管理的目标是确保组织在现在和未来的发展中获取所需的各类人才；使员工感觉到的发展机会与其自身需要的发展机会相一致；员工不会因为自身的不可控因素而被解雇；员工认为，选人、安置、晋升和解雇都是公平的；最低可能的工资。

4. 员工流动模式对组织战略的影响

（1）对员工忠诚度的影响。每一次组织对员工的解雇都塑造着在职员工对组织的忠诚程度。具有不安全感的员工可能对自己和组织的关系斤斤计较，只有当其职业生涯的需求被迅速地满足时才决定留下来。而相信自己直到退休都和组织在一起的员工，则可能在与组织的关系上有一种更长远的目光。

（2）对员工能力的影响。不稳定的进出模式使管理者强调对员工的选择而非强调对员工的开发。如果解雇员工费力又费钱，经理们就会在选择上更仔细，并且在开发上投资更大。

（3）对组织适应性的影响。定期的劳动力削减迫使组织解雇那些效率低下者，使新一代员工有机会重塑组织，这是管理变化的一种方法。在采用不稳定的进出流动模式的组织中，员工可能会更富有多样性，而多样性一般来说是有利于创新的。

（4）对组织文化的影响。文化的力量要受到流动模式的影响。因为流动模式决定着员工和组织在一起的时间，进而决定着学习和传播一系列企业信念的可能性。如在不稳定的进出模式中，人员流出率很高，以致员工未被充分地同化就已经离开组织，而且在这样的组织中也没有足够多的长期员工来传播文化。而在终身雇佣制的组织中，发展强有力的文化相对就会容易一些。因为员工更有可能认同组织，并且希望被同化。

（5）对组织社会角色的影响。不同的流动模式对组织在社会中的角色的认识是不同的。不稳定的进出模式认为，员工存在的目的是帮助组织赢利，而终身雇佣制认为，组织存在的目的是提供稳定的就业和保障员工的生活。

11.1.3 员工流动管理的理论基础

1. 员工流动必要性的理论分析

1) 勒温的场论

美国著名的心理学家勒温认为，个人能力和个人条件与他所处的环境直接影响个人的工作绩效，个人绩效与个人能力、条件、环境之间存在着一种类似物理学中的场强函数关系。由此他提出了如下的个人与环境关系的公式

$$B=f(p,e)$$

式中，B——个人的绩效；

p——个人的能力和条件；

e——所处环境。

该函数式表示，一个人所能创造的绩效不仅与他的能力和素质有关，而且与其所处的环境（也就是他的"场"）有密切关系。如果一个人处于一种不利的环境之中（如专业不对口、人际关系恶劣、心情不舒畅、工资待遇不公平、领导作风专断、不尊重知识和人才等），则很难发挥其聪明才智，也很难取得应有的成绩。一般而言，个人对环境往往无能为力，改变的方法是离开这个环境，转到一个更适宜的环境去工作，这就是员工流动。

2) 卡兹的组织寿命学说

美国学者卡兹从保持企业活力的角度提出了企业组织寿命学说。他在对科研组织寿命的研究中，发现组织寿命的长短与组织内信息沟通情况有关，与获得成果的情况有关。他通过大量调查统计出了一条组织寿命曲线，即卡兹曲线。

3) 库克曲线

美国学者库克提出了另外一条曲线，从如何更好地发挥人的创造力的角度论证了员工流动的必要性。

4) 中松义郎的目标一致理论

日本学者中松义郎在《人际关系方程式》一书中提出，处于群体中的个人，只有在个体方向与群体相一致的时候，个体的才能才会得到充分地发挥，群体的整体功能水平也才会最大化。如果个体在缺乏外界条件或者心情抑郁的压制状态下，就很难在工作中充分展现才华，发挥潜能。个体的发展途径也不会得到群体的认可和激励，特别是在个人方向与群体方向不一致的时候，整体工作效率必然要蒙受损失，群体功能水平势必下降。个人潜能的发挥与个人和群体方向是否一致之间，存在着一种可以量化的函数关系，据此他提出了"目标一致理论"。

5) 马奇和西蒙模型

马奇和西蒙模型被称为"参与者决定"模型。他们的模型实际上是由两个模型共同构成的，一个模型分析的是感觉到的从企业中流出的合理性，一个模型分析的是感觉到的从企业中流出的容易性。

员工感觉到的从企业中流出的合理性的两个最重要的决定因素：员工对工作的满意程度及其对企业间流动的可能性的估计。

员工感觉到的流出的容易程度的决定因素中,最重要的是员工所能够看到的企业的数量、他们胜任的职位的可获得性以及他们愿意接受这些职位的程度。

6) 普莱斯模型

普莱斯建立了有关员工流出的决定因素和干扰变量的模型。

该模型指出,工作满意度和调换工作的机会是员工流失和其决定因素之间的中介变量。

普莱斯理论模型的前提条件是只有当员工调换工作的机会相当高时,员工对工作的不满意才会导致流失。也就是说,工作满意度与工作机会的多少是相互影响和作用的。

7) 莫布雷中介链模型

莫布雷中介链模型是在对马奇和西蒙模型的研究基础上进一步提出的。莫布雷认为,应该研究发生在员工工作满意度与实际流出之间的行为和认知过程,并用这种研究来代替对工作满意度与流出关系的简单复制。

8) 扩展的莫布雷模型

扩展的莫布雷模型结合了前面几种模型的内容,试图尽可能全面地捕捉影响员工流出的各类复杂因素。

2. 确定合理员工流动应把握的准则

1) 合理的员工流动可以促进企业人力资源的优化组合

当企业提供给员工的各种报酬与员工的需求发生失衡时,就会出现人才的流动(包括企业内部流动和外部流动)。一般情况下,企业会通过加薪、晋级等方式,给所需要的人才提供新的发展机遇,但作为企业来讲,还有一个承受力的问题,当企业的承受力不能满足内部人才所要求的加薪、晋级等要求时,就会忍痛割爱地把这样的人才推向市场,然后重新选拔和配置适应该职位的人选,以确保企业人力资源始终达到最佳的组合。

2) 合理的员工流动可对员工产生激励作用

保持一定的内部员工流动性,使岗位必须通过竞争获得,并且要不断进取、努力奋斗才不致遭淘汰。在这种压力下,人员的能力提高很快,潜力得以挖掘,企业内部易形成进取、创新、向上的良好风气。同时,应该鼓励员工在工作中找到最符合自己兴趣、最合适的岗位,最大限度用好人力资源这种资产。可以说,这种内部人才流动是自我选择、自我完善机制的直接体现。

3) 合理的员工流动是企业发展不可逾越的客观规律

由于企业与人才相互之间始终面临着"适应"与"不适应"的问题,就必然会产生人才的流动;如果企业将不适应的人才长期留在某一职位,而不进行合理的流动(包括在内部提供二次竞争机会或将人员推向市场),不仅不能促进人才的成长,甚至还会对企业的发展产生阻碍。所以,提倡和推动人才的合理流动,是企业发展过程中必须遵循的客观规律。

4) 员工流动关键在于"合理",否则就是"流失"

如果说,人才的流动是正常、合理的,是企业生存与发展的必须,那么人才的流失,就是非正常、不合理的,是企业生存与发展应该尽量避免的。如果企业的机制不能留住人才,不能最大限度地激活员工的聪明才智,就会造成企业资源的浪费,就极有可能导致人才的流失,就会对企业的发展前景产生不利的影响。

3. 员工流动率的确定

通过计算一定时期内员工的流动率考查其员工保持率,这是测量员工流动情况的定量方法之一。员工流动率一般用某一特殊时期的流动百分比来表示。但是员工流动率的种类很多,每一种员工流动率代表不同的流动类型,因此,采用适当的员工流动率进行纵向跟踪研究或横向比较研究对有效地管理员工流动和测量员工留存状况是至关重要的。

员工流动率一般使用某一时间段的流动百分比表示。最为常见的员工流动率的指数为总流动率(TTR),计算公式为

$$TTR = S/N \times 100\%$$

式中,TTR——总流动率;

S——某一时期内(如一年或一个月)员工流动总数;

N——被研究的企业某一时期在工资册上的员工平均数(可以是一日或一周内工资册上员工的平均数,也可以是某一时期起始时工资册上员工的总数),与这时期末工资册上员工总数之和,再除以2。

这一计算公式主要的缺点在于,它不能反映出流动的具体原因。因此按员工流动的原因将员工流动分为不同的类型是有实际意义的,如将员工流动分为自愿流动、非自愿流动(由于某些原因而被解雇、辞退、死亡等)。计算员工流动率可将分母保持不变,分子则根据流动原因的不同有所改变。

VQR(Voluntary Quit Rate)表示自愿辞职率,其计算公式为

$$VQR = Q/N \times 100\%$$

式中,Q——某一时期内自愿辞职者的数量;

N——在所研究的某一时期内工资册上的员工平均数。

DR(Discharge for Cause Rate)表示由于某种原因(如玩忽职守等)导致的解雇率,其计算公式为

$$DR = D/N \times 100\%$$

式中,D——被解雇者的数量;

N——在所研究的某一时期内工资册上的员工平均数。

 案例链接

员工超比率流失谁之过

花旗银行(以下简称花旗)在中国就像停留在19世纪30年代旧上海的一个梦,是许多金融骄子寻找失落梦想的地方。然而近来,花旗却让很多人看不明白。

与花旗刚进入中国时大张旗鼓地招聘员工形成鲜明对比的是,许多员工选择了离开。"从年初到现在,我至少平均每礼拜收到一封同事的离职邮件,而剩下同事之间私底下关于薪酬不满的讨论也日渐增多。"花旗给人的感觉就像一只筛子,不停往外"漏"人,员工正以超出正常范围的比率大幅度流失。

花旗也开始意识到高流失率带来的负面效应,"频繁更换客户经理给客户感觉不好。另外,虽然有一个月的缓冲让离职员工将知识和技巧传给新员工,但有些客户知识是无法传递的,同一份文件一个新人

未必能看得懂。"一位花旗人事经理说。一般而言，员工通过这一个月的工作交替最多只能传递40%与工作有关的知识和经验，"如果人员相对稳定，很显然花旗的业务会做得更好。"他补充说。

在谈到花旗员工超比率流失问题的时候，上海浦东发展银行北京分行的人力资源部的薪酬经理分析认为："一个企业要在一个完全不同的文化中获得认同，就必须尊重这个文化中的大多数人的理念。在经济高度发达的美国，大家认可的一些比率，在经济欠发达的地方未必适用。要在竞争中处于优势地位，就要找出员工最关心的问题给予解决。"

花旗的薪酬从优势到失落的过程，就是中国市场化不断深入的过程。随着商业银行的大量涌现，现在像花旗这样的外企的薪酬优势越来越不明显了。它的整体也有必要随着市场而起伏波动。当市场改变了的时候，原来优势的企业如果没有及时调整自己的工资水平，必然会造成员工的大范围流失。现在尽管国有银行的竞争优势还没完全释放，但各种商业银行间的加速竞争，也会导致人才需求的旺盛。花旗如果还不肯加大薪酬投入，员工流失的噩梦就远没有结束。

年终岁尾，是企业人员流动的高峰期。如何保持员工队伍的稳定，是每个民营面临的一个大问题。越来越高的员工流失率正不断吞噬着团队的肌体，给企业获取正常利润带来了各种各样的困难。那么什么是造成员工高比率流失的罪魁祸首呢？

（资料来源：http：//www.exam8.com/zige/guanli/fudao/200908/881462.html.）

11.2 员工流动形式

员工流动可以分为流入、内部流动和流出三种形式。

11.2.1 员工流入管理

员工流入是由征召、筛选、录用三个环节构成的，也就是员工招聘环节。从员工流动管理的角度来看，员工流入即招聘环节是整个流动管理的开始，也是保证流动管理目标实现的重要条件。现在，企业越来越多地认识到，确定正确的员工流入理念、把好招聘关对于实现企业战略目标和打造员工队伍是非常重要的。从这个角度看，企业在做员工流入管理工作时就应该充分认识到下面几点。

（1）将企业文化作为招聘的标准。
（2）建立流畅的招聘工作流程。
（3）考核招聘人员，使之具备相应的知识。
（4）关注招聘成本。
（5）持续关心征召渠道。
（6）适当考虑应聘者的多面性。
（7）研究竞争对手的招聘技术和招聘战略。
（8）确立招聘者与应聘者共同的利益关系。
（9）树立企业在劳动力市场的良好形象。

11.2.2 内部流动管理

员工一旦进入组织，就可能要在组织内部流动（平级调动、岗位轮换、晋升和降职），以适应组织的需要和满足个人职业发展的需求。

1. 员工内部流动的形式

1）内部调动及其管理

内部调动是指员工在企业中横向流动，在不改变薪酬和职位等级的情况下变换工作。内部调动可以由企业提出，也可以由员工提出。由企业提出的调动主要有三方面的原因：一是内部调动可以满足企业调整组织结构的需要，二是为了使企业中更多的员工获得奖励，三是内部调动可以使企业员工的晋升渠道保持畅通。

一般来说，这样的流动并不意味着员工的晋升和降职，但却与员工的职业生涯发展密切相关。例如，这种调动可能是为了使员工获得进一步晋升所需的经验而做的特别安排，也可能是对员工的一种变相的降职处理。值得注意的是，组织应对人员调动有明确的管理规定，包括：在组织要求调动时，应该给予员工多长的时间准备，组织支付的调动费用条件及支付方式、支付金额；在员工提出调动的情况下，员工应该提前多长时间通知组织，组织在多长时间内批复员工的调动请求。这样，组织和员工就可以将调动造成的损失降低到最小，并且可以使组织避免由于调动可能带来的诉讼。

2）职务轮换及其管理

职务轮换又称轮岗，指根据工作要求安排新员工或具有潜力的管理人员在不同的工作部门工作一段时间，时间通常为1～2年，以丰富新员工或管理人员的工作经验。

岗位轮换是德国克虏伯工厂的一名工人首先提出来的。他认为如果让在流水线上工作的工人定期轮换岗位，可以使他们对工作保持新鲜感，这样就会使生产效率提高。但是，这一建议在刚刚实施时并没有取得意想的效果。之后，一名技术工人发现应该让所有工人的轮换错开，不能让他们在同一时期一起轮换。在采用了他的建议后，岗位轮换真正提高了生产效率。岗位轮换后来成为一个可以在组织各个部门之间、在不同类型员工之间实施的员工流动方法。摩托罗拉公司普遍实行工作轮换制度，公司为员工提供各种机会，尽可能做到能上能下和民主决策。这样做不仅使更多的人得到了锻炼，也便于每个人发现自己最适合的工作岗位。管理人员之间也采用轮换的方式进行培养，人力资源、行政、培训、采购等非生产部门的领导多数具备生产管理经验，不但有利于各部门更好地为生产服务，也有利于管理人员全面掌握公司的情况。生产工人的前道工序和后道工序、装配工人和测试检验工人也经常进行岗位轮换，这样可以使员工成为多面手。

优点：除了在员工能力开发方面的作用之外，岗位轮换制度还可以满足个人求知欲，扩大知识领域，延长直线升迁的时间，防止既得利益现象的出现和发现管理上的弊端。能丰富培训对象的工作经历，也能较好地识别培训对象的长处和短处，还能增强培训对象对各部门管理工作的了解并增进各部门之间的合作。

缺点：由于受训员工在每一工作岗位上停留的时间较短，因而容易缺乏强烈的岗位意识和高度的责任感；由于受训者的水平不高，容易影响整个部门或小组工作效率或工作效果；由于受训者的表现还会影响其身边的其他员工，容易在多个部门造成更坏的影响。

企业为提高岗位轮换的有效性应着重注意以下几点：首先，在为新员工安排岗位轮换时，选择与其相适应的工作；其次，岗位轮换时间长短取决于培训对象的学习能力及学习效果，而不是机械地规定某一时间；再次，岗位轮换所在的部门经理应受过专门的有关培训，具有较强的沟通、指导和督促能力。

根据轮换对象和轮换所要达到的目的不同，岗位轮换可以分为以下几种类别。

（1）新员工轮岗实习。新员工在就职训练结束后，根据最初的适应性考查被分配到不同部门工作。在部门内，为了使他们尽早了解到工作全貌，同时也为了进一步进行适应性观察，不立即确定他们的工作岗位，而是让他们在各个岗位上轮流工作一定时期，亲身体验各个不同岗位的工作情况，为以后工作中的协作配合打好基础。经过这样的岗位轮换（每一岗位结束时都要有考评评语），企业对新员工的适应性有了进一步的了解，可以更好地确定他们的正式工作岗位。

（2）培养复合型员工的轮换。企业为了适应日趋复杂的经营环境，都在设法建立弹性组织结构，要求员工具有较强的适应能力。当公司经营方向或业务内容发生转变时，能够迅速实施人力资源转移。于是公司要求员工不能只满足于掌握单项技能，必须是复合型人才。在日常情况下，企业有意识地安排员工轮换做不同的工作，以取得多种技能，同时也挖掘了各职位最合适的人才。

（3）培养管理骨干的轮换。对于高级管理干部来说，应当具有对业务工作的全面了解能力和对全局性问题的分析判断能力。培养这些能力，显然只在某一部门内做自下而上的纵向晋升是远远不够的，必须使干部在不同部门间横向移动，开阔眼界，扩大知识面，并且与企业内各部门的同事有更广泛的交往接触。这种轮换以部门主任一级干部为最多，轮换周期也较长，通常为一年以上。

（4）消除官僚、活跃思想的轮换。长期固定从事某一工作的人，不论他原来多么富有创造性，都将逐渐丧失对工作内容的敏感而流于照章办事，这种现象被称为疲钝倾向。疲钝倾向是提高效率和发挥创新精神的大敌，企业通过定期进行职务轮换，使员工保持对工作的敏感和创造性，是克服疲钝倾向的有效措施。现代企业中，销售服务部门与产品设计部门之间人员互相轮换较多，这种轮换还起到强化相互联系、改善新产品开发质量的作用。

（5）其他轮换。企业需调整某些部门的年龄构成或员工出现不能适应工作的情况或合并某些业务部门等，都可能相应发生岗位轮换。在大企业中，每年都有相当数量的员工宣布进行横向流动，这已成为现代企业员工管理的普遍现象。

3）晋升及其管理

晋升是指员工由于工作业绩出色和企业工作的需要，沿着企业等级，由较低职位等级上升到较高的职位等级。对员工来说，晋升是一种成就，使他们具有更高的职业工作地位并承担更重的责任，同时也为他们带来了更高的薪资福利。所以，一般来说，管理层往往利用晋升来激励企业的员工，使他们富有成效地努力增长知识和技能。合理的晋升有利于避免员工的流失，尤其是有利于避免企业核心人才的流失，从而维持企业人力资源的稳定。因为如果晋升渠道不畅通，不能满足人才自我成就的需要，人才就可能外流到其他有畅通渠道的企业。同时，晋升还有利于保持企业工作的连续性和稳定性，因为企业在比较长的时间内必然会发生员工的退休、退职、调动等引起的职位空缺，稳定可靠的晋升制度能够保证这些空缺得到及时的弥补。

一般来说，合理的晋升管理可以对员工起到良好的激励作用，有利于员工队伍的稳定，避免人才外流。另外，合理晋升制度的制定和执行，可以激励员工为达到明确可靠的晋升目标而不断进取，致力于提高自身能力和素质，改进工作绩效，从而促进企业效益的提高。可见晋升管理工作进行得好坏直接关系到队伍的积极性和士气。

尽管晋升有许多的好处，但也有其不利的一面。这主要是由于不当晋升常常会成为企业管理层与员工之间矛盾的根源。可以考虑采取西方企业实施已久的"双轨制"甚至"多轨制"晋升路径。所谓"双轨制"，即管理职务晋升制与专业技术职称晋升制两条线并行。如果员工有管理能力，可以通过管理职务晋升线给予提升；如果有的员工缺乏管理能力，可以从专业技术职称晋升线给予晋升；这种晋升通道的设计一方面拓宽了专业人员的晋升途径，提高了其能动性和成就感；另一方面也给予了员工根据自身特点向专业纵深方向发展的空间，从而促进企业目标的实现。

有效的晋升管理应遵循以下三项原则：一是晋升过程正规、平等和透明，二是晋升选拔注重能力，三是对能力的评价要注重对员工技能、绩效、经验、适应性及素质等因素的综合考查。

4）降职及其管理

降职是一名员工在企业中由原有职位向更低职位的移动。这一方法是与晋升相对的，它与晋升恰好相反，是一种"负激励"的方法。完善的人事制度中，管理者应该是"能上能下"，因此降职渠道的存在也是必要的。但是，降职通常容易引发员工的抵触情绪，甚至处于尴尬、失望或愤怒的状态，因此向员工提供客观而有力的降职依据至关重要。在采取降职措施时也应该征求本人的意见，努力协调当事人的情绪和心态，力求将惩罚转变为激励力量，促使其加倍努力地工作。

2. 员工内部流动的作用和意义

进行员工内部流动的目的和作用在于，促进人与事的配合以及人与人的协调，充分开发组织的人力资源，提高人员的使用效率和员工个人职业发展的需求，实现组织和个人的目标。具体而言，包括以下几个方面。

1）员工内部流动是实现组织目标的保证

任何组织，无论是政府机关、学校、军队还是企业，实现自身的生存与发展都离不开人力资源的保证。如果在每一个岗位上都有第一流的员工在工作，组织的发展自然就十分高效与顺利。但由于组织的外部环境、内部条件以及组织的目标和任务都在不断变化，岗位、职位的确定和结构，及其对人员的要求也必须不断发生变化。只有通过员工内部流动对相应的人员进行调配，才能适应变化，维持组织的正常运转和推动组织的发展壮大。

2）员工内部流动是实现人尽其才的手段

每位员工的才能存在差异，各有所长也各有所短。只有将其放到最合适的岗位、职位上，才能扬长避短，充分发挥其潜能。但是，人与事的匹配只有在动态过程中才容易实现。有时，随着工作内容的扩充、设备的更新，人的能力会变得不适应；也可能随着人的能力提升、经验增加、兴趣转移，对时下的工作越来越不满足，甚至产生厌倦情绪。如果不及时对人员进行调整，不仅影响工作，更会影响员工的积极性和能力的发挥。

3）员工内部流动是激励员工的有效方式

内部流动包括平级调动、岗位轮换、晋升和降职四种方式，每种方式都会对员工产生激励作用。晋升对员工是一种内在激励的方式，能够使其产生较强的成就感、责任感和事业心。平级调动和岗位轮换虽不如晋升，但面对全新的工作环境、工作内容和工作要求，员工也会产生新鲜感和应对挑战的积极性，从而有利于其工作热情和潜力的发挥。对于降职的员工，只要做好心理辅导也会使其变压力为动力，改正缺点，再立新功。

4）员工内部流动是人力资源管理策略的实现途径

组织的人力资源管理策略，如人力资源规划、职业生涯管理等，都需要借助员工的内部流动才能得以实现。例如，人力资源规划中确定的人员供给和需求方案，都要通过人员内部流动方式实施。职业发展路径、员工培养计划等也是如此。

11.2.3 员工流出管理

员工流出的形式，依据流出的原因可以分为自然流出、非自愿流出和自愿流出三种。

1. 员工非自愿流出及其管理

非自愿流出就是由于各种原因，由企业一方先提出让员工离开，而并非员工自己主动提出流出企业。非自愿流出包括解聘、人员精简和提前退休。

1）解聘及其管理

解聘是企业与员工解除聘约。由于是非自愿的流出，所以解聘政策的实施有可能会带来一些危险。首先，解聘员工可能会引起被解聘员工的控告和起诉。其次，由于被解聘员工受到各方面的极大压力，可能会对企业的管理人员或与此相关人员进行人身伤害。

因此，企业在采取解聘措施时应格外慎重，并要遵循一些原则尽量避免不良后果的出现。首先，要遵循公平原则；其次，要建立必要的制度，规范解聘员工的工作和行为；最后一旦员工被解聘，企业尽可能地提供一些再就业的咨询等，以此来减轻因解聘员工带来的不良影响。

尽管企业通过人力资源规划对企业人力资源的现状和未来进行了尽可能详细的了解和预测，通过人员招聘与甄选对员工的素质进行了大量的鉴别工作，并在后来的工作过程中通过绩效评价和培训等活动对改进员工的技能、素质及绩效进行了大量的努力，但还是会由于市场变化的偶然性或一些员工无法达到要求的绩效水平而需要进行裁员。

所谓裁员，就是依照法律规定的条件，解除与组织员工劳动合同关系的行为。裁员的动机一般可分为三种，即经济性裁员、结构性裁员和优化性裁员。其中，经济性裁员是由于市场因素或者企业经营不善，导致经营状况出现严重困难，赢利能力下降，企业面临生存和发展的危机，为降低运营成本，企业被迫采取裁员行为来缓解经济压力。结构性裁员则是由于企业的业务方向、提供的产品或服务发生变化而导致内部组织机构的重组、分立、撤销引起的集中裁员。而优化性裁员是企业为保持人力资源的质量，根据绩效考核结果解聘那些业绩不佳、不能满足企业发展需要的员工的行为。

实质上，解雇是对企业员工的一种惩罚，是员工的非自愿流出。企业在进行裁员的时候要特别小心，以尽量避免不良后果的发生。应将裁员管理作为企业人力资源的正常职能活动，要将裁员程序化、规范化、制度化，要基于企业人力资源战略制订系统的裁员计划，裁员要有配套的人力资源管理制度措施。在裁员的过程中，企业和员工都要转变心态,变被动为主动。以往的裁员模式中,企业经常是到了最后关头才制订裁员计划,匆匆忙忙,又不敢向员工透露;员工更是对裁员避之不及,也不敢对自己被裁做任何假设;而现代企业的发展则要求:一方面,企业要转变心态,把裁员作为正常人力资源管理的重要组成部分,从战略的层面、管理的层面来看待裁员,要主动地进行科学、理性的裁员规划和管理,并且从企业文化的层面对员工进行思想上的引导,引导其正视裁员;另一方面,员工要变被动为主动,将裁员看做一个新的工作机会的开始,看做更大价值创造的起点。这样,双方都能够以主动的心态来面对裁员,也就能够避免现在很多隐藏在裁员背后的问题。毕竟只有正视问题,才能解决问题。

2) 人员精简及其管理

人员精简是一个包括人事裁减、招聘冻结、组织重组和兼并的术语,是企业为降低成本而采取的一系列行为。通常,人员精简主要是裁减企业的劳动力规模。

3) 提前退休及其管理

提前退休是指员工在没有达到国家或企业规定的年龄或服务期限时就退休的行为。提前退休常常是由企业提出来的,以提高企业的运营效率。这是当今许多企业在面临市场激烈竞争时,使自身重现活力而采取的用于管理员工流出的一种很流行的方法。

对企业而言,提前退休可以在企业面临困境的时候缓解裁员的压力,也可以为年轻员工的晋升打开通道。但是,这种做法也有其缺陷,在人均寿命日益提高、健康水平明显改善的现状下,退休年龄的提前可能会造成人力资源的浪费和社会保障制度的巨大压力。因此,企业在设计提前退休标准和实施方案的时候,一定要精心、细致。

2. 员工自愿流出及其管理

对于企业来说,企业员工的自愿流出是一种损失,因此它又被称为企业员工的流失。员工流失分为两种情况:一种流失是员工与企业彻底脱离工资关系或者员工与企业脱离任何法律承认的契约关系的过程,如辞职、自动离职;另一种流失是指员工虽然未与企业解除契约关系,但客观上已经构成离开企业的事实的行为过程,如主动型在职失业。

1) 员工流失的特点

(1) 群体性。一般说来,员工流失往往发生在以下这些人员群体:新兴行业需求量大的,思维活跃的,专业不对口的,对企业不满的,业务管理精英,对未来职业生涯不明晰的,认为受到不公平待遇和人际关系不好的。

(2) 时段性。员工流失的时间是有规律的,一般说来,薪水结算及奖金分配后、春节过后、学历层次提高后、职称提高或个人流动资本进一步提高后,最容易发生员工流失。

(3) 趋利性。即员工流失总是趋向于个人利益和个人目标。这些员工可分为追求物质型、追求环境型和追求稳定型。

2) 员工流失给企业造成的损失

(1) 员工流失使企业成本增加。

(2) 员工流失使人心不稳,挫伤其他员工的工作积极性。

(3) 掌握关键技术或销售渠道的核心员工的流失将给企业带来无法估量和难以挽回的损失。

3）影响员工流失的因素

影响员工流失的因素一般可以分为外部宏观因素、企业因素和个人因素三种。第一，外部宏观因素主要有世界各国和地区之间的经济社会发展水平、收入等。第二，企业因素主要包括：工资水平、职位的工作内容、企业管理模式和企业对员工流失的态度。第三，个人因素主要包括：职位满足程度、职业生涯抱负和预期、对企业的忠诚度、对寻找其他职位的预期和压力等。

4）对员工流失的管理和控制

对员工流失进行有效的管理和控制，就是要树立新的留人观念，即"待遇留人、感情留人、环境留人、事业留人"，具体的做法包括：谋求发展，事业留人；健全体制，管理留人；绩效管理，目标留人；合理薪酬，激励留人；公平公正，环境留人；感情沟通，文化留人。

3. 员工自然流出及其管理

员工自然流出的形式主要有退休、伤残、死亡等。企业的退休管理一般包括两个方面：一方面，为退休者提供与退休有关的信息；另一方面，为员工提供心理支持。另外，企业允许退休的员工进行兼职工作也成为一种趋势，以此作为正式退休的一种变通方法。

员工的自然流出中，死亡和伤残为非自然或意外因素所致，其影响因素具有偶然性。这里重点介绍自然流出的一种主要形式——退休。

退休是指员工在达到一定的年龄并且为组织服务了一定年限的基础上，根据企业及当地政府的相关规定享有退休金的一种自然流出方式。退休对员工来说意味着职业生涯的终点，一方面他们可以从长期的工作压力中解放出来，享受生活的轻松与快乐；另一方面，退休也给员工带来心理上的不适，尤其是对那些工作上有需要的人，无所事事似乎是更痛苦的事情。因而，如何从心理上、生理上和生活上克服这种状态已经成为退休者面临的主要挑战，而企业也越来越认识到应该积极地帮助员工应对这种变化。制订良好的退休计划，不仅可以使员工顺利地度过从工作状态到赋闲在家的转型期，而且可以对人才有吸引作用。

最近在美国的一项调查显示，大约30％的企业已经制订了正式的退休准备计划，常见的做法包括说明各项社会保障福利、财务与投资咨询、健康咨询、生活安排、心理咨询、兼职职业咨询等。另外，公司将退休的员工返聘回来工作也越来越常见。这种安排不仅可以解决退休员工的安置问题，也更加有效地利用了企业的人力资源。

11.3 员 工 流 失

11.3.1 员工流失概述

1. 员工流失的含义及种类

所谓员工流失是指组织不愿意而员工个人却愿意的自愿流出，这是员工个人动机或行为的具体表现，这种流出方式对企业来讲是被动的，组织不希望出现的员工流出往往给企业带来特殊的损失，因而又称之为员工自愿性流出。员工辞职是员工的权利，但由于对企业有害，企业一般要设法控制和挽留，至少要避免这种现象经常发生。

按照员工与企业之间的隶属关系划分，一种流失是员工与企业彻底脱离劳动关系，或者说员工与企业脱离任何法律承认的契约关系的过程，如辞职；另一种流失是指员工虽然未与企业解除契约关系，但客观上已经构成离开企业的事实的行为过程，如主动型在职失业。所谓主动型在职失业，是指员工个人在保持在职的情况下对失业不太在意的一种情况，或被称为"隐性流失"，如在工作之余从事第二职业。

2. 员工流失的特点

（1）群体性。一般说来，员工流失往往发生在以下人员群体：新兴行业需求量大的，思维活跃的，专业不对口的，对企业不满的，业务管理精英，对未来职业生涯不明晰的，认为受到不公平待遇和人际关系不好的。

（2）时段性。员工流失的时间是有规律的，一般说来，薪水结算及奖金分配后，春节过后，学历层次提高后，职称提高或个人流动资本进一步提高后，最容易发生员工流失。

（3）趋利性。即员工流失总是趋向于个人利益和个人目标。这些员工可分为追求物质型、追求环境型和追求稳定型。

（4）流失的员工多是一些已经或将来能够为企业创造竞争优势的核心人才。从总体上看，他们往往能够创造、发展企业的核心技术，建立和推动企业的技术和管理升级，扩大企业的市场占有率和提高企业的经济效益。

（5）流失的员工是市场争夺的对象。随着劳动力市场的完善及人才竞争的激烈，那些掌握了一定技能、经验、专业知识的员工为了能够充分利用自身的优势和实现自身的价值，更加倾向于通过流动寻找更加适合的位置。一旦发现当前的环境不再适合自己的发展或对待遇不满，就会产生流动的倾向。

（6）流失的员工往往是知识型员工，他们更多地依赖知识而不是外在条件和工具进行工作，他们的工作富有创造性，也能为企业创造更多的经济效益和未来价值。

（7）流失的员工会给企业带来巨大损失。这样的员工流失，可能意味着大量核心技术、机密信息、科技成果的流失，至于培训成本、连带损失更是不可计量。

 小贴士

一般而言，企业对以下四种跳槽最为忌讳。

1. 随意改行，盲目跟潮

没有一个行业是永远的热门。不考虑自身专长和兴趣，即使应聘成功，也难以长久。何况每一次换行都必须从新手做起，知识和经验难以积累，也很难成为行业的佼佼者。随意改行意味着没有职业目标，难有发展。

2. 不加分析，盲目听信

据统计，约有50%的跳槽是为了追求高薪。通过跳槽能让薪资上个台阶固然是好，可是为了一两百块跳槽就显得过于草率。盲目听信者往往会迅速再次跳槽，进入恶性循环。企业认为这样的求职者做事草率，难堪大用。

3. 意气用事，盲目跳槽

有些人仅仅因为一点小事与上司或同事意见不合，便"一纸休书"，"挂印而去"。这样的人情商一般不高，更缺乏沟通能力和团队精神，换了环境也难有作为，反易成为原单位同事的笑柄。企业一般也不愿招聘。

4. 急于求成，盲进忙出

几乎每个人都希望在工作中能迅速得到晋升。有志向是好的，但是急于求成就不行了。急于求成者往往"欲速则不达"。因此，现代成功学认为成功更多地取决于情商和逆境商，而非传统意义上的智商。要把潜力转化为能力，将实力转化为地位，切忌急于求成，频繁跳槽。

（资料来源：http://wenku.baidu.com/view/33af26627d3240c8447efdb.html.）

11.3.2 员工流失的成本

1. 员工流失的隐性成本

（1）老员工的工作效率高。在最为简单化的层次上讲，员工积累的经验越多，他们的工作就越有效率。效率的增加意味着需要较少的监督，这又进一步增加企业的效率。不过同样重要的是效率是人们如何聪明地工作与如何勤奋地工作的乘积。一般而言，如果员工留在公司工作是因为他们为顾客创造了价值而感到自豪，是因为他们为自己创造的价值而心满意足，那么这样的员工就会更加积极主动，工作也更不惜力。

（2）选择顾客。对于直接面对顾客的员工来说，吸引顾客和选择好的高质量的顾客是一项富有挑战性的任务。富有经验和技能的老员工往往比新手更容易吸引新的顾客，会更有效地发现并发展好的顾客。一位长期工作的员工，对顾客来说往往意味着良好的信誉，高水平的专业技能和稳定长期的商业关系，而这样的员工也更善于开拓新的客源，发展高质量的义务。总之，忠诚员工更容易吸引、发现新顾客。

（3）留住客户。长期的员工往往能带来高度忠诚的客户。长期员工往往能够生产更好的产品，为顾客创造更大的价值，从而为公司争取到更高的顾客保持率。员工忠诚和顾客忠诚相辅相成。

（4）向顾客推荐。忠诚的员工有时是向顾客推荐公司的主要信息源，而忠诚的长期员工有时也是导致顾客向其他人推荐公司产品和服务的主要原因。

（5）员工推荐。忠诚的长期员工往往可以带来源源不断的高质量的求职者。这不仅降低了招聘成本，而且提高了新人的平均质量。据调查，拥有最高的员工保持率的公司，其主要的招聘形式往往是自己员工的引荐和推荐。

可见，忠诚的员工不仅为企业节约员工频繁流动的可见成本，如招聘、选拔和培训新员工所付出的时间和精力；另外还节约了不可见成本，如在新员工补充进来之前原有员工所承担的超额工作量、频繁的员工流动给企业组织造成的混乱以及大众媒体对人员流失所作的负面报道等；而且也节约了其他"软性"成本，包括顾客对新员工缺乏信心、出于新员工技术不熟练导致的生产力下降、原来团队协作的任务因人员流动而中断等。把所有这些成本加在一起，据全球性的管理咨询公司合益集团（Hay Group）估计，企业每解聘一名员工所损失的培训时间、生产力和其他因素相当于损失两个月的员工工作时间，约相当于五万美元。

2. 员工流失的直接成本

（1）员工招聘成本主要包括招聘准备工作、筛选简历、面试成本、录用准备成本、办理录用手续成本等。招聘所需要的成本大多是不言而喻的，包括招聘费用、面谈费用、搬迁费用等。另外，假如一位业绩突出的长期员工调走后，公司得录用两个新手才能予以弥补，这样，实际的招聘成本将是原来三倍之多。

（2）培训成本主要包括岗前培训准备、培训资料、培训管理成本等。新招员工为了日后的工作富有成效，通常需要实习和正规的课堂培训。培训期间照付工资，而公司几乎没有收益。不少公司对员工的培训舍得投资，即使经验丰富的人也常常接受培训。从另一方面来说，员工流失增加了公司的培训成本。

（3）内部员工填补空缺成本主要包括内部员工填补空缺成本、需要额外加班的成本、主管人员协调完成空缺岗位工作的成本等。

（4）新员工适应工作岗位期间所付出的成本。员工到一个新的工作岗位上，要有一个适应期，而在此期间，公司仍需支付工资，这无疑增大了公司成本。

按照目前南京的标准保守估计的话，一名员工工作半年即辞职给公司带来的直接经济损失也在 3 000 元以上，而工作时间越长给公司带来的损失就会越大。

3. 员工流失的间接成本

1）人员流失使团队士气涣散的成本

员工离职会引起其他员工"多米诺骨牌"式离职，因为员工离职之前会有一个考虑和斟酌的过程，在此期间，员工不可避免地要找同事进行商量，从而影响到其他员工的心理。据有关机构估算，一名员工离职会引起大约三名员工产生离职的想法，照此计算的话，如果企业员工离职率为10%，则有30%（10%×3）的企业员工正在找工作；如果员工离职率为20%，则有60%（20%×3）的企业员工正在找工作。试想企业员工整天都在忙于找工作并处于观望迷惘状态，那么这种现象给企业造成的损失成本将会很大。

2）人员流失造成企业后备力量不足的成本

频繁的人员流动，使企业今后在选拔中层管理人员时面临后继缺人的困境，如果企业从中层中选拔高级人才，会出现无法从内部填充中层岗位空缺的现象，出现人才断层，影响到企业人才梯队建设。

3）人员流失造成企业核心机密泄露的成本

这些核心机密泄露包括技术的泄密、客户资源的流失、经营管理思想的再利用等。如果这些离职员工带走的资料和信息流入竞争对手手中，后果将更加严重，可能直接威胁到公司的生存。例如，一名关键技术职位上人员流失的同时也带走了关键技术，如果此关键技术是企业的核心竞争力，这样很可能会使企业一蹶不振。

4）人员流失造成企业声誉被破坏的成本

如果一个企业的员工流动频繁，一方面，离开企业的员工，自然会对企业存在的问题有些自我的评价，并且大多数是对企业负面的评价；另一方面，企业内外人员会对企业的这种现象有些猜忌和传言。这些评价、猜忌和传言会逐渐破坏企业名声。人们在选择加入企业时，总会打听到关于企业的一些情况，这使企业面临着很难再次招聘到合适人才的尴尬局面。

如此巨大，甚至不可估量的各种人员流失成本，如何解决，已经成为很多企业关心的问题。

11.4 员工流失的原因与对策

11.4.1 员工流失的原因

引发员工离职的因素有很多，主要包括：①工作不满意，包括工资的总数、工资的公平性、津贴、工作时数及换班制、工作条件、直接上司的管理技能、直接上司的人格因素、合作伙伴、工作的安全性、工作的意义、运用技术和能力的情况、职业生涯的发展机会、政策与规定、其他。②生活条件，包括住房、交通、照顾孩子、健康设施、闲暇活动、物质环境、社会环境、受教育机会、其他。③个人因素，包括配偶调动、即将结婚、家庭成员生病或死亡、自己生病、自己受伤。④其他选择，包括回到学校深造、军队服役、为政府部门服务、开始自己的事业、从事相似的工作、相同行业内相似的工作、其他行业内不同的工作、自愿的提前退休、自愿到附属部门工作(丧失原有资历)、新的职位、地区、薪金。⑤由企业造成的流动，包括在被解雇之前提出辞呈、违反政策规章、试用期内不符合要求、出勤情况、工作完成情况、辞退、拒绝降级使用、拒绝调任、终止临时雇用。⑥其他，包括流动去向、离职部门、退休、死亡。这些因素大致可以归结为个人因素、工作因素、组织因素以及个人与组织的匹配程度四类因素，这些因素综合在一起发挥作用。

1. 个体因素

年龄、性别、教育水平和在组织内的工作期限等这些个人因素已被证明是离职或离职意向产生的可能原因，它们对离职意向的影响是间接的。当员工在现有企业或岗位的工作时间太长时，就会产生厌倦的感觉，从而导致其离职意向的产生。年轻、无经验、有较高教育水平的员工倾向于对工作和职业保持低水平的满意以及对组织有较低的承诺，这些负面态度与离职意向相联系。

个体能力也是离职意向的影响因素，当个体不足以胜任本职工作，或当个体有较强能力而不能在所属企业和岗位得到充分发挥时，员工就有可能产生离职意向。

一个人的家庭责任越大，他离职的可能性就越小。对30岁以上的员工而言，责任尤其是阻碍其离开的一个重要因素。

2. 与工作相关的因素

角色压力对离职意向有正向间接的影响，角色模糊(员工不清楚自己在组织中的职责、任务及所担当的角色)会使得员工感到无法满足和兼顾他在组织内外所扮演的不同角色、身份对他的期望和要求。这样的员工倾向于对工作和组织不满意，并对组织有较低的承诺，因而有较强的离职意向。

员工任务的多样性对工作满意有显著、积极的影响；员工参与管理的程度则与离职有反向变动的关系，即较高的参与程度可以降低流失率。

当员工每天的工作时间太长、工作环境恶劣、工作单调重复、工作过于简单时，员工也可能会产生离职意向。

3. 个体与组织的匹配程度

在现实中常可看到这样的现象，员工能力的高低与他们的绩效高低以及对公司贡献的大小并不成正比，其中一个重要的原因就是个体特征与组织或环境的特征不匹配。

在企业中，员工总是处于某个职位并承担一定的工作任务，当特定职位所要求的工作任务和特定工作任务所要求的个体能力之间具有一致性或相互适合时，当个人道德观与组织所持的道德观相互适合时，当员工的个性与职业类型及当前工作要求相符合时，当个体价值观与组织价值观相符时，员工就会产生较高的工作业绩、工作满意和较低的离职意向。

一般而言，如果个体和组织有彼此的价值、满意和承诺，从而使员工有较低的离职意向。组织在招聘时，应注意选择与本企业在价值、风格和特征上相一致的个体，并把他们安置在合适的工作岗位上。

4. 组织因素

企业对于员工的流失应该承担主要责任。绝大多数人是不喜欢变化的，所以绝大多数的员工，在一个企业工作过一段时间以后，如果没有什么特别的原因，一般不会考虑更换工作，所以员工流失总是有原因的，虽然员工流失的原因是多方面的，既有当前社会文化背景的因素，也有员工的个人道德素质的因素，但是企业作为主体，对员工的流失有着更多的责任，表现在以下几方面。

（1）薪酬分配模式落后。应该说，这是人员流失的很重要的原因。显然，薪酬待遇问题是员工决定是否离职时所要考虑的首要因素，薪酬待遇高，可以抵消其他很多方面的不足。组织的薪酬制度对离职也有一定的影响。基于技能的薪酬体系可提高员工留在公司的意愿，而基于团队的薪酬体系则与较高的流失率相联系。其次，如果薪酬的支付更多的是依据工龄或资历，员工就更有可能产生离职意向。

（2）缺乏良好的企业文化及氛围。良好的企业文化和氛围，可以给员工提供一种比较愉快、舒心的工作环境，可以构建比较和谐的人际关系，进而会让员工对这种环境产生留恋心理；反之，如果公司内部人际关系紧张，公司整体缺乏积极向上的氛围，也会影响员工的精神状态和理想追求，进而产生离职的念头。

（3）选用人才不当。一是任人唯亲，而非任人唯贤。这是民营企业最为常见的现象。民营企业往往是家族企业，他们常常将重要的职位交给自己的家族成员，而这样出于亲属关系的选择，往往意味着效率低下和冗员，而低下的效率和冗员又会使有才能的人对企业产生失望情绪，从而选择离开。二是选用人才的失误。在聘用和甄选人才上，未将最适合的人才聘用或是被选用的人才职业道德（或品德）不佳，这也是导致员工日后离开企业的原因之一。组织或部门的人际关系对员工是否产生离职意向有重大影响。当组织内部人际关系复杂，员工很难处理好与同事、上司的关系，或者员工需要花大量的精力才能处理好在组织内的人际关系时，员工就极有可能产生离职意向。

（4）不注重员工的发展与培训。一名有上进心的员工，在努力工作的同时，常常会审视自己所从事的工作的发展前景，如果企业不能够为员工提供一个良好的发展前景，员工就会考虑做出新的选择。公司是否能为员工提供培训和再学习的机会，也对员工是否会留在该组织有重大影响。员工总是抱有一定的理想和抱负，如果公司不能为他提供学习的机会，员工无法在该公司得到自我实现，就可能产生离职意向。

（5）缺少远景规划。一个公司缺少远景规划，或者通俗地说，公司领导缺少为员工描绘未来蓝图的能力，在看不到公司未来的希望的情形下，员工只能另谋高就。对于任何一个公司来讲，必须明确自己的战略方向，并且要做到向员工及时传递、分享这些信息。人始终是需要激励的，因此，需求的问题永远是大问题。

（6）缺少管理。公司员工流失，本质上是因为缺乏管理。或者说公司的管理变成了老板一个人的管理，老板的人格魅力取代了制度，这就容易形成溜须拍马的企业文化，导致一些优秀的员工为寻求更好的发展而离开。任何一个老板，尤其是创业者，不能混淆管理制度和领导魅力的关系。制度始终是的第一要素。

因此，组织的一些政策、制度、措施和管理特征等都可能对员工的满意和承诺产生影响，继而与员工的流失相联系。

11.4.2 员工流失的对策

企业的发展要靠全体员工的共同努力，员工的流失给企业的发展带来了巨大的负面影响，因此企业在发展中必须根据自己的特点制定措施，稳定人才，留住人才，用好人才。具体来说，企业要从以下几个方面做好工作。

1. 员工流入环节

员工流入环节是企业人力资源形成的环节，是由招聘、筛选、录用及员工的早期社会化过程所组成的。企业人力资源形成的这些环节为企业提供了重要、有效的控制员工流失的机会。较高的员工流动率应归咎于员工挑选的不当。反过来，严格、科学的进入资格控制，又可以加强员工对企业的忠诚。员工进入企业的过程是一个个人与企业"匹配"的过程，这种匹配是建立在下列因素基础上的：个人应该具备与职位的要求相符的态度和能力；个人对企业规范、各种政策、时间、奖励和条件在偏好、预期和价值判断上能够接受。而且，这个匹配过程还是一个动态的过程，无论是员工还是企业都在不断发生变化。

1）进行严格的挑选

或许有人会认为"严格挑选"带有歧视和偏袒的意味，而背离了人人平等的民主观念，但事实上，忠诚是需要选择的，不是基于种族、宗教或性别，而是基于一个人的性格、能力和业绩。另外，最初的严格挑选也使得企业能够放心大胆地对每一名员工的成功进行投资，员工也更有动力去努力工作和帮助企业解决问题。

在实践中，很多在员工忠诚上遥遥领先的企业也切实地贯彻着这一做法，并且将其作为建立员工忠诚的第一步。例如,戴尔公司一贯坚持:"我们所雇用的都是打算和我们长期合作的人。"MBNA 公司,一贯以其对求职者的严格考核而出名,公司的求职者要经历六轮面试,其中至少有两轮面试需要由公司的高层管理人员参加。该公司的员工更替率为 12% 左右,远低于行业的平均水平。这种高标准的录用条件使得这些企业受益匪浅。同时还要看到,这种高标准的背后不是盲目的"人才高消费",而是建立在对于企业本身、工作职位本身及应聘人员本身的准确衡量和把握的基础之上的。因此,就需要企业做到要有明确而清晰的企业文化和价值观念、客观准确的工作分析及先进的人事测评技术。

2)提供真实职位预览

真实职位预览是出现在 20 世纪 80 年代的一种新的招聘思想,但是这一思想真正为企业所广泛接受是 20 世纪 90 年代以后的事情。在过去的招聘实践中,经常出现招聘者为了尽快把自己的"商品"(空缺的职位)推销出去,向应聘者进行不真实的宣传或提出企业无法实现的承诺的情形。员工在进入企业之后,很快就会发现自己的预期无法实现或大打折扣,结果不仅影响员工的工作绩效,降低员工对企业的忠诚度,甚至会出现极大的负面性影响。

真实职位预览是企业增强招聘的真实性、增强员工忠诚度和降低流失率的有效手段。第一,真实职位预览并不是一种简单的技术和方法,它实际上是一种招聘的整体哲学和方法。这种招聘哲学认为,只有给员工以真实、准确、完整的有关职位和企业的信息,才能产生一个好的匹配效果,从而建立和保持员工忠诚。这些真实的信息可以通过小册子、电影、录像带、录音带、面谈、上司和其他员工的介绍等多种方式提供。通过真实职位预览,员工已经事先了解到企业和工作的不足,相当于给其注射了"预防针"一样,当员工在进入企业之后,发现了企业的消极方面时,也不会有太大的不良反应,因为他已经降低了自己的预期。第二,真实职位预览能够让员工自己进行自我筛选,如果他在了解了企业的真实情况之后,认为不满意,可以在选择加入企业之前,自行退出招聘过程。这比等到进入企业后发现不真实的情况后再流失,或者产生了不满足感而降低工作绩效,无论对企业还是对个人来说都好得多。第三,真实职位预览向员工提供了职位的真实信息,员工对职位的了解大大提高了。第四,员工还可以通过真实的职位预览感觉到企业的真诚,从而增强对企业的忠诚度。

真实职位预览也可以在员工进入企业之后进行,这是它可以成为一种重要的增强职位透明度和训练员工的应对技巧的机制。许多企业在正式雇佣员工之前有一个试用期,这实际上是一种很好的做法。但是很多企业并没有真正有效地利用试用期。要有效地利用试用期,需要在企业和员工之间建立相互评价和反馈的机制。通过双方的磨合,就可能形成持续、良好的雇佣关系。如果在试用期,无论是企业或是个人发现有不融合的地方,都可以通过培训、开发、转移岗位甚至中止雇用合同的方式来调整,双方由此而建立新的协调关系。在试用期的开始,也就是员工刚刚进入企业的最初阶段,企业和工作给员工带来的"最初体验"是给员工留下最深印象的阶段。正因为如此,力图建立高度员工忠诚的企业会精心地安排员工最初的 40 个小时的工作,包括一些其他企业看来或许无关紧要的"细枝末节"。

3) 加强内部招聘

在增强员工忠诚和控制员工流失方面，企业的内部招聘渠道是否通畅也是一个重要的问题；这一渠道的畅通，表明企业向员工开放空缺职位的机会，是给予员工的一种资格、一种特殊权利，是对员工的一种很好的激励手段，也是稳定员工队伍的重要方法之一，这样，能够使员工从长远角度看待自己的职业生涯的发展。

4) 建立良好的选人和用人制度

企业需要在招聘人员的时候，就注意选择道德素养比较高的员工，对于那些一年换一家公司甚至几家公司的员工，务必要慎重录用。同时，企业应选择那些潜力、价值观与公司制度和文化相一致，能够维护公司声誉并完善公司品格的人。每个公司还应根据自身的特点选择合适的人，就像埃德华兹公司首席执行官所说的："我们只要有个性的人，和我们同心同德，与公司文化协调一致，我们要的是白头偕老，像一桩美满的婚姻一样。"

2. 员工保留环节

在员工进入企业之后，合理地安排和设计与工作相关的因素，提供与工作绩效相关的薪酬水平及晋升路径，都能加强对员工的约束，从而降低员工的流失率。

1) 提供有竞争力的薪酬和福利

企业的工资水平的差别是员工流失的重要原因。人力资本理论估计，员工辞去低工资工作的可能性比辞去高工资工作的可能性要大。事实上，几乎所有关于员工辞职行为的研究都得出一个不仅十分突出而且具有一致性的结论：在员工个人特征一定的情况下，处于工资率较低行业的员工有较高的辞职率。尤其是将薪酬和福利与员工在企业的时间直接挂钩，对员工的约束作用会更强。一个典型的例子就是日本企业中的年功序列制。

另外，薪酬的竞争力不仅表现在其绝对数上，更重要的是将薪酬和奖励与员工的真实的工作业绩联系起来，"论功行赏"，如加大绩效奖金在总收入中的比例，从而让员工真实地感受到自己工作的成果，多劳多得，少劳少得，并且激励其更努力追求更高的绩效水平。不过，这一工作的前提是对绩效考核指标的科学选择和考核过程的有效执行。

创新薪酬的分配模式。在任何企业，薪酬都是一个有效的激励手段，薪酬不仅是雇员获取物质及休闲需要的手段，还能满足人们自我肯定的需要。因此，制定有效的报酬系统，可以降低成本，提高效率，增强企业招聘时的吸引力。针对不同层次和类型的员工，国内外已有了一些较成熟的薪酬发放理论及实践，如期权、红利、股权发放、员工持股等方法。

应该看到，无论哪种模式，都需要贯彻这样的一个原则：为公司做出的贡献越大，其得到的实际报酬就要越高，"又想马儿跑得快，又想马儿不吃草"的情况是不存在的。依据这样的原则，各个企业可以根据自己的情况，决定自己薪酬的分配模式。

2) 推行内部晋升制度

如果企业的员工晋升制度也和其在企业的停留时间这一表面的忠诚指标挂钩，那么，员工在企业的停留时间也势必会长一些。而且，晋升机会的存在，会使得员工离开企业的成本提高，这也会使其慎重地考虑其离开决策。上文提到的年功序列制可以说明这两个问题。年功序列工资制是日本企业人事管理的一大特征，它是指在终身雇佣的条件下，企业根据员工的精力、学历和在企业内连续工作的年限来提薪晋级的制度。近年来，许多日本企业又在经历、学历基础上增加了能力。采取年功序列工资制，无疑会进一步增强员工对企业的归属感和献身精神。首先，这种制度会促使员工积累工龄，而工龄越长，工资就越高。如果员工不忠诚于企业而经常跳槽，一切就要从零开始。在日本企业工龄时间长的员工的工资约为新员工工资的3倍，终身雇佣者的工资约是临时雇佣者的1.41倍。所以日本企业的员工一般都忠诚于一个企业，并把自己工资的提高寄托在年功积累和企业的发展壮大上。其次，这种制度也会激励员工献身企业，争取晋升。日本企业的经营者基本都是从基层提拔起来的，而员工的晋升是建立在长期人事考查基础上的。长期人事考查是指新员工进入企业后，十年内不固定某一工作，不做总评价，不安排正式职务，而是让新员工到各主要部门、各分支机构锻炼，大体上每年换一次工作岗位。十年后，对员工在不同工作岗位上的能力表现进行全面评价，并根据其特长安排工作。如此一来，员工为了晋升职务，不论企业为其安排什么工作，都能兢兢业业，毫无保留地全身心投入。同时，企业也能达到保持其核心人才要素的目的。

3）实施特殊培训

培训，尤其是在职培训，是人力资本投资的一种形式，企业提供的培训与员工的低离职率及高忠诚度是密切相关的。员工的低离职倾向会促使企业提供更多的培训，而一旦提供培训，企业也将会采用适当的政策减少辞职。因此，低离职率是企业提供培训的原因，又是企业提供培训的结果。在发达国家中，日本企业提供的培训最多，而美国企业则相对较少。

加里·贝克尔把在职培训的形式分为两种：一般培训和特殊培训。一般培训是指提高工人的生产率，而且这种技能不只是在一个企业，在劳动市场中的其他企业也能用得上的技能。同一般培训相反，特殊培训是提高工人只能在一个企业用得上的、而在其他企业没有价值的技能。这些技能可能是由行业特点，也可能是由于企业的特殊生产流程和不同的生产技术特点所决定的，还包括在某个企业中工作所要求的经验和对这个组织运行和结构的了解。通过特殊培训的提供，企业支付了成本，也要获得回报，而且为了保证投资的回收，同时为了避免员工接受培训后离职为企业带来损失，所以，特殊培训的提供要伴以企业与员工的成本分担和利益分享。以此，既提高企业培训的效率，又增强了员工的忠诚度。

4）构建公平公正的企业内部环境

公平是每个员工都希望企业具备的基本特点之一，公平可以使员工踏实工作，相信付出多少就会有多少回报，相信自身价值在企业能有公正的评价，相信所有员工都能站在同一起跑线上。企业必须从以下几个方面做到公平。

（1）报酬系统的公平。要制定有利于调动和保护大多数人积极性的政策，充分体现按劳分配为主，效率优先、兼顾公平的分配原则，突出投入产出的效率原则。同时，正激励手段的使用应多于作为负激励手段的惩罚,奖罚分明及重奖有突出贡献者。

(2) 绩效考核的公平。要运用科学的考核标准和方法,对员工的绩效进行定期考评。制定科学合理的绩效考核办法和考核标准,对员工的实际工作进行定性考核和定量测定,并做到真实具体。对每个员工进行客观公正的评判,建立各种监督机制,以保证考核工作的公正和公开。

(3) 选拔机会的公平。为了使各种人才脱颖而出,在员工的选拔任用上,应做到文凭和水平兼顾、专业和专长兼顾、现有能力与潜在能力兼顾。把员工放在同一起跑线上考核,为各类人员提供公平的竞争舞台。

当然,公平还体现在企业管理的其他方面,企业管理若能在各方面都做到公平与公正,将大大提高员工的满意度,激发他们内心深处的潜能,从而为企业不遗余力地奉献才智。

5) 创建以人为本的企业文化

一个企业要想得到长久的发展,必须确立"人高于一切"的价值观。整个企业高层必须有一种意识,即人是最重要的资产,员工是值得信任的,需要被尊重和参与工作决策。当人得到充分信任时,往往能较高水平地发挥才能,为企业创造出更多的效益。如果从企业的高层管理者到每一名员工都树立了一个共同的愿景,形成了共有的企业核心价值观念、价值取向等外在表现形式,那么这会在企业的发展过程中得以延续,使企业保持良好的竞争态势。

6) 拓展员工的职业生涯,为员工的发展提供方向

开展职业生涯管理,可以使员工尤其是知识型员工看到自己在企业中的发展道路,而不至于为自己目前所处的地位和未来的发展感到迷茫,从而有助于降低员工的流失率。企业不仅要为员工提供与其贡献相称的报酬,还要在充分了解员工的个人需求和职业发展愿望的基础上,制定系统、科学、动态的员工生涯规划,有效地为员工提供多种发展渠道和学习深造的机会,设置多条平等竞争的升迁阶梯,使员工切实感到自己在企业有实现理想和抱负的希望。例如,惠普公司通过网络为员工提供技能和需要自评工具,帮助员工制订详细的职业发展计划,这是该公司员工流失率远远低于其主要竞争对手的一个重要原因。

3. 员工退出环节

1) 设置离职障碍

从理论和现实来看,提高员工离开企业的难度,如为员工离开企业设置障碍,能直接地限制员工的流出,但是这种做法从长期看是很不明智的,因为强制留住员工在降低流失率的同时往往由于员工的不满情绪会引起生产率的降低,甚至会产生对企业的负作用。而且在崇尚自由的时代,员工的自愿流动已是大势所趋,逆潮流的举措往往会使企业处于十分不利的位置。因此,现代企业一般很少采用直接的限制员工流出的措施,而是采用更高明的办法,即变相地提高员工离职的成本(尤其是隐性成本),从而提高忠诚的收益,以达到异曲同工的效果。也有企业采用员工不能带走的养老金和保险等政策来设立留住员工的"工作锁"。当然,不同的国家、民族处在不同的文化传统之中,有的国家对于工作的变动

第11章 员工流动管理

有心理上的抵制，如日本。但是对大多数国家的大多数企业来说，采用前文提出的办法似乎更委婉、更含蓄。

2）开展离职面谈

当员工表现出不忠诚的倾向甚至提出离职意愿时，和其进行谈话并及时采取措施，往往会收到扭转局面的作用。最好的做法是在员工尚未拿定主意时与其进行谈话，引导他们考虑一些企业存在的不能从表面上看得到的积极因素，让他们坦诚地说出决定流动的原因。这时首先员工会很吃惊，同时会感到自己被重视，从而会对自己的想法重新进行更为理性的审视。当员工正式提出离职要求之后，管理者更需要与其进行坦诚的谈心。在谈心的过程中，一方面要诚恳地劝其留下；另一方面要倾听员工对企业的意见，尤其是辞职的原因，同时还应该了解其去向。通过了解这些信息，可以找到员工的心理突破点，同时了解企业管理中存在的问题。被挽留下来的员工会比以往更卖力地工作，即便没有挽留成功，也会给他留下美好的印象。企业的这种做法也会对其他员工产生非常积极的影响，显示了企业对员工的重视，从而加强员工对企业的信任和忠诚。

 案例链接

如何降低员工流动率

人们常说，岁末年初是跳槽的"黄金季节"。年关刚过，跳槽风随之来临，这可害苦了一些医药企业的人力资源经理。A公司的人事经理成某透露，他们公司年初的跳槽率逐年上涨，2003年是20%，2004年是28%，2005年是35%。虽说保持合理的流动率不仅对企业无害，反而有益，但是，愈演愈烈的员工流动，使企业管理相当被动，一方面要不断地招聘新手，并加强新手的培训，另一方面由于相关员工的流动，市场拓展一筹莫展，有些重要的客户也面临流失。怎样才能降低员工的流动率呢？

企业内的员工，真正成为具有增值力的人力资源，通常必须具有四种能力：①生产力。投入的减少与产值增加，二者同时发生。②进阶力。员工本身能够执行同一职务逐级而上的能力。③调任力。员工能够接受平行发展，胜任不同职务的能力。④留任力。员工在未来三年内，继续服务的意愿。在前述四种能力中，第四种能力是关键，如果员工没有留任的意愿，前述三种能量都无法发挥出来。因此，作为人力资源管理人员，如何降低员工流动率，提高留任率，成为重要的问题。

人才流失的成本是很高的。根据美国《财富》杂志的报道，它们发现一名员工离职之后，从找新人到顺利上岗，光是替换成本就高达离职员工薪水的1.5倍。

（资料来源：http：//bbs.bztdxxl.com/simple/? 14115.html.）

本 章 小 结

> 员工流动是指人们被一个组织雇佣或离开这个组织的行为，是一个企业和员工个体自主双向选择的过程。在企业层次的员工流动可以分为流入、流出和内部流动三种形式。员工流动管理是指从社会资本的角度出发，对人力资源的流入、内部流动和流出进行计划、组织、协调和控制，以确保组织人力资源的可获得性，满足组织现在和未来的人力资源需要和员工职业生涯的需要。它同时关系着员工的职业生涯发展、组织的竞争力及社会的稳定三个方面。

> 员工一旦进入组织，他们就可能要在组织内部流动以适应组织的需要和满足个人职业发展的需求，平级调动、岗位轮换、晋升和降职是常见的内部流动形式，而员工流出形式中的自然流出和非自愿流出形式，包括退休、裁员和提前退休，也都需要合理而科学的制度安排才能最好地发挥效果。

练 习 题

一、思考题

1. 简述员工流动管理的内容。
2. 试述员工流动管理的理论基础。
3. 员工流动形式有哪些？
4. 员工流失的成本包括哪些内容？
5. 员工流失的原因有哪些？

二、课堂讨论题

1. 试分析如何加强员工的流动管理。
2. 谈谈员工流失对企业发展战略的影响。

三、课外实践题

深入一家企业进行实地调查，分析该企业的员工流失情况。

四、案例分析

【导入案例分析】

案例表明：一个企业要关注员工的流动，为员工提供合适的生存空间。同时，合理的员工流动应在把握组织效率的基础上兼顾公平性和一致性，其有利于提高员工的能力，促进员工发展和提高的动力，有利于员工满意程度的提高和员工投入感的增强。

【案例】

招来的人员不到几个月纷纷要走，问题出在哪里？

春节长假过后，人事负责人小刘对于面前的情况感觉不大对劲，又有两名中高层人员递交了辞呈。

自从他 2010 年 8 月份负责厂中高层的招聘以来，陆续招进了九个职位共 12 个人，但其中一个职位招了两次都因直接用人部门主管觉得不行（主要是性格），进厂后才两周就被辞退；还有一个职位也招了两次，两人都自认技术不太好，进厂后一个多月主动辞职；另有两职位的员工工作了四个多月，刚过试用期不久也主动辞职，都说是家里有事。

单位的薪酬福利待遇不差，招进来的这些人所期望的薪资也都如其所愿的满足了，自己刚转行搞人力资源，也非常尽心尽力地去做了，真不知问题到底出在哪里？那些主动请辞者在离厂时也都一一进行了谈话，每个都说对厂里在薪酬福利待遇方面没什么意见，请辞都是逼不得已的个人原因，但总让他总觉得缺乏可信度。

又要开始招人了，在金三银四的黄金季节招人自然不算难，但是招来的人都待不了多久就走这肯定不是一个正常现象，也会影响单位工作的正常开展。为避免今后这种情况出现，在招聘时要多注意些什么呢？单位又要多注意什么呢？他陷入了深思。

讨论：你觉得该单位为什么会出现这种情况？你觉得在招聘时要多注意些什么呢？单位又要多注意什么呢？

参 考 文 献

[1] 姚裕群，刘家珉．就业市场与招聘．长沙：湖南师范大学出版社．2007．
[2] 龙毕文，邱立强，江守信．整合招聘：如何在第一时间选对人．广州：广东经济出版社．2005．
[3] 林忠．人力资源招聘与选拔．沈阳：辽宁教育出版社；辽宁少年儿童出版社．2006．
[4] 武建学．七步打造完备的招聘管理体系．哈尔滨：哈尔滨出版社．2006．
[5] 周文，刘立明，方芳．员工招聘与选拔．长沙：湖南科学技术出版社．2005．
[6] 冉斌，李雪松．人是最重要的：员工招聘六步法．北京：中国经济出版社．2004．
[7] 杨益，吴权伟．高新科技企业员工招聘．广州：广东经济出版社．2003．
[8] 唐志红．人力资源招聘培训考核．北京：首都经济贸易大学出版社．2003．
[9] 杨杰．有效的招聘．北京：中国纺织出版社．2003．
[10] 李剑，张勉．员工招聘与人事测评操作实务．郑州：河南人民出版社．2002．
[11] 谢晋宇．企业人力资源的形成：招聘、筛选与录用．北京：经济管理出版社．1999．
[12] 赵渊，宗月琴．人员的招聘、考核、培训．北京：人民教育出版社．1996．
[13] 张顺．成功招聘．深圳：海天出版社．2002．

北京大学出版社本科财经管理类实用规划教材(已出版)

序号	标准书号	书 名	主编	定价	序号	标准书号	书 名	主编	定价
1	7-5038-4748-6	应用统计学	王淑芬	32.00	38	7-5038-5018-9	财务管理学实用教程	骆永菊	42.00
2	7-301-18515-5	会计学原理(第2版)	刘爱香	30.00	39	7-5038-5022-6	公共关系学	于朝晖	40.00
3	7-5038-4881-0	会计学原理习题与实验	齐永忠	26.00	40	7-5038-5013-4	会计学原理与实务模拟实验教程	周慧滨	20.00
4	7-5038-4892-6	基础会计学	李秀莲	30.00	41	7-5038-5021-9	国际市场营销学	范应仁	38.00
5	7-5038-4896-4	会计学原理与实务	周慧滨	36.00	42	7-5038-5024-0	现代企业管理理论与应用	邸彦彪	40.00
6	7-5038-4897-1	财务管理学	盛均全	34.00	43	7-301-13552-5	管理定量分析方法	赵光华	28.00
7	7-5038-4877-3	生产运作管理	李全喜	42.00	44	7-81117-496-0	人力资源管理原理与实务	邹 华	32.00
8	7-5038-4878-0	运营管理	冯根尧	35.00	45	7-81117-492-2	产品与品牌管理	胡 梅	35.00
9	7-5038-4879-7	市场营销学新论	郑玉香	40.00	46	7-81117-494-6	管理学	曾 旗	44.00
10	7-5038-4880-3	人力资源管理	颜爱民	56.00	47	7-81117-498-4	政治经济学原理与实务	沈爱华	28.00
11	7-5038-4899-5	人力资源管理实用教程	吴宝华	38.00	48	7-81117-495-3	劳动法学	李 瑞	32.00
12	7-5038-4889-6	公共关系理论与实务	王 玫	32.00	49	7-81117-497-7	税法与税务会计	吕孝侠	45.00
13	7-5038-4884-1	外贸函电	王 妍	20.00	50	7-81117-549-3	现代经济学基础	张士军	25.00
14	7-5038-4894-0	国际贸易	朱廷珺	35.00	51	7-81117-536-3	管理经济学	姜保雨	34.00
15	7-5038-4895-7	国际贸易实务	夏合群	42.00	52	7-81117-547-9	经济法实用教程	陈亚平	44.00
16	7-5038-4883-4	国际贸易规则与进出口业务操作实务	李 平	45.00	53	7-81117-544-8	财务管理学原理与实务	严复海	40.00
17	7-5038-4885-8	国际贸易理论与实务	缪东玲	47.00	54	7-81117-546-2	金融工程学理论与实务	谭春枝	35.00
18	7-5038-4873-5	国际结算	张晓芬	30.00	55	7-5038-3915-3	计量经济学	刘艳春	28.00
19	7-5038-4893-3	国际金融	韩博印	30.00	56	7-81117-559-2	财务管理理论与实务	张思强	45.00
20	7-5038-4874-2	宏观经济学原理与实务	崔东红	45.00	57	7-81117-545-5	高级财务会计	程明娥	46.00
21	7-5038-4882-7	宏观经济学	寒令香	32.00	58	7-81117-533-2	会计学	马丽莹	44.00
22	7-5038-4886-5	西方经济学实用教程	陈孝胜	40.00	59	7-81117-568-4	微观经济学	梁瑞华	35.00
23	7-5038-4870-4	管理运筹学	关文忠	37.00	60	7-81117-575-2	管理学原理与实务	陈嘉莉	38.00
24	7-5038-4871-1	保险学原理与实务	曹时军	37.00	61	7-81117-519-6	流程型组织的构建研究	岳 澎	35.00
25	7-5038-4872-8	管理学基础	于干千	35.00	62	7-81117-660-5	公共关系学实用教程	周 华	35.00
26	7-5038-4891-9	管理学基础学习指南与习题集	王 珍	26.00	63	7-81117-663-6	企业文化理论与实务	王水嫩	30.00
27	7-5038-4888-9	统计学原理	刘晓利	28.00	64	7-81117-599-8	现代市场营销学	邓德胜	40.00
28	7-5038-4898-8	统计学	曲 岩	42.00	65	7-81117-674-2	发展经济学	赵邦宏	48.00
29	7-5038-4876-6	经济法原理与实务	杨士富	32.00	66	7-81117-598-1	税法与税务会计实用教程	张巧良	38.00
30	7-5038-4887-2	商法总论	任先行	40.00	67	7-81117-594-3	国际经济学	吴红梅	39.00
31	7-5038-4965-7	财政学	盖 锐	34.00	68	7-81117-676-6	市场营销学	戴秀英	32.00
32	7-5038-4997-8	通用管理知识概论	王丽平	36.00	69	7-81117-597-4	商务谈判实用教程	陈建明	24.00
33	7-5038-4999-2	跨国公司管理	冯雷鸣	28.00	70	7-81117-595-0	金融市场学	黄解宇	24.00
34	7-5038-4890-2	服务企业经营管理学	于干千	36.00	71	7-81117-677-3	会计实务	王远利	40.00
35	7-5038-5014-1	组织行为学	安世民	33.00	72	7-81117-800-5	公司理财原理与实务	廖东声	36.00
36	7-5038-5016-5	市场营销学	陈 阳	48.00	73	7-81117-801-2	企业战略管理	陈英梅	34.00
37	7-5038-5015-8	商务谈判	郭秀君	38.00	74	7-81117-826-5	服务营销理论与实务	杨丽华	39.00

序号	标准书号	书 名	主编	定价	序号	标准书号	书 名	主编	定价
75	7-81117-824-1	消费者行为学	甘珺琴	35.00	103	7-5655-0302-3	西方经济学实用教程	杨仁发	49.00
76	7-81117-828-9	审计学	王翠琳	46.00	104	7-301-18798-2	国际贸易理论与实务(第2版)	缪东玲	54.00
77	7-81117-593-6	国际金融实用教程	周 影	32.00	105	7-301-19038-8	宏观经济学(第2版)	寒令香	39.00
78	7-81117-818-0	微观经济学原理与实务	崔东红	48.00	106	7-301-18787-6	宏观经济学原理与实务(第2版)	崔东红	57.00
79	7-81117-851-7	西方经济学	于丽敏	40.00	107	7-301-19098-2	人力资源管理(第2版)	颜爱民	60.00
80	7-81117-853-1	企业战略管理实用教程	刘松先	35.00	108	7-301-19351-8	管理运筹学(第2版)	关文忠	39.00
81	7-81117-852-4	国际商法理论与实务	杨士富	38.00	109	7-5655-0370-2	企业战略管理	代海涛	36.00
82	7-81117-887-6	会计规范专题	谢万健	35.00	110	7-5655-0404-4	企业财务会计模拟实习教程	董晓平	25.00
83	7-81117-943-9	管理会计	齐殿伟	27.00	111	7-301-19400-3	成本会计学	杨尚军	38.00
84	7-81117-955-2	审计理论与实务	宋传联	36.00	112	7-301-19404-1	国际贸易(第2版)	朱廷珺	45.00
85	7-81117-958-3	金融法学理论与实务	战玉锋	34.00	113	7-5655-0405-1	金融学理论与实务	战玉锋	42.00
86	7-81117-959-0	市场营销理论与实务	那 薇	38.00	114	7-301-19403-4	基础会计学	窦亚芹	33.00
87	7-81117-956-9	东南亚南亚商务环境概论	韩 越	38.00	115	7-301-09956-8	客户关系管理实务	周贺来	44.00
88	7-81117-972-9	新编市场营销学	刘丽霞	30.00	116	7-301-19449-2	会计学原理习题与实验(第2版)	王保忠	30.00
89	7-301-16084-8	人力资源管理经济分析	颜爱民	38.00	117	7-301-15062-7	货币银行学	杜小伟	38.00
90	7-5655-0069-5	质量管理	陈国华	36.00	118	7-301-17420-3	国际结算(第2版)	张晓芬	35.00
91	7-5655-0063-3	管理学实用教程	邵喜武	37.00	119	7-301-19855-1	市场营销学(第2版)	陈 阳	45.00
92	7-5655-0064-0	市场营销学	王槐林	33.00	120	7-301-19967-1	证券投资学	陈汉平	45.00
93	7-5655-0078-7	管理学原理	尹少华	42.00	121	7-301-20042-1	财务管理理论与实务	成 兵	40.00
94	7-5655-0061-9	高级财务会计	王奇杰	44.00	122	7-301-20048-3	商务谈判(第2版)	郭秀君	49.00
95	7-5655-0077-0	现代组织理论	岳 澎	32.00	123	7-301-20019-3	初级财务管理	胡淑姣	42.00
96	7-5655-0081-7	市场营销学实用教程	李晨耘	40.00	124	7-301-20071-1	国际商法	丁孟春	37.00
97	7-5655-0093-0	国际商务	安占然	30.00	125	7-301-19967-1	证券投资学	陈汉平	45.00
98	7-5655-0155-5	公共关系理论与实务	李泓欣	45.00	126	7-301-20027-8	跨文化管理	晏 雄	35.00
99	7-5655-0193-7	人力资源管理：理论、实务与艺术	李长江	50.00	127	7-5655-0433-4	东方哲学与企业文化	刘峰涛	34.00
100	7-5655-0057-2	消费者行为学	肖 立	37.00	128	7-301-20090-2	金融风险管理	朱淑珍	38.00
101	7-301-18536-0	管理学原理与实务(第2版)	陈嘉莉	43.00	129	7-5655-0482-2	成本会计学	张红漫	30.00
102	7-301-18653-4	会计学原理与实务(第2版)	周慧滨	33.00	130	7-301-20089-6	员工招聘	王 挺	30.00

本科电子商务与信息管理类教材

序号	标准书号	书 名	主编	定价	序号	标准书号	书 名	主编	定价
1	7-301-12349-2	网络营销	谷宝华	30.00	16	7-301-15694-0	网络金融与电子支付	李蔚田	30.00
2	7-301-12351-5	数据库技术及应用教程(SQL Server版)	郭建校	34.00	17	7-301-16556-0	网络营销	王宏伟	26.00
3	7-301-12343-0	电子商务概论	庞大连	35.00	18	7-301-16557-7	网络信息采集与编辑	范生万	24.00
4	7-301-12348-5	管理信息系统	张彩虹	36.00	19	7-301-16596-6	电子商务案例分析	曹彩杰	28.00
5	7-301-13633-1	电子商务概论	李洪心	30.00	20	7-301-16717-5	电子商务概论	杨雪雁	32.00
6	7-301-12323-2	管理信息系统实用教程	李 松	35.00	21	7-301-05364-5	电子商务英语	覃 正	30.00
7	7-301-14306-3	电子商务法	李 瑞	26.00	22	7-301-16911-7	网络支付与结算	徐 勇	34.00
8	7-301-14313-1	数据仓库与数据挖掘	廖开际	28.00	23	7-301-17044-1	网上支付与安全	帅青红	32.00
9	7-301-12350-8	电子商务模拟与实验	喻光继	22.00	24	7-301-16621-5	企业信息化实务	张志荣	42.00
10	7-301-14455-8	ERP原理与应用教程	温雅丽	34.00	25	7-301-17246-9	电子化国际贸易	李辉作	28.00
11	7-301-14080-2	电子商务原理及应用	孙 睿	36.00	26	7-301-17671-9	商务智能与数据挖掘	张公让	38.00
12	7-301-15212-6	管理信息系统理论与应用	吴 忠	30.00	27	7-301-19472-0	管理信息系统教程	赵天唯	42.00
13	7-301-15284-3	网络营销实务	李蔚田	42.00	28	7-301-15163-1	电子政务	原忠虎	38.00
14	7-301-15474-8	电子商务实务	仲 岩	28.00	29	7-301-19899-5	商务智能	汪 楠	40.00
15	7-301-15480-9	电子商务网站建设	臧良运	32.00	30	7-301-19978-7	电子商务与现代企业管理	吴菊华	40.00

请登录 www.pup6.cn 免费下载本系列教材的电子书(PDF版)、电子课件和相关教学资源。

欢迎免费索取样书，并欢迎到北京大学出版社来出版您的大作，可在 www.pup6.cn 在线申请样书和进行选题登记，也可下载相关表格填写后发到我们的邮箱，我们将及时与您取得联系并做好全方位的服务。

联系方式：010-62750667，wangxc02@163.com，lihu80@163.com，linzhangbo@126.com，欢迎来电来信。